반려동물행동학

반려동물 행동학

강원국 · 김옥진 · 민태선
정 욱 · 이성진 · 남수정 공저

동문사

머리말

국내에서 반려동물행동학 강의가 대학에 최초로 개설되고 교육이 실시된 것은 2005년의 일이다. 당시 반려동물행동학을 강의할 수 있는 마땅한 교재가 없어 일본 동물병원의 임상 수의사분들이 작성하였던 반려동물 행동 관련 매뉴얼을 참고로 국내 사정에 맞는 반려동물행동 교재가 출간된 바 있다. 이후 20년 가까이 대학에서 반려동물 행동 분야 강의가 진행되면서 초기 몇몇 대학에서 이제는 반려동물학과와 동물보건학과가 있는 많은 대학에서 관련 교과목이 개설되고 강의가 이루어지고 있는 실정이다. 반려동물행동학 관련 수업내용은 초기에는 동물행동학 총론을 중심으로 한 기초적인 내용이 중심이었으나 최근에는 반려견과 반려묘의 문제행동과 행동교정과 같은 현장에서 직접 활용할 수 있는 임상 반려동물행동교정학의 비중이 점차 높아지고 있다.

국제적인 시점에서 보면 최근 30년간 반려동물행동학은 비약적인 발전을 이루었다고 할 수 있다. 북미나 프랑스에서는 90년대 중반부터 행동치료학의 전문 수의사 제도가 발족되었다. 또한 1997년부터는 격년으로 국제수의동물행동학회가 개최되고 있다. 중요한 문제행동 중 하나인 반려동물의 분리불안 치료 보조약으로써 1999년 여름에 인가된 동물용 항불안약에 대해서는 그 치료시험이 세계적인 규모로 이루어져 그 과정에서 최초로 각국의 전문가들 간에 긴밀한 정보교환과 논의가 이루어진 것도 덧붙여 둘만한 사건이었다.

국내 반려동물 전문가 중에도 해외에서 연구를 쌓은 개척자들이 나타나기 시작하였고 풍부한 경험을 바탕으로 한 반려동물 행동 전문가들이 현장에서 두각을 나타내고 있다. 그동안 본 집필진들은 대학에서 반려동물행동학 강의를 다년간 진행하였으며 현장에서 반려동물 문제행동 진단과 문제행동 교정을 수행해온 경험을 가지고 있다.

필자들은 그동안 강의 교재로 사용되던 반려동물행동 관련 서적들의 부족한 부분들을 보완하고 현장에서 반려동물 행동 교정의 임상 경험에서 축적된 노하우를 정리하여 반려동물 행동문제와 행동교정에 관심이 있는 학생들과 현장 종사자들에게 도움을 줄 수 있는 교재 개발을 하고자 노력하였다. 이 책의 집필 계기는 이러한 필자들의 정리된 자료가 반려동물 행동교정에 관심을 가진 분들에게 도움을 줄 수 있는 교재로 임상 현장에서 활용될 수 있다면, 그리고 반려동물행동학을 목표로 하는 학생들의 흥미를 환기하기 위한 자료로써 사용될 수 있다면 이 학문의 발전에 조금이나마 공헌할 수 있지 않을까 생각해서이다.

기존 수의학과와 동물자원학과에서 동물에 관한 관련 학과로 동물보건학과와 반려동물학과, 반려동물산업학과가 세분화되어 대학에 개설되고 있는데, 본 교재 또한 각각 전문적으로 나누어져 있던 동물행동학, 반려동물학, 반려동물행동 교정 관련 자료를 현재 반려동물 문제행동과 행동 교정에 관심을 갖는 학생들과 현장 종사자분들에게 맞게 한 권의 책으로 다시금 저술하게 되었다.

방대한 분량의 교재들을 모아 한 권의 책으로 집필하다 보니 보다 전문적인 분야를 다 수록하지 못한 데에는 아쉬움도 남아 있지만 전체적인 개념을 인식하는 데 있어서, 앞으로 각개의 분야로 진출하는 학생들에게 도움이 되리라 사료된다.

교재 집필에 많은 도움을 아끼지 않은 분들께 감사드리며, 또한 본 교재의 완성을 위하여 인용 및 발췌를 허락하여 주신 여러 선배님들에게 또한 감사드린다. 본 교재가 반려동물행동 교정을 학습하는 전공 학생들에게 방향을 제시하는 바이블이 될 수 있으면 하는 바람으로 이 글을 맺을까 한다.

2025년

지은이 일동

차 례

Chapter

01

동물행동학이란

Chapter

01
동물행동학이란

1. 동물행동학의 정의

1) 동물이란

① '동물'이라는 단어는 문자 그대로 '움직이는 존재'를 의미하며, 사전에서는 '운동 및 감각 기능을 지닌 생물군으로, 일반적으로 식물과 대조되는 존재'로 정의하고 있다. 영어 단어 'animal' 역시 '생명'을 뜻하는 라틴어 'anima'에서 유래되었다.

② 동물(動物)은 크게 척추동물과 무척추동물로 나뉜다. 척추동물은 척추를 갖춘 생명체로, 포유류, 조류, 양서류, 파충류, 어류 등이 이에 포함된다. 반면 무척추동물은 척추가 없으며, 절지동물, 환형동물, 연체동물, 자포동물 등이 여기에 해당한다. 대부분의 동물은 종속영양을 하며 먹이를 찾아 이동한다. 고착생활을 하는 동물일지라도 신체 일부는 활발하게 움직이며, 유생 시기에는 자유롭게 운동한다.

2) 행동이란

① '행동'이란 인간을 포함한 모든 동물이 나타내는 생물학적 반응을 뜻한다. 넓은 의미로는 같은 종의 구성원이나 다른 종의 생물, 그리고 환경과 상호작용하는 모든 방식이 이에 포함된다. 즉, 몸의 움직임을 통해 특정 행위를 수행하고, 내적·외적 자극에 대한 반응으로 동물이 동작을 통해 나타내는 행동을 의미한다.

② 행동은 외부에서 관찰 가능한 모든 반응을 총칭하는 개념이다. 그 원인은 시각, 청각, 촉각, 후각, 미각 등의 외부 자극뿐만 아니라, 호르몬 분비로 인한 내적 자극까지 포함된다.

3) 동물행동이란

동물의 모든 행동은 주변 환경의 변화나 자극에 대한 반응이다. 자극이 주어지면 동물은 이를 인식하고 특정한 행동으로 반응한다. 예를 들어, 개가 밥그릇을 보고 꼬리를 흔드는 행동은 먹고 싶은 욕구에서 비롯된 자극 때문이다. 이런 행동은 외부 자극에 반응하여 나타나는 자연스러운 반응 과정이다.

4) 동물행동학 역사

① 동물 행동에 대한 과학적 연구는 17세기에서 19세기 사이 영국의 박물학자 존 레이(Jom Ray)와 찰스 다윈(Charles Darwin)을 비롯한 유럽 사상가들에 의해 시작되었다. 이들은 동물의 행동이 복잡한 생물학적 메커니즘에서 비롯되며, 명확한 목적에 따라 나타난다는 점에 주목했다. 또한 동물의 자연환경에서 장기간 관찰하고 객관적인 사실을 정확히 기록하는 것이 중요하다고 강조했다.

② 동물 행동에 관한 과학적 연구는 1859년 영국 생물학자 찰스 다윈의 '종의 기원' 출판을 계기로 주목받기 시작했다. 그는 생물의 모든 종이 공통의 조상으로부터

이어졌다고 주장했고, 앨프리드 러셀 월리스(Alfred Russel Wallace)와 함께 발표한 논문에서 생존 경쟁을 통해 나타나는 자연 선택(Natural Selection)의 개념을 제시했다.

③ 러시아 생리학자 이반 파블로프(Ivan Petrovich Pavlov)는 조건반사 연구를 통해 학습 행동 연구의 기초를 세웠고, 미국 심리학자 버러스 프레더릭 스키너(Burrhus Frederic Skinner)는 행동주의 학습에서 '강화' 개념을 강조하며 조작적 조건화 이론으로 동물 학습 원리에 대한 이해를 크게 발전시켰다.

④ 1973년, 동물행동 연구로 노벨 생리학 · 의학상을 공동 수상한 생물학자로는 네덜란드의 니콜라스 틴베르겐(Nikolaas Tinbergen), 오스트리아의 카를 폰 프리슈(Karl von Frisch), 콘라트 로렌츠(Konrad Lorenz)가 있다. 특히 로렌츠의 「선천적인 행동 패턴을 연구하는 비교방법」은 지금까지도 널리 인용되며, 선천적 행동에 대한 비교연구를 통해 비교행동학의 본질과 연구 접근 방식을 설명한 고전으로 평가받는다.

⑤ 유럽에서 '동물행동학(Ethology)'이라는 새로운 분야가 등장하면서, 로렌츠, 틴베르겐, 프리슈 세 명의 선구자들이 동물행동 연구로 1973년 노벨 생리학 · 의학상을 공동 수상했다. 이 사건은 동물행동학이 과학 분야로 자리 잡는 계기가 되었으며, 이후 이 학문은 동물과 환경의 상호작용을 탐구하는 동물 생태학, 그리고 생물학적 기전과 진화적 관점을 다루는 행동생물학으로 발전해왔다.

2. 동물행동학의 개념

1) 동물행동학의 개념

동물행동학(動物行動學, ethology)은 20세기 초에 동물학의 한 분야로 시작되어, 동물 행동을 과학적으로 연구하는 학문이다. 동물행동학은 생물학의 특수 분야로, 행동의 진화 · 발달 · 기능을 연구한다.

2) 동물행동학의 분야

동물 행동은 지근 요인, 궁극 요인, 발달, 진화라는 네 가지 관점에서 분석할 수 있다. 이 네 관점은 동물행동학의 주요 연구 분야로 분류된다(표 1-1).

표 1-1 동물행동학의 분야

분야	내용
지근요인(Proximate cause factor)	행동의 메커니즘을 연구하는 분야
궁극요인(Ultimate causes factor)	행동의 의미(생물학적 의의)를 연구하는 분야
발달(Development or Ontogeny)	행동의 개체발생(발달)을 연구하는 분야
진화(Evolution or Phylogeny)	행동의 계통발생(진화)을 연구하는 분야

① **행동의 지근 요인**: 행동의 지근 요인은 특정 원인(Causation)이 동물 행동에 어떻게 작용하여 행동을 유발하는지를 설명하는 것이다. 주로 생리적 상태, 심리적 반응, 외부 자극 등이 여기에 해당한다. 예를 들어, 동물이 먹이를 찾기 위해 탐색 행동을 보이는 경우, 식욕, 에너지 수준, 냄새 자극 등이 행동의 지근 요인으로 작용한다. 이러한 요인은 행동에 직접적인 영향을 주며, 행동이 발생하는 과정에 관여한다.

② **행동의 궁극요인**: 행동의 궁극요인은 행동이 생물학적 의미나 진화적 이점을 바탕으로 나타나는 이유를 설명한다. 행동이 어떤 기능(Function)을 수행하는지에 집중한다. 이 요인은 생존, 번식, 유전적 적응과 밀접하게 연관된다. 예를 들어, 먹이를 탐색하는 행동은 생존과 번식을 위한 에너지를 얻는 데 도움이 된다. 이러한 요인은 행동이 진화적 이점을 바탕으로 형성되고 유지되는 배경을 설명하는 데 초점이 있다.

③ **행동의 발달**: 행동 발달(Ontogeny)은 개체가 성장하면서 행동이 어떻게 변화하고 발달하는지를 설명한다. 유전적 요인과 환경적 요인이 상호작용하여 행동을 형성한다. 대표적인 예로 사람의 언어 습득은 유전자와 언어 환경 모두의 영향을 받아 발달한다. 행동 발달은 생애 초기 단계에서 특히 민감하게 나타나며, 생물학적 · 환경적 요인이 행동 형성에 중요한 영향을 준다.

④ **행동의 진화**: 진화(Evolution)는 종의 생존과 번식에 유리한 행동이 자연 선택에 의해 형성되고 발전해 온 과정을 뜻한다. 생존과 번식에 직접적으로 기여하는 행동 특성이 선택되어 다음 세대로 전달된다. 이러한 진화 과정에는 유전적 변이, 유전자의 전달, 자연 선택 등이 포함된다. 행동의 진화는 종의 생존 능력과 환경 적응을 향상시키는 데 중요한 역할을 한다.

3) 적응도

① 현대 동물행동학의 핵심 개념 중 하나는 적응도(Fitness)다. 이는 생애 번식 성공도(Lifetime Reproductive Success)라고도 부르며, 개체가 낳은 새끼 수와 그 새끼들이 번식 연령까지 생존한 비율을 곱한 값으로 나타낸다. 이 수치는 번식 성공을 통해 개체의 유전자가 다음 세대로 얼마나 효과적으로 전달되는지를 나타내는 지표로 활용된다.

② 동물은 다양한 번식 전략을 통해 적응도를 높이는 방향으로 진화해왔다. 적응도가 높은 개체의 자손은 해당 환경에서 더 많이 번성하며, 개체군 전체의 유전적

특성에도 영향을 미친다. 새로운 행동이 적응도를 높이면, 그 행동을 유발한 유전자 변이는 다음 세대에서도 높은 출현율을 보이게 된다. 이러한 과정은 자연선택의 핵심 원리로, 행동의 변화와 유전적 적응 사이의 관계를 설명해준다.

4) 본능적 · 선천적 행동

① 본능적 · 선천적 행동은 학습이나 훈련 없이, 다른 개체에서 모방하지 않고, 환경의 영향도 받지 않고 발달하는 행동을 말한다.

② 각각의 동물 종에 태어나면서부터 갖추어져 있는 특이적인 행동레퍼토리(Repertoire)이다. 종에 따라 특징적인 행동을 보이며, 주로 유전자에 의해 영향을 받고, 융통성이 없으며 고정된 행동 패턴을 수행한다.

5) 양육적 · 학습된 행동

① **학습**은 '경험의 결과로 개인의 행동에서 적응된 변화'로 정의할 수 있다. 이런 학습에 의해 후천적으로 획득된 행동을 습득적 행동이라고 한다.

② 동물이 태어난 후에 습득이 되며, 개체에 따라 특징적인 행동을 한다. 또한 주로 환경에 의해 영향을 받고, 유연하며 상황에 따라 변화가 가능하다.

6) 각인

① **각인**(imprinting, 刻印)이란 생후 수 시간 내에 걸을 수 있는 동물로 조류에서는 오리와 닭, 칠면조 등이 있으며, 포유류에서는 염소, 양, 사슴 등 우제류가 대부분인 조성(早成) 동물의 성장 초기에만 나타나는 행동이다.

* 조성동물이란? 이미 어느 정도 성장하여 태어나는 동물을 의미한다.

② 동물행동학의 기초를 확립한 로렌츠는 인공부화된 기러기 새끼가 처음 본 사람을 어미로 알고 따라다니는 행동을 '각인'이라고 명명하였다.

7) 생득적 해발기구

① 동물 행동에는 '생득적 해발기구'라는 개념이 있다. '생득적'이란 태어날 때부터 학습이나 연습 없이 나타나는 행동을 뜻한다. 이러한 행동은 타 개체의 모방이나 환경적 영향 없이 발달하며, 각 동물의 특성을 결정짓는 중요한 요소로 작용한다.

이 개념에는 '열쇠 자극'에 의해 유도되는 행동 반응이 포함된다. 즉, 특정 자극이 주어지면 자동적으로 나타나는 본능적인 행동이다.

② 동물 종마다 태어날 때부터 갖추고 있는 고유한 행동 레퍼토리를 유발하는 자극을 '열쇠 자극'이라 한다. 이 자극과 관련된 반응 구조는 '생득적 해발기구(Innate Releasing Mechanism)'라고 부른다. 하지만 특히 포유류의 경우, 엄격한 의미의 생득적 행동은 드물며 대부분의 행동은 학습 요소와 생득적 요소가 복합적으로 작용하여 나타난다.

3. 동물행동의 발생 원인

1) 행동의 동기

동기는 단순히 외부 자극에 대한 반응이 아니라, 동물 내부에 축적된 에너지가 외부 자극과 상호작용하여 나타나는 현상이다. 동물의 모든 행동에는 동기라는 내적인 힘이 작용한다. 즉, 동물의 내부에는 행동을 유발하는 에너지가 축적되어 있고, 적절한 자극이 주어지면 이 에너지가 방출되면서 행동이 나타나는 것이다. 동기는 단순히 외부 자극에 반응하는 것이 아니라, 개체의 내적 상태와 환경적 요인이 복합적으로 작용하여 형성되는 추동력이다.

① **다양한 동기**: 섭식, 생식, 탐색, 사회성 등 다양한 동기가 존재하며, 이들은 상호작용하며 행동을 결정한다.

② **내적 상태**: 굶주림, 갈증, 피로 등 생리적인 상태뿐만 아니라, 학습 경험, 기억 등도 동기에 영향을 미친다.

③ **외부 환경**: 음식의 유무, 포식자의 위협, 기온 변화 등 외부 환경은 동물의 동기를 변화시키는 중요한 요인이다.

2) 행동자극

동물의 행동 변화를 유발하는 신호를 신호 자극이라고 한다. 신호 자극 크게 동기 자극, 방출 자극, 종료 자극으로 나눌 수 있다.

① **동기 자극**: 동기 자극은 개체 내부의 상태가 반영되어 특정 행동이 나타나는 것을 의미한다. 예를 들어, 굶주림이나 갈증 같은 생리적 필요는 먹이 섭취나

물을 찾는 행동을 유도한다. 이처럼 내부 상태는 행동 발생의 주요 원인으로 작용하며, 행동의 방향과 목적을 결정하는 데 영향을 준다.

② **방출 자극**: 방출 자극은 외부 자극에 의해 특정 행동을 유도하는 신호다. 이는 구체적인 자극으로, 동물의 본능적 행동을 유발한다. 예를 들어, 어린 새끼가 부모의 부리를 쪼는 행동은 부모가 먹이를 주도록 유도하는 방출 자극이다. 이런 자극은 종마다 고유한 신호로 작용하며, 특정 행동을 이끌어내는 역할을 한다.

③ **종료 자극**: 행동을 중단시키는 역할을 한다. 행동을 중단시키는 신호로, 외부적이거나 내부적일 수 있다. 둥지를 완성한 후 둥지 짓기 행동을 중단하거나, 배가 부른 후 먹이 찾기를 중단하는 것이 종료 자극의 예이다. 즉, 종료 자극은 개체의 목표가 달성되었거나 더 이상 행동을 지속할 필요가 없을 때 작용하여 행동을 종결시킨다.

3) 동물의 감각

동물들은 인간에 비해 놀라울 만큼 뛰어난 시각, 미각, 청각, 촉각, 후각 5가지의 오감(五感)을 가지고 있다. 오감뿐만 아니라 전혀 다른 방식으로 그 이상의 감각을 발휘하기도 한다고 한다. 그리고 그에 따라 다양한 행동이 나타난다.

① **뱀**: 특수기관인 '피트 기관'을 통해 적외선을 직접 탐지한다. 피트 기관은 입술 주변에 띠 모양으로 몇 개 줄지어 있거나 좌우 한 쌍으로 눈과 콧구멍에 있다. 이 기관은 포유류의 피부에 있는 온도 감각 세포량의 수천 배가 넘으며 0.003도의 온도 차이까지 감지할 수 있다. 이를 통해 어둠 속에서도 체온을 단서로 먹이인 쥐 등의 소동물의 위치를 정확히 찾아낼 수 있다.

② **올빼미**: 야행성 조류인데 약간 위, 아래로 어긋난 좌우의 귀에 도달하는 음의 시간차로 음파정위를 하여 먹이가 있는 곳을 정확히 알아낼 수 있다.

③ **오리너구리**: 물속에서 먹이를 잡을 때 눈은 감고 있지만, 오리 부리와 닮은 주둥이 표면에 있는 4만여 개의 미세한 구멍을 통해 먹잇감이 발생시키는 미세한 전기를 감지하여 먹잇감을 사냥한다.

④ **악어**: 입 주변에 난 울퉁불퉁한 돌기로 수면의 움직임을 측정한다. 물 위로 눈과 코(주둥이)만을 내놓고 먹잇감을 기다리고 있다가 수면을 통해 움직임이 포착되면 방향을 측정하여 공격한다. 수면에 단 한 방울의 물이 떨어져도 감지할 수 있다.

⑤ **고양이**: 간상세포(桿狀細胞: 눈의 망막에서 빛을 감지하는 세포)의 개수가 인간의 2배가량 많아 야간 시력이 좋다. 시각세포에 흡수되지 않은 빛을 재반사시켜 빛 흡수율을 높이는 '휘막'이라는 반사층이 있어 빛의 양이 제한적인 야간에 효율적으로 시력을 끌어올린다. 그로 인해 밤에 활발히 움직임이 가능하다.

⑥ **개**: 개는 사람보다 약 10만 배 정도 후각이 뛰어나다. 따라서 야생에서 생활을 할 때 냄새를 통해 사냥감을 쫓거나 같은 무리의 뒤를 따르는 등 생존의 필요에 의해 행동이 발달하였다.

⑦ **개미**: 화학전달물질인 페로몬을 통해 의사소통을 한다. 불개미는 이 전달물질이 제곱미터당 10~14그램만 있어도 신호를 감지해낼 수 있다. 일반적으로 개미들은 이 화학물질의 조합이 지시하는 10~20가지의 신호를 구별할 줄 안다.

이와 같이 시각, 청각, 후각 등 어떠한 감각에 대해서도 동물과 인간은 지각할 수 있는 정보의 물리화학적 성질과 감도에 큰 차이를 보이는 경우가 많다. 각각의 동물 종에 따라 감각세계가 다르다는 것을 이해해 두는 것은 상대방(취급하는 동물)의 입장에서서 생각하기 위한 필수조건이기도 하다.

4) 행동진화와 유전

동물은 각각의 종에 특유한 다양한 행동양식을 보인다. 이러한 다양성은 행동진화에 따라 만들어진 것인데 사실 행동학발전의 초기에 큰 영향을 가져온 고전적 개념의 하나로 '행동도 자연도태의 대상이 될 수 있다'라는 개념이다. 다윈이 제창한 '자연선택설'에서 보면 이해하기 쉬울 것이다. 이 설은 이하의 5가지 원리로 성립된다.

① 동종의 생물이라도 모두가 같은 것은 아니다. 개체 간에는 변이, 즉 개체차가 존재한다.

② 모자의 모습이 비슷한 것처럼 어떤 종의 변이는 유전된다.

③ 생존과 번식에는 다양한 경쟁이 존재한다. 즉, 한정된 먹이와 둥지 또는 배우자 등을 둘러싸고 개체 간에 경쟁이 일어나기 때문에 태어난 모든 새끼들이 성장할 때까지 자라서 자손을 남길 수 있는 것은 아니다.

④ 생존 또는 번식에서 우수한 능력을 가진 개체는 타자와의 경쟁에서 이겨 자손을 남길 수 있는 기회가 커진다.

⑤ 이처럼 생물집단이 세대를 거듭해가는 동안 그 집단 전체로서 보면 그 시대의 환경에 보다 잘 적응할 수 있는 유전자를 가진 개체가 다수를 차지하는 집단으로 서서히 변화해 간다.

Chapter

02

동물행동 유형

Chapter
02 동물행동 유형

1. 생식행동

1) 정의

생식행동이 정상적으로 이루어지지 않으면 그 동물은 자손을 남길 수 없으므로 이 상원인으로써 어떠한 유전적 변이가 있으면 그 변이가 다음 세대에는 전달되지 않고 배제되게 된다. 따라서 생식행동은 엄격한 도태압에 의해 각각의 동물종의 생태학적 또는 사회적 환경에 가장 잘 적응하는 형태로 진화해왔다고 볼 수 있다. 이와 같이 성적인 탐색행동, 구애행동, 교미행동, 임신, 십 짓기, 분만, 포유, 이유, 모자간 분리 등 새끼 생산에서 모자 분리에 이르는 모든 행동을 포함하며 생식행동이라고도 한다.

2) 생식행동의 다양성

(1) 다태동물

① **정의**: 한 배에 여러 마리의 새끼를 낳는 동물로 대표적으로 개, 고양이, 돼지 등이 다태동물에 해당된다.

② **특성**: 다태동물이 한 번에 새끼를 여러 마리를 낳을 수 있는 이유는 배란시점에 여러 개의 난자를 배란하기 때문이다. 또한 다태동물의 새끼는 태어나서 며칠간은 눈도 보이지 않고 귀도 들리지 않으며 배설조차 스스로 할 수 없는 매우 미숙한 상태이다. 그러므로 어미가 열심히 새끼를 보살피는데 쉽게 다른 새끼를 받아들여 수유하는 등 모자간의 연에 대해서는 비교적 느슨한 편이다.

(2) 단태동물

① **정의**: 한 배에 한 마리의 새끼를 낳는 동물로 대표적으로 말, 코끼리, 사슴 등이 단태동물에 해당된다.

② **특성**: 단태동물은 배란시점에 한 개의 난자를 배란되어 한 마리의 새끼는 낳는다. 훨씬 성숙한 상태로 태어나 출산 후 1시간이 되기도 전에 자력으로 일어서서 어미의 뒤를 따라 초원을 이동할 수 있게 된다.

(3) 생식전략

① **r전략**: 몸집이 작은 동물로 곤충, 물고기, 설치류 등에 대표되고, 수명도 짧고 생식주기도 짧기 때문에 변동이 큰 환경이 자신들에게 좋은 조건이 됐을 때 한 번에 번식행동을 하여 개체수를 늘리려고 한다. r전략의 동물은 적응도의 요인 중 번식률의 비중을 높게 둔다.

② **K전략**: 몸집이 큰 동물로 소, 말, 코끼리와 같은 대형 동물에 대표되는데 이러한

동물들은 일반적으로 수명이 길어 성장할 때까지 시간이 걸리며 비교적 안정된 생태환경과 경합적인 사회 환경 속에서 적은 수의 새끼를 극진히 보호하고 소중하게 키워낸다. K전략의 동물은 적응도의 요인 중 생존율의 비중을 높게 둔다.

그림 2-1 생식전략의 *r*과 *K*의 척도: 난자생산량과 출산 주기

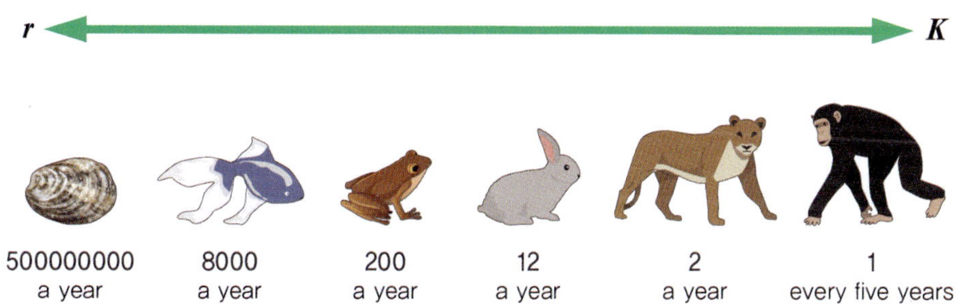

(4) 성선택

① 정의: 한정된 자원인 암컷을 둘러싼 경쟁에서 조금이라도 유리하게 행동하기 위해 수컷이 생존율을 희생해서까지 어떤 형질을 발달시키는 것이다.

② 특성: 수컷 공작의 화려한 꼬리털은 극단적인 예 중 하나지만 포유류에서도 수컷은 때로 뿔이나 송곳니와 같은 다양한 무기와 장식을 발달시켜, 번식계절에는 섭식행동이나 장식행동, 휴식행동 등의 유지행동을 거의 정지시키면서까지 암컷을 획득하려고 한다. 이와 같은 행동의 진화는 수컷 간의 경합을 위함이거나 암컷의 관심을 끌기 위함이다.

(5) 혈연선택

① 정의: 부모나 형제자매와 같은 짙은 혈연관계에 있는 개체, 바꿔 말하면 유전자의 양식을 공유하고 있는 개체의 번식을 돕는 이타적 행동의 진화를 가리킨다.

② **특성**: 자신이 번식하지 않아도 근연자의 생존율과 번식률의 향상에 기여할 수 있다면 최종적으로는 자신의 적응도도 향상되는 특성이다. 예를 들면 꿀벌은 외적이 공격해 오면 몸을 희생해서까지 둥지의 여왕벌과 유충(대부분이 암컷으로 모두 자신의 자매가 된다)을 지키려고 하는 데 수컷이 단위발생을 하는 꿀벌에서는 자매간의 혈연도가 0.75로 매우 높기 때문에 포괄적응도라는 관점에서 보면 이러한 행동도 설명이 되는 것이다.

3) 배우 시스템

(1) 일부일처제(Monogamy)

① **정의**: 암컷과 수컷 각각 한 개체가 부부관계를 형성해서 번식을 하는 경우를 일부일처제라고 한다.

② **특징**: 원원류, 설치류, 육식류의 일부에서 보이나 전 포유류의 5% 정도로 적다. 개과 동물도 그중 하나이다. 대부분의 조류는 일부일처의 결혼 체계를 가진다. 늑대, 여우, 비버, 재칼, 수달 등은 일부일처제로 유명하다. 그 중에서 수달과 들쥐는 지독한 일부일처 사랑꾼이다. 들쥐는 암컷과 짝을 이룬 후에 다른 암컷이 접근하면 수컷이 그 암컷에게 공격행위도 불사한다고 한다.

(2) 일부다처제(Polygyny)

① **정의**: 한 마리의 수컷이 동시에 여러 암컷과 부부관계를 맺는 것을 의미한다.

② **특징**: 많은 포유류가 갖는 방식으로 암컷이 새끼를 돌보고나 키우고 수컷들은 새끼의 양육에 관련하지 않는다. 또한 배우 시스템으로 할렘형, 영역형, 렉형, 프라이드형 등이 있다.

- 할렘형: 사슴, 말, 마카크류의 원숭이, 비비 등에서 암컷무리에 단독 또는 소수의 수컷이 들어가 암컷과 새끼를 방위하면서 일정 지역 내를 이동한다.

- 영역형: 설치류, 영장류, 유제류에 널리 보이며 수컷이 교미나 사냥을 위한 세력권 내에 암컷을 두고 교미를 한다.
- 렉형: 바다코끼리 등의 해수류, 다마사슴 등의 우제류, 박쥐 등으로 집단구애의 장 내에 복수의 수컷이 형성한 좁은 교미영역을 암컷이 방문한다.
- 프라이드형: 사자, 몽구스 등으로 일정 장소에 정착한 암컷무리 내에 수컷이 들어가 공동으로 무리를 방위한다.

(3) 일처다부제(polyandry)

① 정의: 암컷 한 마리가 수컷 여러 마리와 짝짓기를 하여 짝이 이루어지는 동물을 이르는 말이다.

② 특징: 지구상에 서식하고 있는 동물들에게서 흔하지 않은 체계로 일부 조류(꿩, 도요 무리, 타조 등) 소금쟁이와 초파리에서만 알려져 있다. 한정된 동물 종에서 보이며 암컷의 단독성 사회에 복수의 수컷이 들어가 수컷의 일부는 헬퍼(helper)로서 번식을 돕는다.

4) 성행동

(1) 정의

- 암수의 성행동은 동물이 자신의 유전자를 다음 세대로 승계하여 종의 존속을 위한 교미 행동이다. 수컷이 정자를 암컷의 생식기 내에 보내는 것을 목적으로 한 일련의 행동이다.
- 예를 들어, 사자에서는 수컷과 암컷이 일시적으로 무리를 벗어나 며칠에 걸쳐(이 기간을 허니문이라 부른다) 거의 먹지도 마시지도 않은 채 계속해서 교미한다. 소의 경우, 발정기는 훨씬 짧고 십수 시간으로 교미 자체도 수컷이 승가한 뒤, 사정하기까지 불과 몇 초밖에 되지 않는다.

- 이러한 교미양식의 차이는 아마도 육식동물과 그것에 목표가 되는 초식동물이라는 자연계에서의 입장 차이를 반영하고 있는 것이라 생각된다. 성행동도 동물 종에 따른 차이가 큰 행동 중 하나이다.

(2) 발현 패턴

- 많은 동물 종에서 번식은 단순히 생식 세포를 방출하는 것을 넘어, 복잡하고 다양한 행동 양식을 수반한다. 성공적인 번식을 위해서는 난자와 정자가 동시에 방출되어 수정이 이루어져야 하며, 이를 위해 동물들은 특정한 행동 패턴을 보인다.
- 동기화는 번식을 위한 첫 단계로, 두 개체가 생리적으로 번식할 준비가 되어 서로를 찾아 만나는 과정이다. 이는 호르몬 변화, 환경 조건, 사회적 신호 등 다양한 요인에 의해 영향을 받는다. 동기화가 이루어지지 않으면, 비록 생식 세포가 방출되더라도 수정이 이루어질 가능성이 낮다.
- 구애는 동기화된 두 개체가 서로에게 매력을 느끼고, 짝짓기를 위한 준비를 하는 과정이다. 구애 행동은 종마다 다양한 형태로 나타나며, 시각적, 청각적, 후각적 신호를 통해 상대방에게 자신의 매력을 어필한다. 구애 행동을 통해 두 개체는 서로의 생리적 상태를 확인하고, 짝짓기의 성공 가능성을 높인다.
- 교미는 구애를 통해 형성된 짝이 실제로 짝짓기를 하는 과정이다. 교미 과정에서 수컷은 암컷에게 정자를 전달하고, 암컷은 수정을 위한 환경을 제공한다. 교미 행동은 종 특이적인 형태로 나타나며, 종종 복잡하고 정교한 의식을 수반한다.

(3) 초식동물의 성행동

① 소

㉠ 암소는 약 21일마다 발정하여 수컷의 교미행동을 허용한다. 발정이 가까워진 암소는 성적으로 활성화된 작은 집단을 형성하여 섭식과 휴식활동이 감

소하고 서로 승가하는 등의 성적 행동이 증가한다.

㉡ 수소는 멀리서 암소의 이러한 행동변화를 보고 접근하여 최종적으로는 페로몬을 단서로 교미상대를 선택한다. 발정기의 암컷은 수컷이 승가해도 가만히 있고 도망가지 않는다. 이 시간을 스탠딩 발정이라 부르며 약 20시간 가까이 계속된다. 수소가 승가하여 교미가 시작된 뒤, 사정하기까지의 시간은 매우 짧아 몇 초밖에 되지 않는다. 양이나 염소의 성행동도 기본적으로는 소와 매우 비슷하다.

② 말

㉠ 암컷 말이 수컷 말에게 보이는 태도는 성주기의 시기에 따라 극단적으로 다르며 발정기 이외의 시기에는 접근하는 수컷을 위협하거나 공격하여 접근이나 접촉을 거절하지만 발정기에는 독특한 배뇨자세를 보이는 등 수컷을 적극적으로 받아들인다.

㉡ 성주기는 소와 마찬가지로 21일인데 발정기가 길어 4, 5일간 계속된다. 또한 수컷이 승가한 뒤 사정하기까지의 시간도 수십 초로 길다.

(4) 육식동물의 성행동

① 고양이

㉠ 교미배란동물의 일종으로 교미하지 않으면 배란이 일어나지 않는다. 봄부터 여름에 걸친 발정기가 되면 난소에서 난포가 차례로 주기적으로 발육하며 발육의 피크에서는 호르몬의 분비가 높아서 빌징행동이 일어난다. 역시 호르몬의 영향으로 분비된 페로몬을 맡고 수컷들이 모여든다.

㉡ 수컷고양이는 암컷고양이에게 승가하여 교미하는데, 그 직후 암컷고양이는 수컷고양이를 뒤돌아 공격하는 경우도 있다. 이것은 수컷 생식기에 의한 통증이 원인일 수도 있다. 또 교미 후는 바닥에 드러누워 배란 댄스라 불리는 특유한 행동을 보인다.

(5) 잡식동물의 성행동

① 개

㉠ 대부분의 암캐는 약 8개월 간격으로 발정 주기를 가진다. 일반적으로 2년에 약 3번 정도 발정이 발생하며, 일부 견종은 1년에 한 번만 발정하는 경우도 있다. 발정 주기는 몇 단계로 나뉘는데, 첫 번째는 '발정 전기'다. 이 시기는 약 1주일 동안 지속되며, 음부에서 혈액이 섞인 분비물이 배출된다. 이 분비물에 포함된 페로몬에 반응해 수캐가 접근하지만, 아직 교미는 일어나지 않는다.

㉡ 발정기가 되면 암캐는 교미를 허용하게 되고 곧 배란이 일어난다. 개에게 독특한 성행동으로서 교미결합이 관찰된다. 즉, 수캐가 암캐에게 승가하여 사정이 일어난 뒤, 양자가 음부를 결합한 채로 때로는 수십 분 동안 연결된 채로 있다.

② 돼지

㉠ 성주기의 길이는 소와 거의 같지만 발정기는 더 길어 수일간 계속되며 성행동의 특징으로서 발정한 암컷 쪽에서 수컷에게 접근하는 경우가 있다. 승가에서 사정에 이르는 시간도 몇 분간으로 소나 말에 비하면 더 길다.

③ 랫이나 마우스

㉠ 성주기는 4, 5일로 짧고 발정전기의 야간에 활발한 성행동이 관찰된다.

2. 유지행동

1) 정의

유지 행동은 동물이 생존을 위해 수행하는 기본적인 행위를 뜻한다. 여기에는 섭식, 배설, 마킹, 몸단장 같은 생리적 행동이 포함된다. 또한 먹고 자고 쉬는 생활 행동, 경쟁자나 포식자를 탐색하는 행동, 자신을 보호하는 행위도 유지 행동에 해당한다. 이러한 행동은 생명을 유지하고 개체의 안정적인 생존을 위해 필수적으로 수행된다.

2) 섭식행동

(1) 개의 섭식행동

- 개는 잡식동물의 소화기관을 가지고 있다. 개의 섭식생동은 성장단계, 활동 정도, 체내대사, 환경 등에 따라 섭식량이 결정되며 사회적 촉진현상에 섭식량이 영향을 받기도 한다. 혼자 있는 개에게 먹이가 주어진 경우보다 여러 마리의 개에게 먹이가 주어졌을 때 개체별로 섭식량이 증가하곤 한다.
- 개는 늑대 등과 마찬가지로 매우 빠르게 먹는 경향이 있는데 이것은 잡은 사냥감을 둘러싸고 동료들 간에 일어나는 경쟁 때문일지도 모른다. 늑대는 먹이를 집어넣는 능력이 우수하여 자신의 체중의 20%의 고기를 한 번에 먹을 수 있다고 보고되어 있다.
- 개에서도 견종에 따라 차이가 있지만 어느 수컷 래브라도리트리버는 한 번에 체중의 10%에 상당하는 캔을 먹었다고 한다.
- 만일, 먹이를 잘 먹지 않는 개에게 적극적인 식습관을 형성하기 위한 교육을 진행한다면 위와 같은 사회적 촉진 방법을 활용한다면 효과적일 수 있다.
- 개의 섭식량과 먹이의 종류를 결정할 때는 견종별 크기나 나이 및 계절을 고려해

서 공급해주는 것이 좋다. 성견이 아닌 강아지의 경우 마른 먹이보다는 물에 불린 사료라든지 이유식을 먹이는 것이 좋은데 이러한 이유식은 4주경부터 시작하여 60일경에 종료하고, 12주 정도가 되면 완전한 마른 먹이의 섭취가 가능해지니 그때부터 사료를 급여하는 것이 좋다.

(2) 고양이의 섭식행동

- 고양이는 개에 비해, 육식에 적절한 소화기관이 있다.
- 고양이는 고양잇과의 동물인 사자와 같이 무리를 지어 생활하거나 집단으로 먹이를 잡는 것이 아니라, 소형 설치류나 작은 새 등을 먹이로 삼고 단독으로 사냥하며 생활하는 습성이 있다. 그렇기에 고양이는 한 번에 빠르고 많이 섭취할 수 있는 개와는 다르게 소량의 식사를 몇 번에 걸쳐 나누어 먹는 습성이 있다.
- 집고양이에서는 쥐 1마리 정도가 1회의 식사량으로 딱 좋은 크기이다. 고양이는 맛보다는 냄새에 의해 기호가 결정되고, 30℃ 정도일 때 가장 기호성이 높아진다.
- 본능적으로 물을 잘 섭취하지 않는 고양이는 수분부족으로 신장이나 비뇨기계 질환이 생길 수 있고, 육식성 동물이기 때문에 마른 먹이보다 습식의 먹이를 고양이에게 제공하는 것이 좋다.
- 고양이는 대략 체중 1kg당 수분을 40~60m 섭취해 주어야 하는데 습식사료에는 수분이 약 74% 정도 함유되어 있다고 하니 수분부족 현상을 예방하는 데 도움이 될 수 있다.

(3) 사회적 촉진

- 무리로 생활하는 동물에게는 행동의 사회적 촉진이라는 현상이 알려져 있다. 이것은 무리 안의 어떤 개체가 어떠한 행동을 일으키면 다른 개체가 일제히 그 흉내를 내거나 서로 경합하여 행동이 더 발달되는 것이다. 특히 새끼강아지의 경우, 먹이를 놓는 장소가 정해져 있으면 먹이를 둘러싸고 우열순위가 생기는 경우가 많다.

(4) 먹이에 대한 기호성

- 초식동물과 육식동물을 비교해보면 알 수 있듯이 동물이 무엇을 즐겨 먹고 무엇을 먹지 않는지는 동물 종에 따라 크게 다르다. 즉, 먹이에 대한 기호성에는 태어나면서부터 정해져 있는 유전적 요인의 영향이 크다는 것인데 그뿐만 아니라, 이유 후에 섭취한 먹이의 종류나 그에 따른 정동적인 체험에 의해 개개의 동물에게는 다양한 기호가 생기게 된다.
- 육식동물은 고기만 먹는 것처럼 생각되지만 개과나 고양잇과 야생동물들은 먹이인 동물의 고기뿐 아니라, 뼈나 날개 또는 초식성 동물의 장관내용물 등도 중요한 요소가 된다. 개도 고양이도 때로 풀(특히 긴 잎)을 먹는데 그 이유에 대해서는 구토나 배설을 촉진하거나 소화관 내의 기생충을 제거하기 위해서가 아닐까, 라는 다양한 가설이 있지만 진실은 아직 알 수 없다.

(5) 특이적 기아

- 동물은 음식에서 탄수화물이나 지방, 단백질과 같은 것뿐만 아니라, 미네랄이나 비타민 등 다양한 영양소를 섭취하고 있다. 이 중 특정 성분이 부족한 상태에 놓이면 동물은 결핍된 성분을 적극적으로 섭취하려는 먹이에 대한 자기선택행동을 보이는 것으로 알려져 있다. 즉 먹이에 대한 '자기선택행동'을 보인다.

(6) 미각혐오

- 부패한 먹이나 독이 들어간 먹이를 섭취함으로써 식후 구토나 설사를 한 불쾌한 경험을 하면, 동물은 그 먹이의 냄새나 맛을 기억하고는 같은 먹이를 두 번 다시 입에 대지 않는다. 이것은 미각혐오 또는 조건화 미각기피라 불리는 반응으로 단 한 번의 경험에 의해서도 강하게 기억된다.

(7) 과식증

- 야생동물은 살아가는 데 필요한 양의 먹이를 얻기 위해 많은 시간과 에너지를 소비하고 있어 과식에 의해 비만이 되는 경우는 없다.
- 비만이 되면 운동능력이 떨어지기 때문에 육식동물은 사냥을 제대로 하지 못하게 되고 포식되는 동물들은 위험이 증가하게 된다. 단, 월동 등 계절적인 행동변화와 관련하여 일시적으로 지방을 몸에 축적하는 현상이 보인다. 이것은 이른바 생리적인 비만이다.

(8) 무식욕증

- 동물에서도 아무것도 먹으려고 하지 않고 점차 체중이 줄어가는 무식욕증도 자주 보인다. 이것에는 동면이나 이주, 번식활동 등의 시작과 관련하여 일어나는 생리적인 것도 있지만 감염증에 걸린 동물이 사이토카인 등 면역계 인자의 영향으로 식욕을 잃는 병적인 경우도 있다.
- 이와 같은 병적인 무식욕증도 발열이나 행동억제 등과 마찬가지로 질환을 가능한 한 빨리 극복하기 위해 프로그램된 반응의 일부로 적응적 행동으로서 진화한 것이라 해석되고 있다. 단, 불안의 항진과 같은 심리학적 요인에 의한 신경성 무식욕증(거식증이라고도 한다) 등의 경우에는 행동학적 치료가 필요하다.

3) 배설행동

(1) 개의 배설행동

- 신생아기의 강아지는 스스로 배설을 못 하므로 어미가 새끼의 항문이나 음부를 핥아 배설을 촉진시킨다. 그리고 개는 본래의 자신이 자거나 먹는 곳을 청결하게 하고자 하는 성질이 있어서 집에서 키우는 개도 자는 장소나 먹는 장소에서는 보통 배설을 하지 않는다.

- 화장실교육은 기본적으로 둥지에서 떨어져 배설을 하는 본래의 성질을 가정환경 내에서 이끌어내는 과정이라 생각되므로 예를 들어, 강아지의 경우는 우선 방의 구석을 자신의 둥지라고 생각할 수 있도록 해주고 식사나 수면 후와 같이 배설이 일어나기 쉬울 때 화장실에 데려가도록 한다. 행동이 활발해져 집에 익숙해짐에 따라 둥지로서의 인식이 점차 커져 곧 집전체가 자신의 서식지로서 인식되는 것이다.

(2) 고양이의 배설행동

- 고양이는 화장실이 주어지면 특별한 훈련 없이도 정해놓은 장소에서 배변이 가능하다. 또한 화장실의 소재가 중요한데 적당한 모래를 넣은 화장실을 배치한 방에 고양이를 잠시 가둬두면 화장실의 사용을 학습할 것이다.
- 한번 화장실을 외우면 화장실을 놓는 장소를 서서히 이동하거나 우선 화장실을 여러 개 놓고 나서 목표하는 장소의 것을 최종적으로 남기는 방법을 이용하여 배설장소를 지정하는 것도 가능하다.

4) 마킹행동

(1) 개의 마킹행동

- 개를 산책에 데리고 가면 여러 장소에서 배뇨를 하려고 하는데 이 행동에는 자신의 영역에 냄새를 묻히는 마킹의 의미가 있다. 수컷과 암컷에서는 행동의 빈도에 차이가 있는데 일반적으로 수컷 쪽이 훨씬 많이 마킹을 한다.
- 수컷의 경우, 전신주나 나무 등 수직의 대상물을 향해 한쪽 다리를 들고 가능한 높은 곳에 오줌을 묻히려고 한다. 이 행동은 암컷에게는 거의 보이지 않으며 성적 이형을 보이는 행동의 대표적인 예로 잘 알려져 있다. 실제로 웅성호르몬인 안드로겐의 분비상태와 마킹빈도의 변화에 관련이 있다는 것이 알려져 있다.

(2) 고양이의 마킹행동

- 고양잇과 동물에서는 보통의 배뇨와는 다른 자세로 엉덩이를 높이고 수직의 대상물을 향해 오줌을 발사하는 오줌스프레이라는 마킹행동이 잘 알려져 있다.
- 수컷고양이 쪽이 암컷보다 빈도가 훨씬 잦다. 실내에서 사육하는 고양이가 벽이나 가구 등을 향해 오줌스프레이를 하게 되면 문제행동이 된다. 수캐의 마킹과 마찬가지로(또는 그 이상으로) 이 행동은 웅성호르몬 의존성이며 거세를 함으로써 오줌스프레이의 빈도가 현저히 낮아지는 것으로 알려져 있다.

5) 몸단장행동

(1) 그루밍 행동

- 그루밍(Gnoming)은 자신의 몸에 묻은 이물질을 제거하기 위해 혀에 침을 묻혀 온몸을 핥거나 이빨·발톱으로 털을 다듬는 행동으로 주로 고양이가 많이 하는 행동이다.
- 그루밍의 기능은 피부와 털의 청결을 유지해주고, 외부 기생충을 제거해주며, 죽은 털 제거 및 오염과 냄새 등을 제거하는 것이다. 또한 그루밍 행동은 청결유지 외에 행동발달에 큰 영향을 끼친다.
- 실제 개나 고양이 등 미숙한 상태로 태어나는 동물은 초기의 발달단계에 어미로부터 충분한 보살핌이 매우 중요하다. 즉 그루밍 행동은 가족이나 무리의 동료 간의 친화적 행동(Affiliative Behavior)으로서의 사회적 의미도 크다.
- 고양이는 개와는 달리 몸의 대부분을 스스로 그루밍하는 것이 가능하다. 실제 고양이는 일어나 있는 시간의 30~50%의 시간을 그루밍 행동에 사용하고 있다. 그러나 이러한 그루밍 행동은 모구증(hairball)의 원인이 되기도 하며 심하면 수술을 감행해야 한다.

3. 사회행동

1) 정의

- 사회적 행동이란 복수의 개체 간에 일어나는 다양한 행동의 총칭이다. 어떤 동물 종에서 다른 동물 종(사람을 포함)에의 행동적 동기부여도 많지만 각각의 동물 종에 특유한 사회적 행동의 기본패턴은 같은 동물종의 집단 내에서 형성되는 것이다. 따라서 우선은 동종의 동물 간의 교류방법을 잘 배울 필요가 있다.
- 개와 고양이의 사회적 행동은 결코 동일하지 않다. 이것은 우리 인간들이 그들에게 접하는 방법도 상대가 개인지, 고양이인지에 따라 당연히 달라져야 한다는 점을 시사하고 있다.

2) 사회구조

(1) 개의 사회구조

- 사회성이 높은 동물인 개는 우열순위가 상당히 확실히 형성되고, 이에 따라 개체 간의 마찰이 최소화되고 있다. 이 경우, 우위인 개체의 위협은 열위인 개체에게 복종행동을 일으키기 때문에 싸움은 피할 수 없다.
- 개의 선조종인 늑대는 이러한 사회성을 명확하게 가지고 있는 대표적인 동물로 무리(팩이라 부른다, a pack of wolfves) 내에서는 알파라 불리는 최상위 개체를 정점으로 엄격한 서열을 유지하고 있다. 무리에는 알파의 수컷과 알파의 암컷이 있고 수컷과 암컷에서 각각 독립된 서열이 형성된다.

(2) 고양의 사회구조

- 고양이는 우리 주위의 동물 중에서 유일하게 이러한 사회성을 명확하게 갖지

않는 동물이다. 따라서 가정이나 지역에서 보이는 고양이집단에서는 독특한 사회적 구조와 순위가 보인다. 예를 들어, 어떤 집단에서는 특정 수컷고양이가 전제 군주적으로 우위적 입장을 가지고 나머지 고양이들은 동등한 입장에 있는 경우도 있을 것이다. 이러한 경우, 안정된 계급구조가 아니므로 사소한 계기로 개체 간에 싸움이 일어난다. 확실한 서열이 없기 때문에 싸움의 결과를 예측하는 것은 어렵다.

• 사회적인 동물의 경우는 몸의 크기나 체중, 성별 등의 요소가 승패에 영향을 주지만, 반면 고양이의 경우는 하루의 시간대나 장소, 먹이의 존재, 과거의 경위, 함께 사는 고양이의 수 등 복잡한 요인에 의해 영향이 생긴다. 예를 들어, 2마리의 고양이가 길에서 우연히 만났을 경우 등 평소와는 다른 시간대에 지나가는 고양이 쪽이 길을 양보하는 경우가 많다. 먹이를 둘러싼 전쟁에서도 엄격한 사회성을 가진 동물종에서는 우위의 개체가 열위의 동물에게서 먹이를 빼앗지만 고양이의 세계에서는 보통 이러한 광경은 볼 수 없고, 자신의 순서를 기다려 공유하려는 경우가 많다.

① 사회적 거리

고양이의 사회적 거리는 고양이를 둘러싼 다양한 외적 또는 내적인 상황에 따라 시시각각 변할 수 있으며 아래와 같이 구분된다.

㉠ 생활권: 고양이의 사회적 거리는 몇 단계로 나눌 수 있다. 가장 바깥쪽에 있는 큰 범위가 평소의 생활에서 행동하는 범위이다. 인근에 사는 고양이들 간에는 생활권이 겹치지만 그 안쪽에 있는 세력권은 보통 겹치지 않는다.

㉡ 세력권: 고양이가 방위해야 할 영역이다.

㉣ 사회적 거리: 낯선 고양이가 접근하는 범위인 거리고 그 이상의 접근은 특별한 관계의 고양이에게만 허용된다.

㉢ 도주거리: 익숙하지 않은 고양이나 타종의 동물이 접근한 경우에 도망가는 거리이다.

㉤ 임계거리: 도주하려고 해도 그렇지 못하거나 알아차리는 것이 늦어서 자기 방위의 반격으로 바꿀 수 없는 거리를 의미한다.

그림 2-2 고양이의 사회적 거리

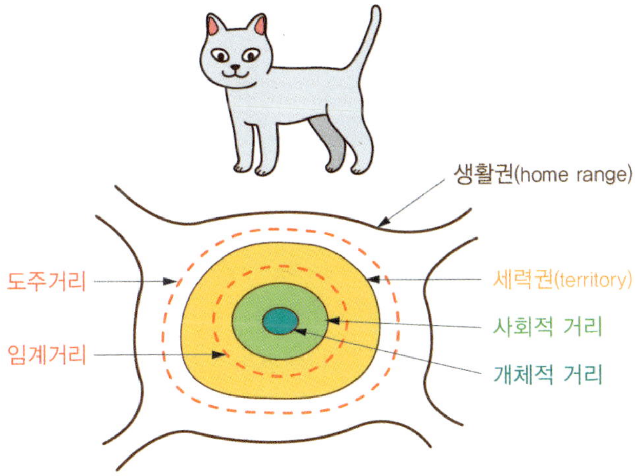

3) 갈등행동

(1) 정의

- 갈등행동은 2마리 또는 그 이상의 개체 간에 보이는 경합적인 상호관계로 도주, 방위적행동, 공격행동에 관련된 자세나 표정에 의해 알 수 있다.
- 동물의 갈등 행동은 단순히 싸움만을 의미하는 것이 아니라, 동물들이 서로에게 보내는 다양한 신호와 행동들의 복합적인 상호작용이다.
- 위협, 공격, 복종 등의 행동들은 상황에 따라 유연하게 나타나며, 이를 통해 동물들은 사회적인 관계를 형성하고 유지한다.
- 동물의 갈등 행동은 단순한 폭력이 아니라, 사회적 상호작용의 중요한 일부이다. 동물들은 위협, 복종, 공격 등 다양한 행동을 통해 서로의 관계를 조절하고, 사회 질서를 유지한다.

(2) 모성 방어

암컷이 인간에 대해 공격적인 행동을 보이는 경우는 드물지만, 젖을 먹이는 암컷은 새끼를 보호하기 위해 인간에게 위협을 가할 수 있다. 즉, 어미는 자신의 새끼를 지키기 위해 공격적인 행동을 할 수 있다.

(3) 영역 방어

동물들이 자신의 공간을 지키기 위해 보이는 가장 일반적인 공격행동이다. 특히 수컷 동물들은 자신의 영역을 침범하는 다른 동물이나 사람에게 공격적인 태도를 보인다. 이는 농장 작업자에게 부상을 입힐 수 있는 주요 원인 중 하나다.

(4) 포식

육식 동물의 본능적인 행동이지만, 잡식성 동물인 돼지나 가금류도 작은 동물을 공격하고 먹는 경우가 있다. 이러한 행동은 농장 환경에서 다른 동물들에게 스트레스를 유발하고, 질병 전파의 위험을 높일 수 있다.

(5) 집단 후 공격성

동물을 집단으로 관리하는 방식은 일반적인 사육 방법이지만, 동시에 공격 행동을 유발하는 원인이 될 수 있다. 낯선 개체들이 한 공간에 모이면 서열을 결정하려는 다툼이 발생하며, 이 과정에서 심각한 공격 행동이 나타날 수 있다.

(6) 수컷 간의 공격

번식기에는 수컷 동물들의 공격성이 더욱 증가한다. 암컷을 차지하기 위한 경쟁이 심화되면서 수컷들 간의 싸움이 빈번하게 발생한다. 이는 동물들에게 스트레스를 유발하고, 부상을 입힐 수 있다.

(7) 자원 방어

자원경쟁 또한 공격성을 유발하는 중요한 요인이다. 먹이, 물, 공간 등 제한된 자원을 놓고 동물들 간의 경쟁이 심화되면, 공격적인 행동이 증가할 수 있다.

(8) 성별 간의 공격

성적행동과 관련된 공격행동도 발생할 수 있다. 수컷이 암컷에게 구애를 할 때 거절당하거나, 다른 수컷과의 경쟁에서 패배할 경우 공격적인 행동을 보일 수 있다.

(9) 비정상적인 공격

- 돼지의 꼬리 물어뜯기와 같은 행동은 대표적인 비정상적인 공격행동으로, 동물들에게 고통을 유발하고 집단 전체의 건강을 위협할 수 있다.
- 농장 동물의 공격성은 동물의 생존과 번식을 위한 본능적인 행동이지만, 농장 환경에서는 동물과 사람 모두에게 위협이 될 수 있다. 따라서 농장에서는 동물들의 공격행동을 유발하는 요인을 파악하고, 이를 관리하기 위한 적절한 조치를 취해야 한다.

표 2-1 동물에서 공통적으로 나타나는 공격행동의 분류

행동 범주		정의/예시
종 간 공격	모성 방어	어미가 자신의 새끼를 보호하기 위해 잠재적 포식자로부터 방어하는 행동 예시: 양이 강아지를 공격함
	영역 방어	동물이 자신의 영역에 침입한 침입자를 공격하는 행동. 예시: 풀을 뜯고 있는 황소가 사람을 공격함
	포식	동물이 다른 동물을 공격하여 죽이고 먹는 행동 예시: 사자가 얼룩말을 잡아먹음
종 내 공격	집단 후 공격성	서로 낯선 동물들이 모였을 때 싸움이 발생하고, 이로 인해 사회적 구조나 계층이 형성됨 예시: 새로 모인 돼지들의 싸움
	수컷 간의 공격	성체 수컷들이 배우자나 영역을 차지하기 위해 싸우는 행동. 일반적으로 번식기 동안 발생 예시: 수컷양이나 염소들의 싸움

행동 범주		정의/예시
	자원 방어	자원이 제한될 때 공격성이 증가하는 행동 예시: 제한된 자원으로 인한 소의 공격성
	성별 간의 공격	수컷이 발정이 나지 않은 암컷에게 탑승을 시도하면서 공격적인 행동이 나타나는 경우 예시: 발정이 나지 않은 암퇘지가 교미를 시도하는 수퇘지를 공격함
	비정상적 공격성	이상하거나 비정상적인 공격성으로, 양의 털 물어뜯기, 돼지의 귀와 꼬리 물기, 새끼를 죽이는 행위 등이 포함됨

4) 이타적 행동

(1) 정의

- 이타적 행동이란 정서적 유대와 상관없이 다른 개체와 긍정적인 정서적 관계를 맺고, 그 관계를 유지하려는 욕구나 동기 또는 행동을 뜻한다.
- 한 개체가 자신을 위험에 빠뜨리거나 개인적인 불이익을 감수하면서 다른 개체들을 돕는 사회적 행동의 형태이다. 부모의 돌봄 활동과 관련된 경우, 이타성은 부모, 자손, 및 종의 이익을 위해 행동이 이루어지기 때문에 이해하기 어렵지 않다.
- 이타적 행동의 정도는 자손, 형제, 자매, 사촌 등과 같은 가까운 친족과 관련이 있는 것으로 보인다. 이들은 특정 유전자형을 공유하고 있다. 따라서 이타적 행동의 적응적 중요성은 기증자와 수혜자 간에 공통된 유전자형의 빈도를 증가시키는 데 있다.

(2) 특징

- 동물은 다양한 감각기관을 이용하여 개체를 식별한다. 반려견과 같은 경우는 일단 다른 개체를 만나면 서로의 냄새를 맡는 행동을 하는데, 이는 처음 보는 대상에 대해 알아가는 과정이자 상대에게 인사를 나누는 행동으로 볼 수 있다.
- 동물은 마음에 드는 상대에게 놀아달라는 몸짓과 함께 소리로 표현하며 적극적

으로 놀이신호를 보내기도 한다.

- 놀이는 어렸을 때 보이는 목적이 분명하지 않은 단편적인 행동의 조합으로 성행동이나 수렵행동 등의 요소가 맥락 없이 발현하여 투쟁행동이 보여도 본래의 서열에는 관계 없이 입장이 뒤바뀌기도 한다. 또한 서로를 안아주고, 서로에게 기대는 그루밍행동은 대표적인 친화행동으로 볼 수 있다.

Chapter

03

행동 발달

Chapter

03

행동 발달

1. 개의 기원과 발달 과정

1) 개의 기원

① 개는 포유류 중에서 가장 오래된 가축으로 학명은 *Canis lupus familiaris*이며, 척삭동물문 포유강 식육목 개과 개속의 늑대 중 특히 야생성이 적고 인간과 친밀한 아종을 말한다.

표 3 1 개의 분류

학명	*Canis lupus familiaris*
계	동물계 Animalia
문	척삭동물문 Chordata
강	포유강 Mammalia
목	식육목 Carnivora
과	개과 Canidae
속	개속 Canis
종	늑대 C. lupus
아종	개 *C. l. familiaris*

② 개과 동물의 진화 과정은 화석에 의해 추정하면 마이아키스(Miacis)로부터 유래되었음을 추정할 수 있다. 이후 사이노딕티스(Cynodictis), 사이노데스머스(Cynodesmus)를 토마크터스(Tomarctus), 캐니스(Canis)를 거쳐서 늑대로 진화하였으며, 현재 개의 형태로 진화된 것으로 추정할 수 있다.

표 3-2 개과 동물의 진화

개과 동물의 진화
약 6천만 년 전 마이아키스(Miacis)
↓
약 3천5백만 년 전 사이노딕티스(Cynodictis)
↓
약 3천만 년 전 사이노데스머스(Cynodesmus)
↓
약 2천만 년 전 토마크터스(Tomarctus)
↓
약 5백만 년 전 캐니스(Canis)
↓
현대 개

(1) 마이아키스(Miacis)

① 마이아키스는 약 6,000만 년 전의 족제비를 닮은 외형을 가진 포유류로 육식동물의 이빨 육치류보다는 지능이 높았던 것으로 보고 있으나, 개체는 적었던 것으로 추정된다.

② 오랜 기간을 거쳐 개과와 고양잇과로 분화되어서 개과 중 늑대로 진화한 후 현재의 개의 형태로 진화한 것으로 추정되며, 그 중 숲과 초원에 남은 그룹과 밖으로 나가게 된 그룹으로 나누어 볼 수 있다.

2) 개의 가축화 과정

① 가축화(domestication)란 인간의 조상들이 야생의 동물들을 길들여 가축으로 함께 살게 된 것을 말하는데 이는 단순히 인간 손에 온순해진다(Taming)는 의미가 아닌 사육된 혈통 동물의 영구적인 유전적 변형이 일어난 것으로 인간을 향한 유전형질을 가지게 된 상태를 의미하는 것이다. 이러한 가축화가 인간에 의해서 인위적으로 진행되었는지 아니면 자기 가축화(Self-domestication)로 인한 결과인지는 확실치 않으며, 지금도 논쟁의 대상이다.

② 개는 인간의 조상이 가장 먼저 길들여 가축화한 동물로서 이는 1만 2천 년~3만 년 전 구석기 원시인들이 개를 길들여 함께 살았던 증거들로 알 수 있다. 개를 가축화한 인간의 조상들은 이후 다양한 동물들을 가축화하였다.

③ 개의 가축화 시작의 시기는 약 32,000년 전 늑대가 인간의 무리와 가족생활의 냄새를 따라 인간 주변에 머무르면서 변화가 시작된다. 약 12,000 ~ 15,000년 전 구석기 후반을 가축화 시작의 시기로 추정하는데, 이러한 과정에서 인간이 늑대의 새끼를 데려와 키웠다는 인위선택보다는 유순한 개체의 늑대가 인간의 정착지 주변에 머물고 모여드는 과정에서 길들여졌다는 자연선택이 유력하게 받아들여지고 있다.

(1) 회색 늑대 유래 학설

① 화석을 통해 고고학자들은 개의 조상을 자칼이나 자칼과 늑대의 교잡종으로 추측하기도 하기도 하지만, 해부학적 구조를 봤을 때는 아닌 것으로 나타난다.

② 현재 지구상 모든 개의 조상은 고고학자들에 의해 회색 늑대 유래설이 가장 유력하게 받아들여지고 있다. 미국 미시간대학 인간유전학과 펜들턴 박사 연구진이 분자 유전학 연구에서 동아시아 개의 유전자 99%가 늑대와 일치하는 것을 확인하였다. 이는 단일종인 사람과 사람 사이의 유전적 차이인 0.1%보다 더 적은 약 0.04%의 차이밖에 나지 않는다.

그림 3-1 개의 조상-회색 늑대의 아종

출처: https://ko.wikipedia.org/wiki/회색늑대의_아종(Zhenxin Fan 외 18인의 2016년 연구에 기초한 분류)

(2) 중동 늑대 유래 학설

① 개-늑대 게놈 비교 연구가 실린 '네이처' 2010년 3월호에 따르면 "개와 늑대의 유전자를 비교한 결과 중동 지역에 사는 늑대가 처음으로 개로 진화한 것으로 나타났다"고 밝혔다.

② 연구진은 '기억-사회성 유전자'가 늑대를 개로 진화시킨 유전자로 결론을 내리고 있으나, 현재 개의 조상은 회색 늑대 유래설이 가장 유력한 학설로 이는 향후 추가 연구가 더 필요한 상황이다.

그림 3-2 개의 조상-중동 늑대 학설

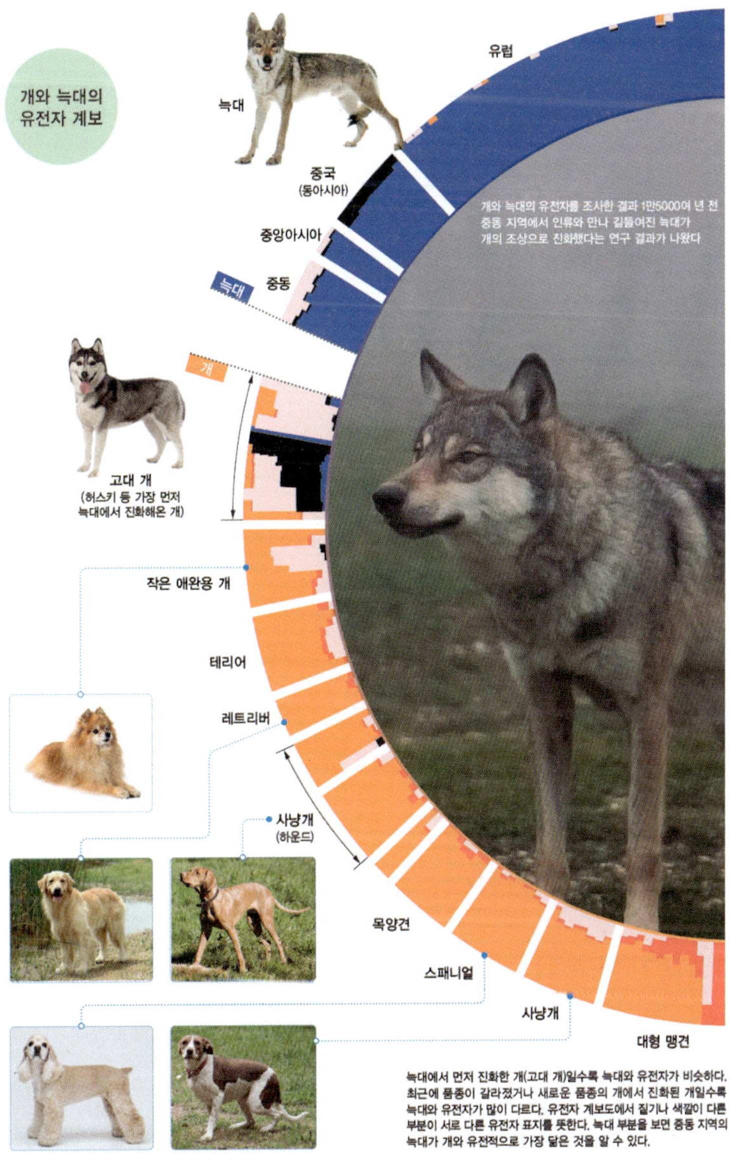

1. 개와 늑대의 유전자를 조사한 결과 1만5000여 년 전 중동 지역에서 인류와 만나 길들여진 늑대가 개의 조상으로 진화했다는 연구 결과가 나왔다.
2. 늑대에서 먼저 진화한 개(고대 개)일수록 늑대와 유전자가 비슷하다. 최근에 품종이 갈라졌거나 새로운 품종의 개에서 진화된 개일수록 늑대와 유전자가 많이 다르다. 유전자 개보도에서 짙기나 색깔이 다른 부분이 서로 다른 유전자 표지를 뜻한다. 늑대 부분을 보면 중동지역의 늑대가 개와 유전적으로 가장 닮은 것을 알 수 있다.

3) 개와 인간의 역사

그림 3-3 **동물 종류에 따른 가축화의 역사**

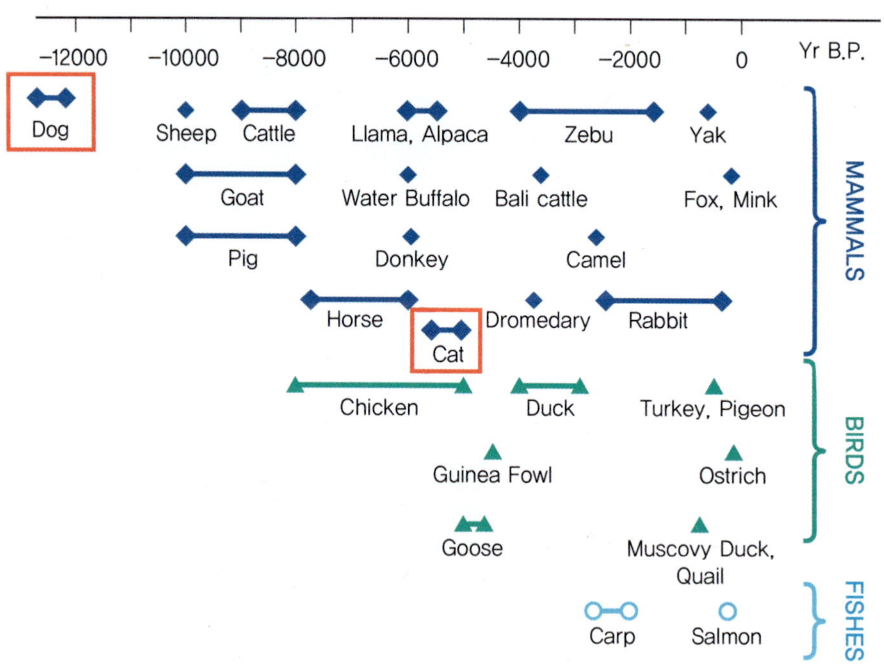

출처: 인간과 동물(2017).

① 구석기 원시인과 개의 가축화

㉠ 가장 먼저 가축화(domestication)된 동물인 개에 대한 기원은 여러 가지 견해가 있다. 현대의 모든 개가 어느 한 종의 선조로부터 유래되었다는 설과, 2종 이상의 서로 다른 야생 선조들의 혼혈에서 유래되어 현대의 개들이 다양한 품종을 가지게 되었다는 설 등이 있다.

㉡ 화석에 나타난 최초의 가축은 개로 알려져 있는데 가장 오래된 화석은 최근 서독의 유적지에서 출토된 단일의 턱뼈이며 대략 1만 4,000년 전의 것으로 추정하고 있다.

㉢ 최초의 집개 화석은 지금의 이스라엘 원형 집 자리(Ain Mallaha)에서 발견된 1만 2천 년 전의 화석으로서 개를 안은 자세로 묻힌 여인의 유골과 함께 발견되었다.

② 개의 진화와 사육의 과정

㉠ 개는 인간의 정착지 주변에서 자연적으로 발생되는 먹다 남은 음식을 먹으면서 인간의 곁에서 생활하게 되고, 자연스럽게 교류가 발생했을 수 있다. 이러한 과정에서 개의 뛰어난 후각과 청각은 인간에게 맹수들의 위험을 알려주게 됨으로써 인간은 개의 소중함을 알게 되었고 어디든 함께 동반하게 된다. 이후 개는 경비용, 사냥용, 사역견, 반려견으로 발전하게 된다.

㉡ 최근 유전학적 연구에 의하면, 16,000년 전에 회색 늑대(gray wolves)가 처음으로 동남아시아에서 가축화되어 길러졌으며, 이러한 늑대가 개의 조상으로 인간과 함께 생활하며 여러 품종으로 개량되었다.

㉢ 가축화된 개의 품종은 초기 네 개의 그룹 오스트레일리아 딩고, 뉴기니 싱잉도그, 콜리, 리트리버에서 분류되어 현재 많은 품종으로 개량되어 양육되고 있다.

③ 고대 이집트 반려동물의 사육 역사

㉠ 약 5,000년 전 고대 이집트에서 그려진 벽화들을 보면 현재와 비슷한 반려견과 함께 생활한 모습을 볼 수 있다.

㉡ 고대 이집트에는 오늘날과 같은 다양한 견종이 있었는데, 문헌 및 사료에서도 확인이 가능한 견종만 최소 7~8종이며, 상당수는 현재에도 외형이 거의 변하지 않은 채 이어져 오고 있다.

그림 3-4 고대 이집트 예술에서 나타나는 대표적인 반려견의 종류

ⓒ 고대이집트어로 '테셈(tesem)'이라 불렸던 사냥개는 메소포타미아에서 온 것으로 추정되며, 오늘날 그레이하운드나 살루키, 휘핏과 같은 견종이다. 바센지의 조상은 누비아에서 왔다. 에피로스, 크레타 등지에서 길러지던 물로시아(Molossia) 견종도 기록에 남아있다. 헤리어 종과 비슷한 작은 견종은 애완견으로 널리 사랑받았다.

④ 한반도의 반려동물 사육 역사

㉠ 한반도의 반려동물 사육의 역사는 명확하게 언제부터인지는 알 수 없다. 구석기 시대 무덤에서 개의 뼈가 발견되는 것으로 보아 한반도에서도 구석기 원시인들이 개와 함께 살았음을 짐작할 수 있다.

㉡ 경남 사천의 늑도에서 발견된 화석은 8천 년 전 신석기 유적으로 당시에도 반려견을 잘 보살피고 함께 살았던 것으로 확인할 수 있다.

⑤ 현대

㉠ 현대사회에서 개는 친구로 가족으로 자리를 잡았다. 개와의 교감은 복잡한 사회생활에서 오는 스트레스와 압박감 해소해준다. 개와 함께 살면서 사람은 생명의 신비와, 사랑의 마음, 생명의 존엄성을 느낀다. 또한 개는 치료 도우미견, 시각 안내견 등 다양하게 우리 생활에서 중요한 역할을 한다.

4) 개의 발달 과정

개의 생애는 모견의 태반에서 자라는 태아기(Pre-natal), 태어나서 세상을 처음 접하는 신생아기(Neo-natal), 신생아기에서 사회화기로 접어드는 단계인 전환기(Transitional), 사회화기(Socialization), 청소년기(Juvenile), 사춘기(Adolecscent), 중년기(Adult), 성년기(Senior) 그리고 노년기(Geriatric)로 나눌 수 있다.

표 3-3 개의 발달과정

발달과정	시기
태아기	자궁 속에서 태아 형태로 머무는 시기
신생아기	생후~2주
전환기	2주~3주
사회화기	3주~16주
청소년기	12주~성적성숙기
사춘기	성적 사회적 성숙기
성년기	성적 성숙기~7년
노년기	7년 이후

(1) 태아기

① 강아지가 자궁 속에서 태아의 형태로 머물러 있는 시기로, 2차 성징, 크기, 색상, 특징, 행동 등 번식에 직접적으로 관계없이 성적 차이를 보이는 성적 이형성(Sexual Biomorphism)을 보인다. 예를 들면, 암캐 강아지가 다리를 들고 소변을 보는 행동이다.

(2) 신생아기(생후 약 2주간)

① 신생아기는 출생 후 약 2주 정도로 이 시기는 모견에게 완전히 의존하는 시기로 감각기관이 아직 미발달되었고 사회적 접촉에도 무관심하다. 이때는 아직 너무 어리기 때문에 작은 자극에도 강아지가 쉽게 아플 수 있다. 그러므로, 강아지를 부드럽게 어루만져주면 학습능력과 면역기능, 문제해결 능력, 정서발달에 도움을 줄 수 있다.

② 신생 자견은 항체 수준이 매우 낮아 전염병에 대한 감수성이 높은데 모견의 초유에는 항체가 농축되어 면역 능력을 자견에게 제공하기 때문에 반드시 신생자견은 초유를 먹어야 한다. 초유로부터 전달된 모체이행항체는 약 40~45일간 유지되므로 출생 후 젖을 떼면서 예방 접종을 해야 한다.

(3) 전환기(2~3주)

① 전환기에는 강아지의 감각과 신체 발달이 두드러지게 되는 시기이다.

② 10~16일 사이에 눈을 뜨게 되는 강아지는 14일 전후가 되면 불안하게 걷기 시작하며 모견의 자극 없이 스스로 대소변을 볼 수 있다.

③ 14~18일 사이에 귀가 열리며 16일이 지나면 소리의 방향을 감지할 수 있다. 이때는 주위에 자극적인 소리들을 차단해 주는 것이 좋다.

④ 21일경이 되면 이빨이 나기 시작하며, 이때 강아지는 회피 반응(Conditioned avoidance response)을 나타내기 시작한다.

(4) 사회화기(3~16주)

① 사회화기는 새로운 환경에 대한 행동 양식의 적응기로 개의 행동발달에 매우 중요한 시기이다. 이 기간에 다른 동물이나 사람, 공간, 소음 등 다양한 환경에 접할 수 있게 해주어야 하며 이 기간의 경험은 일생 동안 반려동물로서 얼마나 잘 적응하고 친밀해질 수 있는지를 결정하게 된다.

② 연대의식과 동료의식을 갖기 시작하는 이 시기에 모견과 동배견, 무리로부터 떨어지면 분리에 대한 스트레스를 겪게 되는데, 너무 일찍 분리되면 두려움, 분리불안, 과잉행동, 공격성 등의 문제행동을 보일 수 있다.

③ 5주 전까지는 두려움을 모르며, 처음 접하는 물체에 대해 즉각적인 회복반응을 보인다. 그렇기 때문에 이 시기에 다양한 환경과 물체를 경험할 수 있는 기회를 제공해주어야 한다.

④ 8주가 되면 수유가 끝나감과 동시에 동배견 사이에서 갈등이 나타난다. 또한 경험해보지 못한 물체나 환경에 두려움과 공포심을 느끼기 시작한다. 이때 새롭게 경험하는 환경에 대한 공포로 인해 트라우마(Trauma)를 겪지 않도록 각별히 주의해야 한다.

⑤ 사회화 기간 동안 자견들은 우리 밖의 특정한 지역을 배변 장소로 이용하기 시작하는데 강아지 우리를 벗어날 때 땅에 코를 대로 냄새 흔적을 따라가는 모습을 볼 수 있는데 이러한 냄새는 배설 반사 작용을 촉발시킨다.

⑥ 자견은 배변 없이 오랜 시간을 잠을 잘 수 있는데 잠에서 깨면 빈번하게 배변활동을 하므로, 이러한 특성을 이용하여 특정한 장소에 배변하도록 훈련시킬 수 있다.

⑦ 학습면에서는 사람과 다른 개들의 행동을 관찰하고 따라 하기 시작하고 점점 놀이를 좋아하기 시작한다. 이때 놀이를 경험하지 못한 강아지는 성견이 되어도 놀이에 대한 흥미를 느끼기 어렵다.

(5) 청소년기(12주~성적 성숙기)

① 청소년기에 들어서도 함께 동배견들과 생활하는 강아지는 강한 유대감을 형성하며, 이 시기에 영구치가 나오기 시작한다. 또한 서서히 독립심을 가지게 된다.

② 16주까지는 사회화를 위해 최대한의 환경 자극을 제공하여야 하는데 적절한 사회적 강화나 정서적 안정이 이루어지지 않으면 대상에 대한 공포심과 경계가 생기게 된다.

(6) 사춘기(성적 사회적 성숙기)

① 강아지는 8~10개월이 되면서 신체 골격을 완전히 갖추기 시작하는데, 6개월 무렵이 되면 송곳니가 다 자라나게 되며 마킹이나 배회, 마운팅 같은 성적인 행동이 나타난다.

② 또한 자기 영역을 지키려 하고 다른 개에 대한 공격성을 드러내기도 한다. 이때 제2차 공포기에 도래하며, 잘못된 경험은 평생 트라우마로 남게 되므로 주의해야 한다.

(7) 성년기(성적 성숙기~7년)

① 반려견의 경우 2~5세에 가장 활동적이며 신체와 정신이 최고가 되는 시기로 2~3년경은 황금기라고도 한다.

② 약 3년까지는 성향이 모두 자리 잡으며, 6~7년 정도부터 노화가 시작된다.

③ 소형견은 대형견보다 신체적으로 성숙이 빠르며, 점점 더 다른 개들을 동료가 아닌 경쟁 대상으로 인식한다. 그러므로 이 시기에는 개들 간의 공격성이 늘어날 뿐만 아니라 서로 함께 노는 행동은 점점 줄어들게 된다.

(8) 노년기(7년 이후)

① 노년기에 접어들면서 개의 신체활동이 현저하게 줄어듦과 동시에 퇴화의 조짐을 보이기 시작한다. 대표적으로 인식 장애, 근육 감소, 관절과 시각, 청각의 약화 같은 증상이 있다. 또한 심장이나 간 등에 이상 징후도 보이기 시작한다.

② 인식의 퇴화는 방향감각의 상실, 상호활동의 변화, 수면 사이클의 변화, 대소변 실수나 과잉행동, 불안 등으로 나타난다. 때문에 행동관찰과 세심한 관리가 필요하다.

③ 이 시기에 심한 공격성을 보일 때는 감각의 갑작스러운 이상이나 신체적으로 심한 고통이 있는 관찰하고 점검해야 한다.

표 3-4 개의 행동발달과정

강아지의 나이	행동발달과정
생후 3~5주령	낯선 사람과 다른 강아지 등 새로운 자극에 쉽게 접근하며 두려움에 대한 의식이 없어 아무나 좋아하는 경우도 있다.
생후 4~5주령	다른 강아지의 장난감 등을 빼앗으려 하며 형제 강아지의 행동을 모방한다.
생후 5주령	얼굴 표정을 지으며 공격적으로 짖기도 한다.
생후 4~6주령	운동기관의 급격한 성장이 일어나 뛰며, 의자에 올라가며 씹는 행동이 늘어난다.
생후 6주령	고유한 행동양식이 나타나며 수컷은 이때부터 성적인 본능으로 이상한 행동을 취한다.
생후 8주령	큰소리나 때리는 등 싫어하는 자극에 대해 두려운 반응과 공포감을 표현한다.
생후 9주령	다른 강아지를 공격하는 등 불완전한 지배 서열이 형성된다. 가정으로 분양되는 시기이다.
5~8개월령	지배서열이 잘 발달되며 수컷은 다리를 들고 배뇨를 하고 오줌을 싸며 배변 후 바닥을 긁는 행동을 한다.

2. 고양이의 기원과 발달 과정

1) 고양이의 기원

고양이는 척삭동물문, 포유강, 식육목 고양잇과 고양이속의 한 종(Felis catus)의 동물로 약 5,000년 아프리카 북부 리비아산 살쾡이가 선조 동물로 알려져 있다.

2) 고양이의 가축화

(1) 고양이의 선조 동물

고양이는 식육목 고양잇과의 포유류에 속하며, 선조는 아프리카, 스코틀랜드, 스페인 등의 남유럽, 인도에 걸쳐 분포하였던 야생의 리비아(*Felis sylvestris libyca*) 고양이로 알려져 있다.

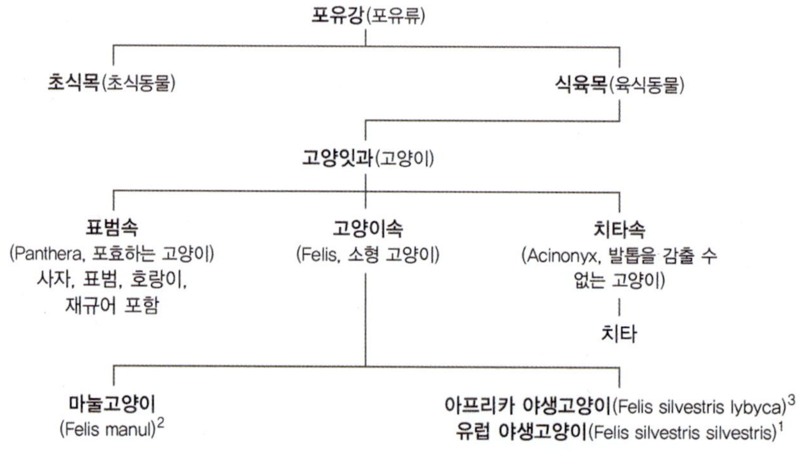

1 유럽으로 건너와 정착한 집고양이와 야생고양이가 번식하여 생겨난 고양이로 추정
2 털이 긴 장모종 고양이의 조상으로 추측
3 대부분의 집고양이의 조상으로 가장 유력

출처: 고양이백과사전. 그린홈

(2) 고양이의 분류

고양이(*Felis catus*)는 식육목 고양잇과에 속하는 포유류이다. 학명 Felis catus는 라틴어로 고양이를 뜻하는 fēlēs와 cattus에서 유래되었다.

표 3-5 고양이의 분류

학명	*Felis catus*
계	동물계 Animalia
문	척삭동물문 Chordata
강	포유강 Mammalia
목	식육목 Carnivora
과	고양잇과 Felidae
속	고양이속 Felis
종	고양이 *F. catus*

(3) 고양이 가축화의 역사

① 야생 고양이들의 가축화는 10,000~12,000년 전 사이에 메소포타미아 이집트 문명의 발상지인 비옥한 초승달 지대에서 진행되었으며, 가장 오래된 고양이의 유적은 2001년 키프로스 섬 남동쪽의 실로우로캄보스에서 발견된 약 9,500년 전의 무덤에서 발견되었다.

실제로 고양이를 길들인 것은 아마도 고양이가 설치류로부터 곡창을 지켜준다는 것을 이집트인들이 알게 된 때부터였을 것이다. 이집트인들은 고양이의 머리를 한 여신(Bastet)에게 경배했으며, 수천 마리의 고양이 미라가 발견되었다.

② 고양이는 BC 500년경에는 그리스와 중국에 흔하게 되었으며, 인도에는 BC 100년경에 알려졌다.

③ 영국에서 고양이에 대한 최초 기록은 고양이 보호에 대한 법률이 웨일스에서 통과된 936년으로 거슬러 올라간다.

④ 고양이에 대한 관심이 높아진 것은 1800년대부터로 미국의 경우 1860년경부 연

방규모로 메인 쿤 고양이이 전시회가 열렸다.

⑤ 영국 최초의 캣쇼는 1871년 런던 크리스탈 팰리스에서 있었는데, 고양이를 케이지에 넣어서 전시하였으며 이 행사는 작가이자 유명 고양이 예술가인 해리슨 웨어(Harison Weir)가 주최하였다.

⑥ 현대 사회에서는 보호자의 의존도가 높은 반려견에 비해 독립적인 성향의 고양이가 반려동물로 각광받게 되었다.

(4) 고양이 품종의 다양화

① 아프리카 리비아 살쾡이를 사육하면서 번식을 시작해 지금의 고양이로 모습이 고정되었다. 시간이 흐르며 고양이는 다양하게 쓰이게 되었고, 무역선을 통해서 여러 지역으로 전파되었다.

② 1900년도 초에는 고양잇과 동물이 230종 이상이었으나, 현재는 약 40~50여 종이 보고되고 있는데 이는 사람들이 가죽을 탐내어 밀렵과 사냥으로 많은 종을 죽여 멸종했기 때문이다.

③ 고양이는 가축화한 역사가 짧다는 것과 쥐를 잡는 것 외에는 별로 실용적이지 못하였기에 개들처럼 형태적으로 별 차이가 없다.

④ 고양이의 품종 연구는 애호가였던 빅토리아 여왕에 의해 이루어졌으며, 그때까지 각지에서 혼혈과 돌연변이로 여러 종류의 고양이가 탄생하였다. 하지만 현존하는 대부분의 고양이 종류는 19~20세기에 영국이나 미국에서 만들어져 새로운 품종을 만들어내고 고정된 것들이다.

(5) 한반도의 고양이 전래

① 한반도에 고양이가 들어온 것은 중국에서 불교가 전래될 시기 경전을 쥐로부터 보호하기 위해 들여온 것으로 알려져 있다.

3) 고양이의 발달 과정

표 3-6 고양이의 발달 과정

발달과정	시기
신생아기	탄생~생후 2주
전이기	생후 2주~4주
사회화기	생후 5주~8주
청소년기	생후 7주~성성숙 전후
성묘	생후 16주 이상 성성숙 이후
노령묘	7년령 이후

(1) 신생아기(탄생~생후 2주)

① 새끼 고양이는 눈과 귀를 사용할 수 없는 상태로 태어나지만 갓 태어났을 때도 다양한 반사 행동이 나타난다.

② 귀는 접혀 있지만 안쪽 통로는 열리기 시작한다. 새끼 고양이는 냄새와 촉감에 의지해 주변을 탐색할 수 있다.

③ 체온을 스스로 조절하지 못하고, 스스로 배설 활동도 불가능하기 때문에 항상 어미와 함께 있어야 한다.

④ 산실은 저체온증의 위험을 줄이기 위해 따뜻해야 하며 65~70%의 습도를 유지하는 것이 좋다.

⑤ 생후 약 5일이 지나면 새끼 고양이가 눈을 뜨기 시작하고 탯줄은 출생 후 약 1주일 후에 떨어진다. 또한 이 시기에는 매일 10g~30g씩 증가한다.

⑥ 태어난 지 얼마 되지 않아 어미 고양이나 형제자매 고양이와 떨어지면 신체적, 정신적으로 제대로 발달하지 못하며 공격성 문제가 발생할 수 있다.

(2) 전이기(생후 2주~4주)

① 태어난 지 2주일이 된 고양이는 점점 시력이 발달하며, 평균적으로 3주 정도가 되면 앞니가 먼저 자라며, 스스로 배설이 가능하게 된다.

② 접혀 있던 귀가 펴지고 조금씩 움직이기 시작하고 주변 환경을 인식하기 시작한다. 또한 3주차는 사회화의 시작 단계로 사람과 원활한 교감을 하는 것이 좋으며, 부드럽게 자주 쓰다듬어주어 사람의 손길에 익숙해지도록 해주는 것이 좋다.

③ 다양한 사람과 다양한 소음에도 적응되도록 여러 소음을 들려주는 것도 필요하다. 주변을 살피는 것 외에도 여기저기 뛰어다니는 행동을 하며 정위반사 능력이 발달한다.

(3) 사회화기(생후 5주~8주)

① 5주 후부터 스스로 그루밍을 하며, 이유식을 먹기 시작한다. 이 시기에 고양이는 정해진 구역에서 배설 활동을 하며, 어미 고양이는 새끼 고양이를 독립시키기 위해 훈련을 시작한다. 사회화 과정에서 가장 중요한 시기이다.

② 6주차가 되면 모든 유치가 다 자라며, 사냥에 대한 관심이 생긴다. 지나치게 활발하므로 장난감이나 놀이를 통해 에너지를 소비해줄 필요가 있다.

③ 7주차부터는 품종에 따라 눈의 색이 결정되며, 발톱이 자라기 시작하면서 본능적으로 긁기 시작하므로 스크래처를 준비하는 것이 좋다.

④ 8주차부터 어미 고양이의 도움 없이 음식을 섭취하며 독립적인 생활이 가능해진다. 또한 고양이다운 분위기를 풍긴다.

⑤ 높은 곳에서 거꾸로 떨어뜨려도 네 발로 착지하는 정좌반사, 정향반사(Righting Reflex)를 보이는데, 이 행동은 고양잇과 특유의 유연한 척추뼈가 180도 회전하며, 다리의 관절이 높은 곳에서 떨어지더라도 용수철처럼 충격을 흡수할 수 있기 때문이다.

(4) 청소년기(생후 7주~성성숙 전후)

① 놀이 활동을 자주 활발하게 하며, 12주차가 되면 모든 감각의 발달이 완료된다. 성묘의 눈 색깔을 갖추고, 성묘의 수면 패턴으로 발달하기 시작한다. 생후 14주에 영구치가 나기 시작한다.

(5) 성묘(생후 16주 이상 성성숙 이후)

① 고양이는 생후 약 12개월 ~15개월이면 성묘가 된다. 이 시기는 쾌활하고 사교적이며 털은 윤기가 있으며, 강한 골격과 근육, 사냥 반사 작용으로 건강해진다.
② 이 시기에 고양이는 30개의 영구치가 발달하기 시작하며, 중성화하지 않은 경우 생후 6개월이면 성적으로 성숙해지고 성 주기와 교미 행동이 시작된다.
③ 생후 8개월이 성묘의 80%에 달하는 체중을 가지고 되고 품종에 따라 차이는 있으나 12개월~15개월 사이에 성묘가 된다.

(6) 노령묘(7년령 이후)

① 7년령 이후 노령묘에 접어들면 신체적, 정신적 퇴행이 진행되며, 다양한 신체적 질병을 겪을 수 있는 시기로 정기적인 검진이 필수이다.
② 특히, 이전에 보이지 않았던 행동을 보인다든지, 식욕이 변화하는 등의 행동을 할 경우에는 건강상 문제가 발생했거나 진행 중일 가능성이 높다.

Chapter

04

반려동물의 의사소통

Chapter

04

반려동물의 의사소통

1. 개의 의사소통

1) 개의 감정

(1) 7가지 종류의 정서

① 보호자들은 개의 행동에 있어서 감정, 원인, 기분을 파악하는 것보단 개를 가르치고, 바로잡고 통제하려고 한다.

② 개도 사람과 비슷하게 여러 감정을 느끼고 행동을 하게 된다. 감정은 여러 가지 종류가 있으며, 즐거움, 화남, 두려움과 같은 격렬한 감정은 정서라고 한다.

③ 미국의 신경과학자 자크판크세프는 **탐색, 패닉, 분노, 공포, 성적 쾌감, 놀이, 돌봄**이라는 7가지 종류의 정서가 동물의 대뇌변연계에서 나타난다고 하였다.

(2) 복합적인 개의 정서

① 낯선 사람이 개에게 "앉아", 혹은 "손" 했을 때 개들이 말을 듣지 않는 경우가 종종 있다. 이런 경우 사람들 대다수는 개가 교육을 잘 받지 못했다거나, 지능이 낮아서 못 한다고 생각한다.

② 개의 입장에서 살펴보면, 낯선 사람의 등장은 개에게 패닉, 공포, 탐색과 놀이라는 정서가 복합적으로 작용하게 된다.

③ 낯선 사람에게 그 행동을 하지 않는 것은 사람의 말을 무시하는 것이 아니다. 낯선 사람 앞에 앉거나 손을 주고 싶지만, 그 사람의 고압적인 태도나 큰소리로 인해 행동의 제약을 받을 수도 있는 것이다.

④ **개가 어떠한 행동하기를 원한다면, 보호자는 개의 마음과 감정을 살피고 이해하려고 노력해야 한다.**

(3) 서로 다른 감정의 정도

① 모든 개는 다르다.

② 생김새가 비슷하고 같은 종이라고 하더라도 개의 성격은 다 다르다.

③ 개가 느끼는 감정의 정도도 다 다르다.

④ 개의 입장에서 개의 감정을 생각해 봐야 한다.

⑤ 개의 감정을 파악하기 위해서는 다음과 같은 사항을 파악해야 한다.

㉠ 개가 무엇을 원하는가?

㉡ 개가 무엇을 싫어하는가?

㉢ 어떠한 환경 요소가 개에게 영향을 미치는가?

그림 4-1 자크판크세프 동물의 7가지 정서

2) 사회화의 중요성

(1) 사회화의 민감기

① 개는 다른 개들과의 상호작용을 통해서 개들의 사회에서 지켜야 하는 행동 양식을 배우게 된다.

② 개는 사회적 민감기(생후 3주에서 12주 사이)에 어떤 동물이나 종이 우호적인 존재인가를 배우게 된다. 이 시기에 다양한 동물이나 사물, 환경, 먹이 등에 대해 긍정적인 경험을 충분히 하게 된다면, 경험한 것들에 대해 우호적인 존재로 인지하게 된다.

③ 하지만 다양한 동물이나 사물, 환경, 먹이 등에 대해 충분한 경험이 이루어지지 못하거나, 부정적인 경험을 하게 된다면, 낯선 개들과 다른 종에 대해 두려움과 공포를 느끼며 살게 된다.

④ 사회화 과정이 긍정적으로 원활하게 이루어진다면 생활 환경에 잘 적응하는 삶을 사는 개가 될 수 있고, 사회화 과정이 잘 이루어지지 못한 개는 다양한 자극에 민감하게 반응하는 힘든 삶을 살게 된다.

⑤ 이 시기에 개는 부모나 형제 개들로부터 무리생활에 대한 행동 양식과 의사소통 능력을 키우며 성장하게 된다. 의사소통 능력이 뛰어난 개들의 행동을 모방하고, 긍정적인 자극을 주고받으면서 개의 언어를 습득하게 된다. 하지만 환경적인 요인으로 타고난 의사 표현 능력 중 일부를 잃기도 한다.

⑥ 애견숍이나 강아지 공장에서 태어난 개는 어미 개로부터 행동 양식과 의사소통 능력을 배우지 못하여 개들 사이의 의사소통에 어려움을 겪고 있다.

그림 4-2 **모방을 통한 언어를 습득**

개들은 서로의 행동을 모방하면서 언어를 배운다. 서로 긍정적인 영향을 주고받으면서 서로의 언어를 후천적으로 습득한다.

(2) 사회화와 의사소통 능력

① 생후 7~8주가 되기 전에 다른 개, 동물, 사물, 환경, 자극 등에서 고립되어 사는 강아지의 경우 개들 사이의 행동 양식과 의사소통 능력을 배우지 못하게 된다. 개들 사이의 소통 방식을 배우지 못한 개는 살아가면서 많은 문제를 일으키게 된다.

② 사회화가 잘 이루어진 개들 사이에서, 서로 빤히 쳐다보는 것은 예의에 어긋나는 행동이다. 보통 개들 사이에서 서로 빤히 쳐다보는 일이 발생하게 되면, 개들은 서로 얼굴을 돌리거나 자리를 피하게 된다. 하지만 사회화가 되지 못한 개의 경우, 제대로 된 의사소통을 하지 못하게 된다.

③ 사회화가 제대로 이루어지지 못한 개들은 서로 계속 얼굴을 쳐다봐 싸움이 생기거나, 다른 개의 공간에 마구 뛰어들거나, 얼굴을 들이대면서 인사를 하거나, 자기를 피하는 개를 쫓아가게 된다.

(3) 퍼피클래스, 사회화 교육

① 생후 8주(또는 3차 접종 이후) 후 사회화 교육(퍼피클래스)에 참여하는 것은 개들의 사회화가 잘 진행되도록 돕는 것이다.

② 이때 반려동물행동지도사와 같은 전문인의 참관하에 그 시기에 알맞은 놀이를 배우도록 한다.

③ 개는 놀이를 시작하는 엉덩이를 들고 상체를 낮추는 놀이 표현을 배울 수 있고, 과한 장난으로 다른 강아지를 아프게 하면 놀이가 끝난다는 규칙도 배울 수 있다. 개는 싫다는 표현, 거부, 회피, 화남, 즐거움 등 다양한 표현을 사회화 교육을 통해 후천적으로 배울 수 있다.

④ 이 시기에 제대로 된 놀이나 규칙을 배우지 못한다면 개는 성장하면서 자신도 모르게 놀이로 다른 개를 괴롭히는 개가 될 수 있다. 어떤 강아지는 괴롭힘에 익숙하여 구석에 자주 숨거나 괴롭힘당하는 것을 당연하게 받아들일 수도 있다. 어떤 강아지는 올바른 인사법을 배우지 못해 성견이 되어서도 다른 개와의 부정확한 의사표현으로 싸움을 일으킬 수도 있다.

⑤ 올바른 행동 양식과 의사표현이 풍부한 개들과 만나 사회화를 배운 강아지의 경우 다른 만날 때도 매우 편안하고 자연스럽게 행동하게 된다. 정면을 바라보지 않고, 커브를 돌아 개들의 인사를 하려고 할 것이다.

(4) 경험으로 인한 오류

① 긍정적인 경험을 바탕으로 사회화가 진행된 강아지가 성견이 되었을 때도, 종종 문제가 발생한다.

② 개는 경험한 내용을 바탕으로 행동하고 판단한다.

③ 우호적인 관계 바탕으로 만났던 개들과 문제를 발생시킨 적이 없기에, 개는 '모든 개가 자기와 노는 것을 받아 주고 좋아할 것.'이라고 생각한다.

④ 겁이 많고 소심한 개의 입장에서, 적극적인 태도로 다가오는 개는 공포, 두려움과 위협의 대상이 될 것이다.

⑤ 개는 경험을 통해 판단하고 그 경험으로 인해 경험적 오류를 범하게 된다.

3) 사람과 개 사이의 의사소통

(1) 개는 사람의 언어를 배우고 습득한다.

① 사람과 개가 함께 살면서 서로를 관찰한다.

② 사람은 개의 행동을 관찰하고 개도 사람의 행동을 관찰하게 된다.

③ 사람이 언어적 표현과 얼굴 표정, 자세, 행동 등 비언어적 표현을 섞어가면서 의미를 전달하는 것과 마찬가지로 개도 음성 외에도 온몸으로 표현한다.

④ 사람은 무의식 중에 매 순간 반려견에게 온몸으로 메시지를 전달하기도 한다. 종종 보호자의 잘못된 몸짓언어가 개들에게 다른 의미를 전달 할 수도 있다.

표 4-1 잘못된 몸짓언어

가족끼리 일관되지 못한 손짓 → 개들의 혼란 야기 → 개가 하고 싶은 대로 함

⑤ 사람은 개의 행동을 잘 관찰한다고 생각하지만, 오히려 개가 우리의 행동을 더 잘 관찰하고 파악한다.

㉠ 개는 어떻게 하면 간식을 얻을 수 있는지,

㉡ 가족 중 누구에게 가야 편안한 자리를 차지할 수 있는지,

㉢ 어떤 행동을 하면 가족에게서 귀여움을 받을 수 있는지 알고 있다.

(2) 사람과 개의 차이

① 사람은 관찰하고 배우는 것에 능숙하다.

㉠ 사람은 어떤 사건이 발생을 하면 전후 관계를 추론하며 옳고 그름을 판단할 수 있다.

㉡ 생활하면서 잘못한 일을 하게 되면 사람은 부모님께 혼나게 된다.

- 사람은 혼나고 나면 '내가 잘못했으니, 반성해야겠다.'

- 혹은 '앞으로 같은 잘못을 하면 혼나니 다시는 안 해야겠다.' 이런 생각을 하게 된다.

ⓒ 올바른 판단을 위해 도덕과 양심의 가치를 배우게 된다.

② 개는 사람처럼 도덕적 관념으로 생각할 수 없다.

㉠ 보호자가 개에게 화를 내거나 훈육하게 되면, 개는 그 상황이 싫어서 또는 혼나기 싫어서 피하는 행동을 하는 것뿐이다.

㉡ '우리 보호자가 나를 위해 혼을 내는구나!.' 이렇게 생각하지 않는다.

③ 대다수 보호자는 자기의 개에 대해 환상을 가지고 있다.

㉠ 보호자들은 방송에서 나오는 개와 나와 함께 사는 개를 동일시 한다.

㉡ 방송에 나오는 개들은 특이하기에 방송에 나오게 된다.

- 유독 어떤 행동을 잘하거나,
- 특별한 재주를 타고났거나,
- 보호자와의 깊은 유대로 많은 것을 배워 다양한 것을 할 수 있는 개들이 주로 방송에 나온다.

㉢ 이런 개들을 방송에서 접한 보호자는 큰 기대 속에 자기 반려견을 교육하게 된다.

㉣ 하지만 자신의 반려견이 방송에서 보던 개들보다 못 하게 되면 보호자는 곧 실망한다.

④ 개는 교육 없이 스스로 사람의 예절과 규칙을 배울 수 없다.

㉠ 개는 교육을 통해 사람과 살기 위한 예절과 규칙을 배워야 한다.

㉡ 대부분 개는 배우지도 못한 규칙을 지키지 못한다고 혼이 난다.

⑤ 개는 어떤 행동을 할 때 아무 이유 없이 행동하지 않는다.

㉠ 어떤 행동을 할지 항상 결정한다.

㉡ 그러므로 개의 행동에는 임의로 하는 행동은 거의 없다.

(3) 개와 사람의 서로 다른 입장

① 개와 사람은 서로 다른 모습으로 의사를 표현한다.

㉠ 개와 사람의 인사법은 다르다.

- 개가 인사를 할 때는 커브를 돌아 엉덩이 냄새를 맡는 것으로 인사를 한다.
- 사람은 다른 사람과 목을 숙이거나 악수를 통해 인사를 하게 된다.

㉡ 개와 사람의 놀이 시작도 다르다.

- 개가 놀이를 시작할 때 상체를 굽히고 엉덩이 치켜든다.
- 사람은 대화로 시작해 다른 사람과 놀이를 시작한다.

② 사람들은 자기의 방식대로 개에게 의사표현을 종종 한다.

㉠ 사람은 사람에게 하는 모습 그대로 개를 달래기도 하고 훈육하기도 한다.

- 사람 아기를 달래기 위해 들어 올려 우쭈쭈해준다.
- 이 모습을 그대로 개에게 한다면 개는 매우 놀라거나 무서워한다.
- 개는 즐거워하지 않는다.

③ 사람이 개에게 하는 행동 중 대부분은 개에게 정확한 의미 전달을 하지 못한다.

㉠ 대부분 사람이 개에게 하는 표현은 개들에게 정확한 의미를 전달하지 못하고, 부적절한 행동을 유발한다.

- 보호자가 자기의 개를 부를 때 이름 이외에 여러 가지 애칭으로 부른다면,
- 개는 자기 이름 어떤 것인지 이해하지 못한다.
- 개는 결국 자기가 반응하고 싶은 이름에 반응하고 움직이게 된다.

㉡ 또 사람은 개에게 이해할 수 없는 행동을 가르친다.

- 개가 알아 듣기 어려운 복합적인 단어를 사용하여 개가 이해해주길 바란다.

㉢ 개가 싫어하는 행동을 하면서 개들이 이해해주길 바라고 교육한다.

④ 사람들은 개의 입장을 고려하지 않고 행동한다.

㉠ 사람들은 산책을 하면서 누군가 자기의 개를 만지려고 할 때, 개의 의사와 상관없이 개를 만지는 것을 허용해 준다.

- 어떤 개는 사람을 좋아하여 사람이 다가오는 것에 대해 스트레스를 덜 받을 수 있다.

- 어떤 개는 사람이 다가오는 것 자체가 스트레스가 되어 싫어할 수 있다.
- 스트레스를 받는 개에게 어떤 사람이 다가와 불쑥 만진다면 개는 매우 불편함을 느끼게 된다.
- 그 스트레스를 못 견디고, 사람을 향해 다가오지 말라고 짖거나 뒤로 물러서게 된다.

⑤ 사람들은 개에게 스트레스 주는 행동을 자주 한다.

㉠ 보호자의 부적절한 행동이 개에게 스트레스를 유발하여 결국 짖거나 달려드는 개로 만들게 된다.

㉡ 개가 짖거나 달려들었을 때 사람이 뒤로 물러나거나 놀란다면, 개는 이러한 행동을 통해 사람을 쫓아낼 수 있다고 학습하게 된다.

㉢ 이 행동이 반복되면 개는 조금이라도 불안하거나 불편해지는 순간이 된다면, 순식간에 방어적으로 으르렁대거나 짖고 달려드는 개로 변하게 된다.

표 4-2 보호자의 부적절한 행동에 따른 개의 행동 변화

보호자의 부적절한 행동	→	개에게 반복적 스트레스 유발	→	짖고 달려가는 개가 됨

⑥ 사람과 개는 다르다.

㉠ 개의 언어를 이해하려면 개의 행동을 살펴보고, 최대한 개의 입장에서 생각해야 한다.

㉡ 개를 유심히 관찰하면서 그들의 눈으로 세상을 바라봐야 한다.

㉢ 개들이 무엇을 알고, 무엇을 느끼고, 보호자에게 얼마나 마음 쓰고 있는지 알아차려야 한다.

요약

사람은 사람이 원하는 모습의 개가 아닌,
있는 모습 그대로의 개를 인정하고 존중해야 한다.

(4) 개는 분노를 표출한다.

① 개는 스트레스와 불만이 쌓이면 표출한다.

㉠ 개에게 갑자기 물렸다는 사람들이 종종 있다.

- 어떤 보호자들은 가만히 있었는데 개가 와서 물었다고 호소한다.
- 보호자가 가만히 있었는데 개가 그냥 물었을까?

㉡ 개가 갑자기 물었다는 것은 대개 개가 스트레스나 불만이 쌓여서 폭발한 경우가 많다.

② 사람들은 물렸을 때 개의 기분과 무는 원인을 파악하는 것보단 물린 행동에 대해서만 언급하고 화를 낸다.

③ 개도 사람과 마찬가지로 스트레스받거나 불만이 쌓이게 되면 사소한 일에도 예민해진다.

④ 이럴 때는 개의 일상생활을 살펴보면 그 원인을 알 수 있다.

⑤ 보호자는 개가 산책은 충분히 하고 있는지, 보호자와의 교감 활동은 잘 이루어지고 있는지, 놀이는 재미있게 하고 있는지 등 개에게 무엇이 부족한지 살펴봐야 한다.

㉠ 당신의 개는 무엇을 가장 좋아하는가?

㉡ 당신의 개는 어디서 머무는 것을 좋아하는가?

㉢ 당신의 개는 무엇을 싫어하는가?

㉣ 당신은 개를 무엇으로 즐겁게 해주는가?

㉤ 당신은 개에게 최선을 다하고 있는가?

그림 4-3 **개는 분노를 표출한다.**

(5) 개의 입장에서 생각하기

대개 보호자들은 개와의 의사소통에서 있어서 **개의 관점보다는 자신의 관점에서 판단하고 생각한다.** 보호자는 자신의 입장에서 생각하는 교육을 개에게 하려고 한다. 개의 상황과 감정을 살피기보다는 자신들의 기준에서 벗어난 행동부터 고치려고 한다.

① 판단의 오류

㉠ 선택적 지각의 오류

- 보호자가 외부의 정보를 객관적으로 받아들이지 않고 자신의 기존 인지 체계와 일치하거나 자신에게 유리한 것을 선택하는 것이다.
- 상대의 행동 원인을 상대가 처한 상황의 조건보다는 자신의 능력, 동기, 신념 등으로 판단하는 것이다.

  즉, 개의 행동 원인을 개가 처한 상황 조건보다는 보호자의 능력, 동기, 신념 등에 의해 판단되는 것이다.

표 4-3 선택적 지각 오류 예시

예를 들어,
소심하고 두려움이 많은 개가 보호자와 함께 아파트 엘리베이터에 탑승하고 있었다. 1층에 도착하고 문이 열리면서 큰 물건을 든 사람이 들어오는 상황에서 소심하고 두려움이 많은 개가 보호자 품에서 물건을 든 사람에게 격렬하게 짖는 모습을 한다면, 사람들은 어떻게 생각하게 될까?

짖는 개를 보고
사람 입장) "개가 왜 이렇게 사나워!"
개 입장) '무서우니까 나에게 오지 말아줘!'

같은 상황이지만 사람과 개의 입장이 서로 다르게 해석될 수 있다. 대부분 사람은 자기입장에서 판단하게 된다. 이를 선택적 지각의 오류라고 볼 수 있다.
사람의 입장이 아닌 개의 입장에서 개가 짖는 행동을 생각해보면 짖는 행동은 당연한 것이다. **보호자는 개가 짖었을 때 개에게 자극이 될 만한 요소가 있었는지 살펴봐야 한다.**

㉡ 의인화의 오류

- 보호자가 **개의 행동을 인간의 도덕적 판단에 근거해 개의 의도를 분석하는 것이다.**
- 이는 실제와 매우 다르다.
- 즉, **개를 의인화해 인간의 도덕적 기준으로 해석**하는 것이다.

표 4-4 의인화 오류 예시

예를 들어,
외출하고 돌아와서 집에 배변 실수를 한 것을 보고

보호자 입장) "나한테 혼났더니 **복수**하려고 오줌 싸놨네."
개의 입장) '집에 혼자 있어서 **스트레스와 불안** 때문에'

보호자가 외출했을 때 개가 배변 실수를 한다면, 혹은 배변 장소가 아닌 곳에서 개가 배변을 하고 있다면 개가 스트레스를 받는 상황이 아닌지, 산책을 자주 하지 못했는지, 너무 오래 혼자 있어서 공포와 두려움이 많이 쌓여있는 상황인지 다양한 요인에서 찾아봐야 한다.

개가 나를 쳐다보면서 커튼에 오줌을 싸고 있으면

보호자 입장) "**나한테 보란 듯이** 나를 쳐다보면서 저렇게 오줌을 싼다."
개의 입장) '**여기가 화장실**이에요.'

우리가 원하지는 않았지만, 개에게 있어서 커튼은 이미 용변을 보는 장소 중 하나일 것이다.

보호자는 자신의 감정을 이입해서 개의 행동을 해석한다.
이렇게 개의 행동을 해석하게 되는 것은 개가 영리해서 사람과 같이 옳고 그름을 가려낼 수 있다고 생각하기 때문이다. 개는 옳고 그름을 판단하는 것이 아니라 '**이로운지 위험한지**'를 판단하여 행동하는 것뿐이다.

요약

개는 개다. 개는 있는 그대로 봐야 하며,
보고 싶은 대로 봐서는 안 된다.

(6) 좋은 관계 형성

① 사람과 개가 관계를 형성하기 위해서는 노력이 필요하다.

㉠ 사람과 개가 어떤 관계가 형성되느냐에 따라 개와의 행복 정도, 즉 개와의 어떤 삶을 누릴 수 있는지, 삶의 질이 달라진다.

㉡ 개와 함께 살고 있다고, 데려왔다고 맺어지는 관계가 아니라, 개와 소통하기 위한 노력을 얼마나 하느냐가 관계를 만들어 가는데 중요한 역할을 한다.

ⓒ **개의 입장에서 생각**해 보고, 개가 무엇을 필요로 하는지, 어떤 생각을 하고 있는지, 어떤 감정을 보호자에게 말하고 있는지 귀 기울이고 관찰하고 보살펴주어야 한다.

ⓔ 개를 교육할 때도 **어떤 관계에서 교육받았는지에** 따라 개가 보여주는 모습도 달라진다.

표 4-5 관계에 따른 개들의 행동

강하고 억압적이고 폭력적인 상황에서 교육받은 개	① 동작에 있어서 긴장을 많이 하게 된다. ② 자세와 근육은 경직되어 있다. ③ 불안감에 무엇인가 엉성하고 표정도 두려움에 차 있다. ④ 단어 하나에 놀라는 반응을 보인다. ⑤ 천천히 움직인다. ⑥ 개는 살기 위해서 보호자의 말을 듣는다.
칭찬과 즐거운 분위기 속에서 스스로 참여하며 교육받은 개	① 동작에 있어서 행복한 모습을 보여준다. ② 근육이 이완되어 편안한 자세를 취한다. ③ 얼굴에는 미소가 있다. ④ 단어 하나하나에 집중하는 모습을 보인다. ⑤ 신이 나서 엉덩이를 흔들면서 움직인다. ⑥ 개는 배우는 것이 즐거운 시간이다. 스스로 교육에 참여한다.

② 보호자는 개와 함께 누리는 삶이 행복하고 즐거워야 한다.

③ 개도 사람과 함께 누리는 삶이 행복하고 즐거워야 한다.

ⓐ 어떻게 해야 나도 행복하고 개도 행복할 수 있을까?

ⓑ 보호자가 개들에게 최고의 삶을 누릴 수 있도록 노력해야 한다.

ⓒ 개들의 삶에 있어서 보호자는 세상의 전부이기 때문이다.

요약

서로에게 긍정적이고 행복한 관계가 유지되기 위해서는 개도 사람도 서로 주고받음을 인지하고 서로를 돌봐줘야 한다.

(7) 모든 개는 다르다.

① 개들에 대한 환상과 일반화의 오류

㉠ 개들은 하나하나 다 다른 개별적인 존재이다.

- 생김새가 비슷하고 종이 같다고 하더라도 살아온 환경과 보호자의 행동에 따라 성격이 다 달라진다.
- 같은 말티즈라고 하더라도 어떤 말티즈는 혼자 노는 것을 좋아할 수도 있고, 어떤 말티즈는 여럿이서 어울려 노는 것을 좋아할 수 있다.
- **종에 따른 보편적인 성향이 존재할 수 있지만, 개들의 개별 성격은 다 다르다.**

㉡ 사람들은 우리 개와 다른 개를 동일시한다.

- 여기서 사람들은 종종 실수하게 된다.
- 내가 함께 살아온 개와 생김새가 비슷한 개가 있다면, 그 개도 우리 개와 비슷한 성격일 것이라고 착각하게 된다.
- 우리 개에게 하던 방식대로 다른 개를 대하면 그 개는 불편함을 느낄 수 있다.

㉢ 어린아이의 경험이 사고를 일으킨다.

- 어린아이와 개가 함께 살 경우 특히, 어린아이는 성인보다 경험이 부족해 개와 관련된 사고를 더 많이 겪게 된다.
- **어린아이는 다른 사람의 개를 자신의 개처럼 여기고 무턱대고 안거나 만지기도 한다 하지만 그 개는 낯선 접촉에 불편함을 느끼고 스트레스를 받을 수 있다**
- 상대방 개가 다양한 언어(몸짓과 음성)로 어린아이에게 경고를 하지만 어린아이는 개의 언어를 이해하지 못하기 때문에 물리는 사고가 종종 일어나게 된다.

나와 함께 하는 개가 어떤 행동으로 나에게 무엇을 말하고 있는지, 어떻게 나에게 표현하는지 관찰하고 이해해야 한다. **나와 함께 사는 개는 옆집 개와 다르다. 개들**

이 말하는 공통 언어, 개별 언어를 구별하여 알아두어야 한다.

(8) 공간의 중요성

① 개에게 있어서 공간의 개념은 매우 중요하다.

㉠ 개가 허용할 수 있는 공간과 거리가 있다.

㉡ 이 공간에 대한 개념은 사람도 마찬가지다.

표 4-6 공간의 개념

예를 들어,
낯선 사람이 내 뒤로 와 친해지고 싶다고 갑자기 나를 와락 안게 된다면, 기분이 굉장히 언짢아지게 된다.

이런 경우 사람은 상대방에게 화를 내거나 싸움으로 일이 번질 수도 있다.

개도 마찬가지다.

개가 **감당할 수 있는 수준 내**에서 다른 개, 동물, 사람과 만나는 것이 중요하다.
개의 공간에 누군가가 침범하게 되면 개는 위협을 느끼거나 두려워하게 된다.

② 사람들은 개의 공간을 수시로 무시한다.

㉠ 친구의 개, 옆집 개 상관없이 누군가의 귀여운 개가 있다면 사람은 일단 만지려고 다가간다.

㉡ 첫 만남부터 개에게 극도의 공포감을 심어주고 개와 친해지려고 한다.

㉢ 개와 친해지고 싶다면 충분한 거리를 벌리고 기다려야 한다.

㉣ 개의 언어도 알아야 한다.

- 사람은 개를 마주 보지 않고 먼 곳을 응시하면서 앉은 채로 기다리면 된다.
- 사람에게 관심이 있는 개는 천천히 다가온다.
- 개가 냄새를 맡고 편안해지는 느낌이 들면 손등으로 사람과 가까이 있는 부분부터 천천히 다가가면 된다.
- 좀 더 소심하거나 겁이 많은 개라면 손바닥에 간식을 올려놓고 기다려 주면 된다.

- 가까이 다가왔다고 덥석 안거나 잡으려고 하면 개는 다시 거리를 벌려 자기의 공간을 유지하려고 한다.

4) 개들이 바라보는 세상

(1) 반려견이 된 개

① 사람의 욕심으로 반려견이 된 개들

㉠ 사람들은 종종 개들을 공감과 배려의 존재로 인식하지 않는다.

㉡ 보여주기 위한 소모품처럼 생각하기도 한다.

㉢ 개는 사람의 욕심에 의해 다양한 형태, 다양한 모습으로 만들어진다.

㉣ 사람들은 개와 함께 살면서 그들이 맹목적으로 사람들을 사랑해 주길 바란다.

② 사람이 개들을 차별하듯이 개도 사람을 차별한다.

㉠ 사람들이 개들을 항상 사랑하지 않는다.

㉡ 개들도 사람을 항상 사랑하지 않는다.

- 심한 학대를 받은 개나 유기된 개를 살펴보면, 사람에 대해 믿음과 신뢰가 사라져 더 이상 사람에게 다가가지 않는 경우도 종종 있다.

요약

개가 사람을 가리는 것은 당연하다.
이는 사회성이 부족한 것이 아니다.

(2) 개들이 바라보는 세상

개가 바라보는 세상은 사람이 보는 세상과 좀 다르다.

① 개들은 사람처럼 상대방을 이해하고, 소통하고, 감정을 나타내려고 말을 하지 않는다.

② 대신 다섯 가지 감각과 비언어적 소통을 통해 사람과 다른 동물들과 의사소통을 한다.

(3) 개는 냄새로 세상을 바라본다.

① 개들은 냄새로 듣고, 보고, 인사하고, 기억한다.
   ㉠ 사람은 개들과 살면서 다양한 감정을 표출한다.
   ㉡ 사람이 집에 들어와 소리를 내어 반가워하거나 화를 내기 전에, 개들은 사람의 체온 변화, 호흡 변화, 혈압 변화를 먼저 인지하게 된다.
   ㉢ 이미 우리 감정 상태가 공기를 타고 반려견에게 전해지기 때문이다.
② 개들이 사람을 구별할 때도, 다른 개와 구별할 때도 냄새를 통해 구별한다.
③ 개들은 후각으로 세상을 바라본다.
   ㉠ 사람이 긴장하거나 즐겁고 행복한 일이 생기면, 호르몬 분비가 달라져 체취가 바뀌게 된다.
   ㉡ 개는 뛰어난 후각으로 체취의 변화를 감지할 수 있다.
   ㉢ 개는 이로써 사람의 감정 변화를 판단할 수 있다.
④ 개들은 마킹을 통해 인사를 하기도 한다.
   ㉠ 개들의 모습을 살펴보면 마킹된 장소가 가서 코를 벌름거리며 '킁킁킁' 냄새를 충분히 맡은 후 그 자리에 마킹하는 것을 볼 수 있다.
   ㉡ 마킹된 장소에서 개들이 냄새를 맡고 마킹하고, 나의 정보를 남기고 상대방에 정보도 얻는다.
   ㉢ 개는 자신의 정보를 남기면서 이곳을 지나간다는 인사를 하는 것이다.
⑤ 개들은 냄새로 기억한다.
   ㉠ 오랜 시간 보호자를 만나지 못했던 개가 보호자를 만났을 때, 그 상황에서 개는 보호자를 가까이 가서 한참 냄새를 맡아보고, 보호자임을 알아챈다.
   ㉡ 개는 좋아했던 것 싫어했던 것을 냄새로 기억해 구분해 내기도 한다.

(4) 개의 눈으로 바라본 세상

① 개들은 정지된 것보단 움직임에 더욱 예민하게 반응한다.

② 이는 꼬리 흔들기 같은 개들 사이의 사회적 신호를 읽어 내는데, 중요한 역할을 한다.

③ 개들은 밤에 사람보다 더 잘 볼 수 있다.

5) 개들의 놀이

(1) 개는 개답게 놀아야 한다

① 개는 놀이가 필요하다.

㉠ 개는 사람과 함께 살면서 본능을 억제하고, 사람의 필요에 따라 생활하게 되었다.

㉡ 과거 개는 사람의 필요에 따라 용도가 나누어지게 되었고, 그 용도 따라 몸의 형태가 바뀌게 되었다.

㉢ 대다수 개는 반려견이 되면서 과거의 역할 수행하지 않게 되었다.

㉣ 그들이 풀어야 하는 에너지는 늘어나고 즐겨야 하는 놀이 시간은 줄어들게 되었다.

㉤ 개들은 산책을 통한 에너지 해소는 한정되어 있다.

㉥ 놀이는 개가 좋아하는 활동이다. 하지만 늘 놀이 시간은 부족한 상태다.

② 개는 개와 놀 때가 더 즐겁다.

㉠ 개 운동장에 가면 개는 놀이에 집중해 보호자가 불러도 잘 반응하지 않는 경우가 많다.

㉡ 이럴 때 사람들은 자기의 개가 오지 않는다고 화나 짜증을 낸다.

㉢ 개가 사람이랑 노는 것과 개가 개랑 노는 것 어느 것이 더 재미있을까?

㉣ 당연히 개는 개랑 노는 것을 더 재미있어한다.

㉤ 사람은 개의 놀이 언어를 이해하지 못한다.

㉥ 또한, 사람은 개들이 원하는 방식으로 놀아주지 못한다.

(2) 놀이와 싸움

① 놀이에는 규칙도 필요하지만, 자유도 필요하다.

㉠ 개들의 놀이 시간만큼은 개들끼리 즐겁고 재미있게 시간을 보낼 수 있도록 해야 한다.

㉡ 개들은 재미있기에 그들만의 방식으로 논다.

㉢ 어떤 개들은 추격 놀이를, 어떤 개들은 몸으로 노는 방식을, 개는 서로 다른 방식으로 논다.

㉣ 개 한 마리가 놀이를 시작하면 곧 다른 개들도 놀이에 참여한다.

② 개들의 놀이 모습은 싸움 모습에서 빌려왔다.

㉠ 사람들은 개들의 놀이가 거칠어지면 싸움이라고 종종 생각한다.

㉡ 개들은 사회적 놀이를 한다.

㉢ 개들의 놀이는 자발적인 행동이고, 놀이가 그만하고 싶을 때는 그만둘 수 있다.

㉣ 대부분 개는 놀이가 공평하지 못하면 놀이를 중단한다.

㉤ 특히 여러 마리가 함께 어울려 놀 땐, 너무나 많은 사회적 신호들이 동시에 오고 가기에 종종 실수가 발생한다.

㉥ 개들의 놀이는 싸움에서 그 모습을 많이 빌려왔다.

㉦ 그래서 얼핏 보기에 싸움인지 놀인지 구분이 어렵다.

③ 개들은 놀이를 공평하게 한다.

㉠ 크기가 달라도, 힘이 달라도 잘 어울려 노는 개들이 있다.

- 힘이 센 개의 경우 힘을 빼 작은 개가 다치지 않도록 한다.
- 자기 불구화를 통해서 작은 개를 다치지 않게 한다.
- 몸을 뒤집기도 하고 역할 바꾸기도 하여 엎치락뒤치락한다.
- 놀이할 때 살살 무는 것은 개들 사이의 규칙이다.

㉡ 하지만 어떤 개가 놀이를 지배하려고 하면 심각한 싸움으로 번질 수 있다.

㉢ 또는 놀이 무리로부터 따돌림당할 수도 있다.

④ 낯선 개와 친한 개와 놀이도 다르다.

㉠ 덜 친한 개들끼리는 친한 개들끼리 노는 것에 시간이 걸린다.

㉡ 낯선 개와 놀 때는 인사하고 형식을 갖추고 놀이 상대를 파악하는 데 시간을 들이지만, 친한 개와 놀 때는 더 거칠게 놀고, 인사는 생략하기도 한다.

⑤ 놀이가 거칠어지거나 원치 않는 방향으로 흘러갈 때 개들은 몸짓 신호와 음성 신호로 표현한다.

㉠ 보통 놀이를 할 때 개들이 내는 소리는 평소보다 높은음을 낸다.

- 으르렁 소리도 놀이에 일부로 평소보다 높은음을 낸다.

㉡ 하지만 놀이가 거칠어져 거절하게 될 때는 개들이 내는 소리가 달라진다.

- 낮은음으로 상대에게 거절의 의사를 나타낸다.

(3) 놀이와 사회성

놀이를 하지 않는 개도 있는가? 대다수 개는 놀이를 즐긴다.

① 혼자 논다고 사회성이 부족한 것이 아니다.

㉠ 개들은 혼자서도 논다.

㉡ 개들마다 놀이 방식이 다르다.

개들은

- 혼자 노는 것을 좋아할 수도 있다.
- 둘이 노는 것을 좋아할 수도 있다.
- 여럿이 노는 것을 좋아할 수도 있다.

표 4-7 혼자 노는 것과 사회성

예를 들어, 일을 할 때 혼자서 업무를 해야 일의 효율성이 높아지는 사람도 있다. 일을 혼자 한다고 해서 이 사람이 사회성이 부족하다고 하지 않는다. 개들도 마찬가지다. **다른 개랑 놀지 않는다고 해서 혼자서 논다고 하여 사회성이 부족하다고 볼 수 없다.**

② 개의 놀이에는 다양한 방식이 있다.

㉠ 여러 가지 물건을 가지고 노는 개

㉡ 자신 몸을 이용해 꼬리 물기는 하는 개

㉢ 그냥 뛰어다니면서 노는 개 등

개들은 혼자서도 충분히 재미있게 놀 수 있다.

③ 어떤 개들은 놀이 상대를 까다롭게 고르기도 한다.

④ 놀이는 좋아하지만, 다른 개들과 어울리는 것이 힘들어서 놀지 못하는 사회성이 부족한 개도 있다.

⑤ 몇몇 개들은 놀이를 모를 수도 있다.

㉠ 개와 놀아 본 적이 없다.

㉡ 사람이 놀이를 알려주지 않았다.

㉢ 혹은 사람으로 인해 정신적 상처가 깊어 회복이 되지 않아 놀이를 즐기지 않을 수 있다.

⑥ 모든 개가 장난감을 가지고 놀지 못한다.

㉠ 개에게 많은 장난감을 사주었는데, 개가 가지고 놀지 못한다고 돈이 아깝다고 하는 보호자가 있다.

㉡ 보호자는 개에게 장난감을 가지고 노는 법을 알려주었는가 고민해 봐야 한다.

- 장난감이 어떻게 가지고 놀아야 하는지,
- 개의 취향에 맞는 것인지,
- 개에게 재미를 주는 것인지 능

요약

개의 입장에서 고려되지 못한 장난감은
개에게 흥미를 잃게 하여 놀이를 하지 않게 한다.

6) 개의 행동 유형

(1) 개의 행동에는 의미가 있다.

① 개는 왜 그럴까?

㉠ 개의 행동을 이해하기 위해서는 몇 가지를 살펴봐야 한다.

- 개가 얼마나 자주 이런 행동을 했는가?
- 개의 주변 상황이 어떤 영향을 미쳤는가?
- 행동 전에 어떤 일이 있었는가?
- 이 행동을 통해서 개가 얻거나 잃은 것이 있는가?

표 4-8 개의 행동 유형

행동 유형	의미
진정 신호	개가 스스로 안정하기 위한 행동이다. 두려움이나 싸움을 피하고 싶을 때 하는 행동이다.
학습된 행동	교육이나 경험을 통해 배운 행동이다.
조건 반사 행동	감정이 행동과 연결되어 무의식중에 일어나는 행동이다.
의례화된 행동	생존과 관련된 행동이 시간이 지나면서 일상 행동으로 바뀐 것이다.
전위 행동	불편하거나 스트레스를 받았을 때 나타나는 어색한 행동이다.
성적 행동	자손을 퍼뜨리거나 성적 만족을 위해 하는 행동이다.
본능적 행동	개가 자리를 잡기 위해 방석을 파는 행동처럼 본능이 남아 있는 행동이다.
포식자 행동	사냥을 위해 먹잇감을 쫓는 행동이다. 큰 개가 작은 개를 가슴에 품는 행동도 포식성 행동이다.
부적응 행동	장기적으로 생존에 악영향을 미치는 행동이다.

2. 개의 시그널

1) 개의 언어 관찰

개는 음성과 비언어적 신호로 사람에게 표현을 한다. 보호자는 개의 비언어적 신호를 이해하고 어떤 의미를 전달하는지 파악해야 한다.

(1) 전체적으로 보자

① 개는 몸 전체를 사용하여 보호자에게 그 의미를 전달한다.
 ㉠ 개의 표정만 보고 판단하는 것은 개의 의미를 파악하기에 무리가 있다.
 ㉡ 개의 표정, 소리, 호흡, 맥박, 움직임, 속도 등 변화하는 모든 것 살펴봐야 한다.
 ㉢ 즉 개의 행동 및 신체적 변화는 개가 보호자에게 어떤 의미를 전달하는 것이다.
② 이 모든 사항을 고려하여, 개가 사람에게 전달하려는 의미를 파악해야 한다.
③ 정확한 의미 파악을 위해서는 변화되는 모든 것을 전체적으로 살펴봐야 한다.

(2) 현재 상황을 파악하자

① 개의 행동이 동일하다고 하여 같은 의미를 전달하는 것은 아니다.
② 어떤 상황에서 어떤 행동을 하느냐 중요하다.
③ 하나의 표현이 다양한 의미를 나타내고, 여러 가지 몸짓언어가 모여 다른 의미를 나타낼 수도 있다.
④ 그러므로 전체적인 상황과 현 상황을 살피는 것이 중요하다.

표 4-9 개의 행동과 의미

개가 하품하는 이유는 다양하다.	① 심심해서 ② 졸려서 ③ 할 일이 없어서, ④ 스트레스를 받아서, ⑤ 스스로 진정하기 위해서, ⑥ 다른 대상을 진정시키기 위해서, ⑦ 뇌에 산소가 부족해서, ⑧ 보호자가 하품을 해서, ⑨ 무엇인가를 할 줄 몰라서, ⑩ 현재 상황을 피하고 싶어서 등
개가 몸을 터는 이유는 다양하다.	① 스트레스를 표현하기 위해, ② 기분 전환하려고, ③ 긴장감을 완화하기 위해서, ⑤ 지속되는 긴장감을 표현하려고, ④ 몸에 물기를 털어내기 위해 등
개가 바닥 냄새는 맡는 이유는 다양하다.	① 정말 맛있는 음식이 떨어져서, ② 생소한 냄새가 나서, ③ 잘 아는 냄새가 나서, ④ 그 상황을 모면하기 위해서 ⑤ 놀이를 거절하기 위해서 ⑥ 산책하기 싫어서 등
개가 몸을 핥는 이유는 다양하다.	① 몸에 통증이 있어서 ② 스트레스가 과도해서 ③ 불안증 때문에 ④ 무엇을 해야 하지 판단이 서지 않을 때 ⑤ 강박 장애가 있을 때 ⑥ 알러지가 있을 때

(3) 근육의 변화를 읽자

① 개의 근육 변화는 그 의미하는 바가 다르다.

② 개의 근육이 이완된 상태와 긴장된 상태는 그 의미가 다르다.

표 4-10 근육의 이완과 수축의 의미

근육이 이완된 상태	개가 심리적으로 편안하고 안정감을 느낄 때
근육이 수축된 상태	개가 스트레스와 갈등 등 심리적으로 불안한 상태

③ 귀, 꼬리, 얼굴, 몸 등 몸 전체의 근육이 어떻게 변화하고 있는지 살펴봐야 한다.

㉠ 예를 들어, 개가 꼬리는 흔드는 것은 좋다는 것일까?

㉡ 개가 꼬리를 흔드는 이유는 앞에서 말한 맥락과 함께 몸의 근육 변화를 읽어야 한다.

표 4-11 개가 꼬리를 흔드는 의미

꼬리 상태	의미
꼬리가 빳빳하게 선 상태에서 끝부분만 흔들리면서 몸도 경직되어 있다면	긴장되니 다가오지 말라는 신호이다.
꼬리가 낮게 흔들리면서 고개도 떨구고, 몸이 떨린다면	두려움으로 인한 신호이다.
꼬리와 엉덩이가 몸과 함께 덩실덩실 움직이고 얼굴은 웃고 있다면	너무 반갑거나 즐겁다는 표현이다.

④ 견종마다 꼬리의 생김이나 표현 방식이 조금 다를 수 있으니 다양한 상황에서 개를 관찰하고 서로 다른 표현 방식을 알아야 한다.

2) 개의 감정을 표현하는 몸짓 신호

개는 자신의 몸짓 신호를 통해 사람에게 지금 상황을 알린다. 개는 차단신호, 진정신호, 스트레스 신호, 다가오지 말라는 신호, 다가와도 된다는 신호, 놀이 신호, 공격신호을 알려준다. 각 신호는 상황에 따라 겹치거나 순차적으로 동시다발적으로 나타나기도 한다.

(1) 감정 신호

① 개는 비언어적 신호를 사용한다.

㉠ 얼굴 표정, 몸의 자세를 기반으로 아이컨택트, 표정, 시선의 방향, 얼굴과 귀의 형태, 입술 오므림, 꼬리 위치, 발 위치 등 개는 다양한 비언어적 신호를 사용한다.

㉡ 개는 감정 신호를 통해 편안함, 불안 두려움을 나타낸다.

㉢ 불안과 두려움을 나타내는 감정 신호가 나타나는 경우 주의 깊게 관찰해 원인을 찾아 없애야 한다.

㉣ 원인 제거가 어려운 상황이라면 피할 수 있도록 해야 한다.

㉤ 개들은 다음과 같은 감정 신호로 편안함을 나타낸다.

표 4-12 개의 감정 신호

편안함	불안함
느슨한 관절	뻣뻣한 관절
부드럽게 흔드는 몸	웅크리거나 뻣뻣하고 수축된 몸
평소 형태의 귀	귀가 머리에 붙음
평상시 속도로 움직임	움직임이 느려짐
부드러운 눈 맞춤	시선을 회피
적당한 속도로 느슨하게 흔드는 꼬리	꼿꼿하게 서서 빠르게 흔들거나 처져서 느리게 흔드는 꼬리
느긋하게 눕기	웅크려서 눕기
잠자기	긴장하여 깜짝 놀람
만져달라고 몸을 기대기	구석에 가서 숨기
낚아채지 않고 부드럽게 트릿 받아먹기	먹는 척하면서 내뱉거나, 트릿 거부
자연스럽게 열린 입	입을 굳게 닫음
날씨와 운동으로 인한 자연스러운 헐떡임	과호흡이나 부자연스러운 헐떡임
다른 개와 사람에게 곡선(C커브)을 그리며 접근하기	안절부절못하여 덜덜 떨거나, 이리저리 왔다 갔다 함

② 안정적이고 평안함을 나타내는 감정신호

개가 나타내는 안정적이고 평안함의 모습은 다음과 같다.

㉠ 귀는 힘이 들어가지 않아 편안하게 처져 있다.

㉡ 입은 편안하게 벌리고 있다.

㉢ 얼굴에서 긴장감이 보이지 않으며 편안한 미소나 웃음을 짓는다.

㉣ 보호자와의 교감을 위해 눈 맞춤을 한다.

㉤ 몸은 움츠리지 않고 느슨하게 이완되어 있다.

㉥ 몸의 중심은 앞으로 쏠려있거나 뒤로 옮겨져 있지 않다.

㉦ 꼬리는 가볍게 살랑살랑 흔들 수 있다.

③ 불안과 두려움을 나타내는 감정신호

개가 나타내는 불안과 두려움의 모습은 다음과 같다.

㉠ 근육 경직이 일어나 몸이 굳어 어딘가 불편해 보인다.

㉡ 긴장을 늦추지 않는다.

㉢ 자세를 낮춘다.

㉣ 동공이 팽창되고 눈이 커진다.

㉤ 입을 굳게 닫고 있거나 과하게 헐떡거린다.

㉥ 털을 세우기도 한다.

㉦ 귀가 뒤로 돌아가 머리에 붙어 있다.

㉧ 계속 도망갈 수 있는 퇴로를 살펴보고 몸의 무게 중심은 뒤로 향하게 된다.

(2) 불안 · 두려움과 근육 변화

① 근육이 경직되면 나타나는 현상

㉠ 얼굴 근육 경직

- 동그란 눈(고래 눈)
- 미간 상승
- 입 돌출

㉡ 몸 근육 경직

- 동그랗게 말아지는 몸
- 몸 안쪽으로 말리는 꼬리
- 엉거주춤한 자세
- 뒤로 쏠리는 무게 중심

② 극도의 두려움을 느낄 때 나타나는 현상

㉠ 머리를 몸 아래쪽으로 숙이고 머리 방향을 돌리고 몸은 굳은 채로 반응이 없음

㉡ 진정 신호나 스트레스 신호를 보임

㉢ 공포나 두려움을 극복하지 못한 채 도망갈 수가 없으면 방어적 공격성을 보일 수 있음

그림 4-4 스트레스 단계별 몸짓 신호 변화

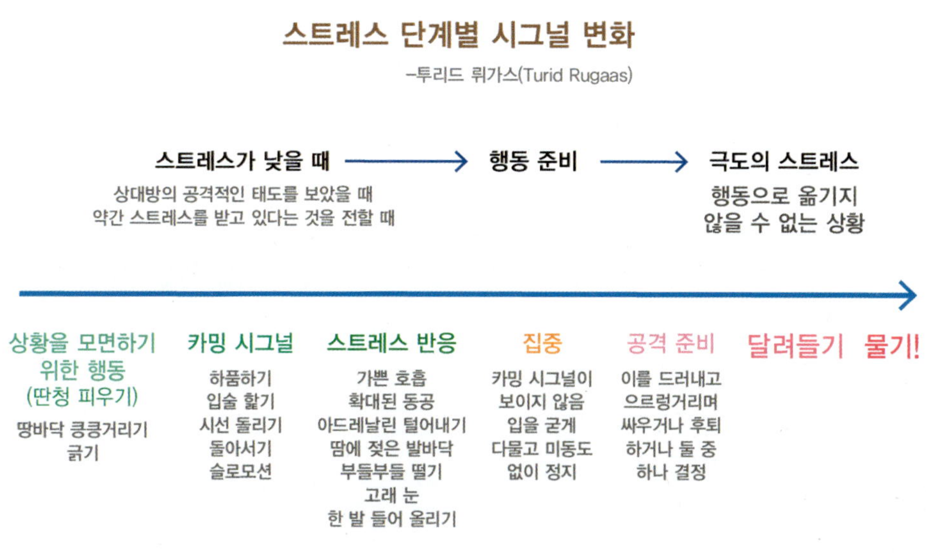

concept by Turid Rugaas

(3) 차단 신호, 컷-오프 시그널(cut-off signal, displacement behavior)

- 차단 신호는 상황을 회피하기 위한 몸짓 언어다.
- 개가 딴청을 부리며 그 상황을 회피하기 위해 사용하는 언어이다.
- 또는 어떤 행동을 하기 전에 시간이 좀 더 필요하다고 표현하는 언어이다.

① 땅바닥 냄새 맡기

㉠ 개가 바닥 냄새만 맡거나 항문과 생식기 주변을 자주 확인한다면 스트레스를 받는 상황일 수 있다.

㉡ 또는 지금 다른 개를 상대하기 싫은 것일 수도 있다.

㉢ 보호자가 훈육 중에 개가 땅바닥 냄새를 맡거나 딴청을 한다면 그만하라는 의미다.

㉣ 개가 보호자로부터 교육을 받는 상황에 땅바닥 냄새를 맡는다면 교육이 어렵거나 지금 힘들다는 의미를 전달하는 것이다.

㉤ 개는 상대하기 싫은 대상 또는 자극이 사라지기를 바라며, 몰두하는 척하며 딴청을 부리는 것이다.

그림 4-5 땅바닥 냄새 맡기

② 긁기

㉠ 개가 뒷발로 옆구리나 머리를 긁는 행동은 '스트레스를 받았거나 이해하지 못한다.'라는 뜻이다.

㉡ 개는 동시다발적인 행동 언어로 자신의 상황을 알린다.

㉢ 개가 입술을 핥거나 고개를 돌리는 등 여러 진정 신호가 동시다발적으로 이루어지면서 몸통을 긁거나 머리를 긁는다면 현재 상황이 스트레스를 유발한다고 표현하는 것이다.

㉣ 개가 교육 중에 입술을 핥으면서 고개를 돌리고 바닥에 주저앉아 하품하다가 몸통을 긁는다면 지금 교육이 이해하기 어렵다는 표현을 하는 것이다.

- 교육을 중단하고 스트레스를 해소할 수 있도록, 산책 등 좋아하는 활동을 통해 기분을 전환하게 한다.
- 교육하는데 이 행동이 계속 반복된다면 교육 단계가 어려워서 이러한 행동을 할 수도 있다.
- 이럴 땐 교육 단계를 더 세분화하여 낮은 단계부터 다시 시작함으로써 개가 교육을 따라올 수 있도록 한다.

㉤ 또는 교육 중에 일어나는 부수적인 행동이 개가 싫어하는 것일 수도 있다.

- 개가 싫어하는 것을 제거하여 교육에 집중할 수 있도록 도와준다.

그림 4-6 긁기

ⓑ 개가 다른 개가 나타났을 때 땅바닥을 긁는다면, 땅바닥 냄새를 맡는 행동과 마찬가지로 상대하기 싫다는 뜻이다.

③ 생식기 확인하기

㉠ 개가 건강상 생식기나 비뇨기에 문제가 없는 경우, 자꾸 생식기를 핥거나 확인한다면, 이는 현재 스트레스를 받고 있다는 표현이다.

㉡ 개가 생식기를 핥거나 확인하는 행동은 스트레스를 받는 상황에서 불필요한 긴장을 해소하거나 현재 상황을 회피하기 위한 행동이다.

㉢ 보호자와 개가 교육이 진행되는 상황에서 이 행동은 교육에 집중할 수 없거나 이해하기 어려우니, 교육을 중단하라는 의미이다.

㉣ 보호자가 개에게 훈육하는 상황에서는 훈육을 그만하라는 의미가 된다.

㉤ 애견 카페나 운동장에서 다른 개가 다가올 때 개가 생식기를 핥거나 확인하는 행동을 한다면 이는 다른 개들에게 '난 지금 놀고 싶지 않아. 다른 곳에서 놀아줄래?'라는 의미를 전달하는 것이다.

그림 4-7 생식기 확인

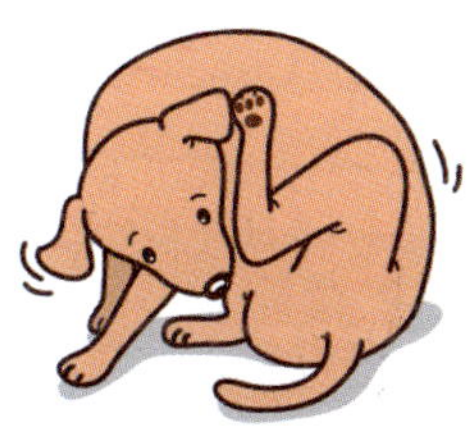

비뇨 생식기 체크

④ 핥기

㉠ 대부분의 개가 핥는 행동은 지루함을 견디기 위한 것이다.

㉡ 무언가를 계속 핥는 행동은 지금 상황이 불안함을 표현하는 것이다.

㉢ 개가 스스로를 통제하기 어려워 계속 무언가를 핥으며 안정감을 찾으려 한다.

㉣ 개가 사람을 과도하게 핥는 것은 그 사람을 불편하게 느끼기 때문이다.

㉤ 또는 그 사람을 달래기 위해서 핥는 행동을 한다.

㉥ 어떤 경우에는 그 사람에 대한 정보를 얻기 위해서 핥기도 한다.

㉦ 사람을 자신에게서 떨어지게 하려고 핥는 행동을 할 수도 있다.

㉧ 개들끼리 만나기 전 입술이나 신체 일부를 핥는 행동은, 무엇을 해야 할지 결정하기 위해 더 많은 시간이 필요하다는 신호다.

㉨ 개가 스트레스를 받거나 불안해지면 신체 일부를 핥기도 한다.

(4) 진정 신호, 카밍시그널(calming signal)

- 진정 신호는 개와 사람이 서로 안정감을 찾기 위해 사용하는 몸짓 언어다.
- 긴장과 불안을 해소하기 위해 사용된다.
- 사고를 예방하고, 차분하고 편안한 상태를 유지하기 위해 사용하는 언어다.
- 개가 스스로 불안과 스트레스를 극복하고 안정감을 찾기 위한 행동이다.
- 상대방을 진정시키기 위한 행동 표현이다.
- 진정 신호는 한 가지만 나타나지 않는다.
- 한 번에 동시다발적으로 다양하게 나타난다.

① 하품하기

㉠ 개는 스트레스를 받는 상황에서 하품을 하며 긴장을 완화하려 한다.

㉡ 하품을 통해 근육을 이완시키고 긴장을 완화한다.

㉢ 낯선 환경에서는 개가 하품을 자주 한다.

- 개들은 동물병원이나 유치원에 처음 가면 지속적으로 하품을 한다.
- 개는 하품을 통해 긴장과 스트레스를 해소하려 한다.
- 이럴 때 보호자가 하품을 하면 개의 긴장을 풀어 진정시키는 데 도움이 된다.

㉣ 개는 다른 개와 놀고 싶지 않거나 상황을 피하기 위해 하품을 하기도 한다.

㉤ 개는 낯선 사람을 만났을 때, 어떻게 행동해야 할지 잘 모를 때, 돌발 상황이

발생했을 때 하품을 하기도 한다.

- 개가 보호자와 함께 산책하는 상황이다.
- 길에서 보호자가 친한 사람과 대화를 나누려 할 때, 그 사람이 개에게 익숙하지 않은 대상이라면, 개는 바닥을 보거나 고개를 돌리며 자꾸 하품을 한다.
- 이는 자신에게 불편한 대상이 앞을 가로막고 있음을 보호자에게 표현하는 것이다.

그림 4-8 **하품**

② 시선 돌리기

㉠ 개도 사람과 마찬가지로, 보고 싶지 않거나 불편한 상황에서 시선을 피한다.

㉡ 개는 불편하거나 혼란스러운 상황에서, 혹은 스트레스를 받을 때 시선을 돌려 이를 표현한다.

㉢ 개는 불편한 상황에서 시선을 돌려 의사를 표현하지만, 상대가 이를 이해하지 못하고 같은 행동을 지속하면 더 강한 행동으로 불편함을 알린다.

㉣ 시선 돌리기 → 고개 돌리기 → 등 돌리기 → 엎드리기 순으로 행동이 더 커지며 확실하게 의미를 전달하려고 노력한다.

③ 고개 돌리기

㉠ 개는 시선을 돌려도 의미가 전달되지 않으면, 고개를 돌려 더욱 명확하게

의사를 표현한다.

㉡ 개가 고개를 돌리는 행동은 현재 상황이 불편함을 알리고, 상대방을 차단하는 것이다.

- 보호자가 얼굴을 가까이 가져가면, 개가 불편함을 느끼고 고개를 돌리는 모습을 보일 수 있다.
- 카메라나 핸드폰이 개의 얼굴 가까이 다가가면, 개는 불편함을 느껴 고개를 돌리기도 한다.
- 사람도 낯선 사람이 내 얼굴 가까이 오면 매우 부담을 느끼고 고개를 돌리거나 뒤로 물러나게 된다.

㉢ 개들 사이에서는 서로의 얼굴을 똑바로 응시하는 것이 예의가 아니다.

- 보통 개들이 마주 보는 상황이 되면 살짝 고개를 돌리는 모습을 볼 수 있다.

㉣ 애견 카페나 운동장에서 다른 개가 다가올 때 개가 고개를 돌리고 하품을 하면서 계속 딴청을 한다면 현재 상황에서는 노는 것보단 지금 상황을 피하고 싶은 것이다.

- 즉, 고개를 돌려 거절하는 것이다.

㉤ 보호자가 개에게 화를 낼 때도 마찬가지다.

- 개는 고개를 돌려 보호자가 그만 화를 내고 진정하기를 바란다.

㉥ 개들이 많은 공간에 사람이 들어오면, 개들은 자연스럽게 그 사람에게 관심을 보일 수 있다.

- 만약 개들이 많이 다가와 부담스럽다면, 가만히 서서 먼 곳을 바라보고 아무런 반응을 보이지 않으면 된다.
- 이 행동은 개에게 '나는 지금 너에게 관심이 없으니 진정해'라는 메시지를 전달하는 것과 같다.
- 이때 중요한 것은 사람이 몸짓 언어를 통해 개들에게 의미를 전달하는 것이다.
- 사람이 소리를 지르거나 뛰는 행동, 개를 밀거나 쓰다듬는 행동, 혹은 눈

빛을 교환하는 행동을 하면 개는 더욱 흥분하여 원치 않는 사고가 발생할 수 있다.

- 사람이 가만히 아무런 행동도 하지 않고 개들에게 관심을 보이지 않으면, 시간이 지나면서 개들은 자연스럽게 그 자리를 떠나게 된다.

그림 4-9 고개 돌리기

④ 돌아서기

㉠ 개는 시선이나 고개를 돌려 불편함을 표현했지만 상대가 이를 알아차리지 못하면, 더욱 명확하게 의사를 전달하기 위해 몸을 돌린다.

㉡ 개는 보호자가 큰 소리로 혼을 낼 때, 다른 개가 지나치게 거칠게 장난을 걸거나 위협적인 행동을 보일 때, 몸을 돌려 불편함을 표현하고 거리를 두려 한다.

㉢ 개가 몸을 돌리는 행동은 '지금 너를 상대할 생각이 없으니 진정해 줘'라는 메시지를 전달하는 것이다.

그림 4-10 **돌아서기**

⑤ 엎드리기

㉠ 개가 지금 상황에서 더 이상 피할 수 없다면 엎드리거나 드러누워 또는 주저앉아 상대방이 진정되기를 기다린다.

㉡ 이 몸짓언어는 '너를 상대할 생각이 없어, 진정해.'라는 의미이다.

㉢ 특히 다른 개가 위협적이거나 예의 없는 행동으로 다가올 때, 보호자나 반려동물 행동지도사가 강압적으로 행동하거나 부를 때 이런 몸짓언어로 표현한다.

㉣ 보호자는 교육 중 개가 엎드리거나 주저앉는다면 개에게 경직되거나 너무 강하게 표현하고 있는지 생각해 봐야 한다.

그림 4-11 **엎드리기**

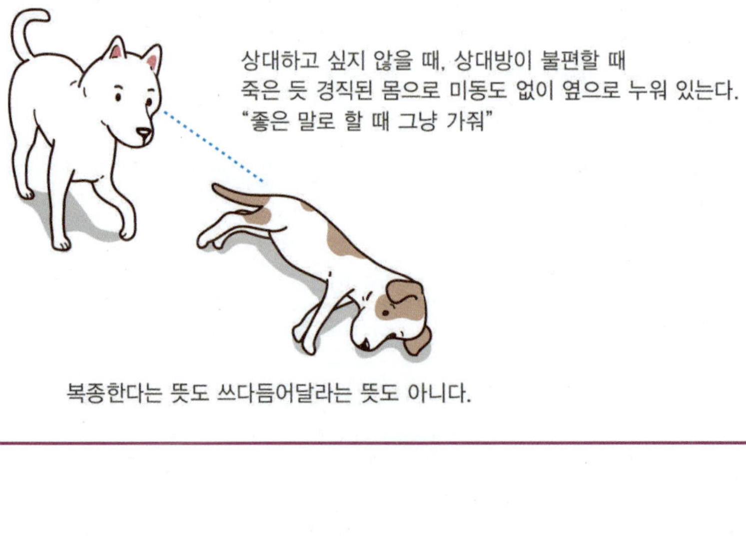

ⓜ 개는 상대가 강압적이거나 위협적인 태도로 대할 때, 그가 진정해 주길 바라며 '나는 지금 무서워서 다가갈 수 없어'라는 메시지를 전달하기 위해 이런 행동을 한다.

⑥ 슬로모션

㉠ 개는 보호자나 다른 개에게 다가갈 때, 매우 천천히 걸을 때가 있다.

㉡ 개는 상대가 강하게 의사를 표현하거나 강압적인 태도를 보일 때 이런 행동을 한다.

㉢ 개는 최대한 천천히 걸으며, 상대가 진정할 시간을 주려고 한다.

㉣ 개가 천천히 걸어갈 때 모습을 살펴보면

- 귀는 뒤로 젖혀 머리에 바짝 붙어 있고
- 몸은 낮추고,
- 몸은 덜덜 떨고,
- 시선은 피하거나 게슴츠레한 눈으로 올려다보고,
- 꼬리는 다리 사이로 말려 들어가 있는 상태로 보호자나 상대방에게 다가간다.

ⓜ 개는 상대에게 가고 싶지는 않지만, 상대의 요구를 거절할 수 없어 천천히 움직인다.

ⓑ 이런 상황에서 보호자가 더욱 심하게 화를 내거나 강압적인 태도를 보이면, 개는 두려움으로 인해 배변 실수를 할 수도 있다.

- 개가 극도의 두려움과 공포감을 느꼈기 때문에 자기도 모르게 배변 실수를 하게 된다.

⑦ 입술 핥기

㉠ 개는 스트레스를 받는 상황에서 긴장과 스트레스를 해소하고, 스스로 진정하기 위해 하품과 함께 입술을 핥기도 한다.

㉡ 입술을 핥는 행동은 입술만 핥거나 코까지 핥기도 하고, 때로는 혀끝만 살짝 보이기도 한다.

㉢ 입술을 핥는 행동은 다른 몸짓 언어와 함께 나타나는 경우가 많다.
- 개는 긴장감이 감도는 병원에서 하품을 하거나 입술을 핥고, 고개를 돌려 현재 상황을 회피하려 한다.
- 낯선 사람이 개에게 곧장 다가와 만지거나 큰 소리를 내면, 개는 다양한 몸짓 언어를 사용해 스트레스를 해소하고 스스로 안정감을 찾으려 한다.

㉣ 애견 카페나 운동장에서 다른 개가 다가올 때, 개가 차단 신호(생식기를 확인하거나 바닥 냄새를 맡거나 긁는 행동)와 진정 신호(하품, 입술 핥기, 시선 돌리기 등)를 동시에 보이면, 생활 예절과 언어를 배운 개라면 더 이상 접근하지 않는다
- 그러나 상대방이 이 신호를 인지하지 못하고 계속 다가와 원치 않는 행동을 하면, 사고로 이어질 수 있다.

그림 4-12 입술 핥기

⑧ 눈 깜빡이기

㉠ 눈을 깜빡이는 행동도 개가 스스로 진정하기 위한 방식이다.
- 사람이 긴장하면 눈을 자주 깜빡이는 것처럼, 개도 긴장한 상황에서 눈을 자주 깜빡이게 된다.

㉡ 개는 눈을 깜빡이며 상대에게 '나는 긴장하고 있어'라는 메시지를 전달하고, 사전 사고를 예방하려는 몸짓 언어를 사용한다.

ⓒ 눈을 깜빡이는 행동 역시 차단 신호, 진정 신호, 스트레스 신호와 함께 동시에 나타날 수 있다.

⑨ 몸 털기

㉠ 개는 기분을 전환하기 위해 몸을 터는 행동을 한다.

㉡ 개는 매우 흥분(즐거움)했거나 과도한 스트레스를 받은 상황에서, 스스로 진정하기 위해 몸을 턴다.

ⓒ 개가 산책하는 도중 종종 몸을 터는 것을 볼 수 있다.

- 이는 산책을 나와 기분도 좋고 흥분되기 때문에 과도한 흥분을 진정시키기 위해 몸을 털게 된다.
- 산책 도중 흥미로운 일이 생기면, 개는 몸을 털기도 한다.
- 그러나 산책 중 계속해서 몸을 턴다면, 이는 개가 스트레스를 많이 받고 있다는 신호일 수 있다.
- 산책 중 개에게 스트레스를 주는 환경적 요인이 있을 수도 있다.
- 보호자가 올바른 산책 방법을 따르지 않으면, 개는 스트레스를 받아 몸을 털 수도 있다.

그림 4-13 몸 털기

⑩ C자로 돌기

㉠ 개가 C자로 도는 행동은 상대의 공간을 배려하는 방식이다.

㉡ 개는 자신만의 공간을 가지고 있다.

㉢ 이 공간의 크기는 개마다 다르다.

㉣ 이 공간을 침범하지 않으면, 개는 물거나 달려드는 행동을 하지 않는다.

㉤ 즉, 개는 자극으로부터 감당할 수 있는 거리 내에서 안정감을 느끼며, 그 범위 내에 위협적인 요소가 없다면 편안하게 지낼 수 있다.

㉥ 개가 C자로 도는 행동 역시 상대 개의 공간을 존중하는 방식이다.

㉦ 개는 이러한 행동을 통해 사고를 예방하려 한다.

㉧ 상대의 공간을 고려하지 않고 직선으로 정면 접근하는 개는 사고를 유발할 가능성이 높다.

그림 4-14 C자로 돌기

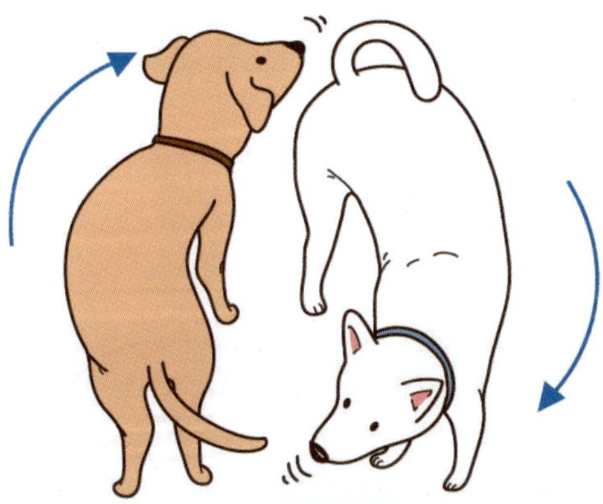

C자 돌기는 반려견들의 매너 있는 인사법이다.

⑪ 갈라놓기, 끼어들기

㉠ 개는 스스로 스트레스를 유발하는 상황에 놓이는 것을 피하려 한다.

㉡ 같은 공간에서 두 상대가 거칠게 행동하면, 개는 사이에 끼어들어 그들을 갈라놓으려 한다.

㉢ 둘 사이에 끼어든 개는 두 대상에게 짖거나 달려들며 으르렁거릴 수 있다.

㉣ 개는 상황에 따라 다양한 진정 신호를 사용해 두 대상에게 진정하라고 알린다.

㉤ 그러나 개가 한 대상에게만 짖고 달려들며 으르렁거린다면, 이는 상대방 개가 자신의 공간을 침범했기 때문일 수 있다.

⑫ 한 발 들기

㉠ 개는 길을 걷다가 어디로 가야 할지 확신이 서지 않거나, 보호자가 멈춰 서면 한 발을 드는 경우가 종종 있다.

㉡ 이는 어디로 가야 할지 몰라서 확신이 서지 않기 때문이다.

㉢ 개는 낯선 곳에 가거나, 어떤 행동에 자신이 없을 때도 다리를 들 수 있다.

㉣ 보호자가 개에게 거칠게 대하거나 강압적인 태도를 보이면, 개는 다리를 들면서 다양한 진정 신호를 함께 나타낼 수 있다.

㉤ 개는 보호자의 정면을 살짝 피하며 고개를 돌리거나 입술을 핥고, 눈을 깜빡이면서 다리를 살짝 드는 행동을 보일 수 있다.

㉥ 이 행동은 '살살 대해 주세요'라는 의미를 전달하는 것이다.

그림 4-15 한 발 들기

한 발 들기

(5) 스트레스 신호, 스트레스 시그널(stress signal)

- 개는 심한 스트레스를 받으면, 보호자에게 몸짓 언어를 통해 이를 표현한다.
- 개는 진정 신호를 통해 스스로 안정시키려 하지만, 스트레스가 지속되고 해소되지 않으면 결국 방어적 공격성을 보일 수 있다.
- 적당한 스트레스는 개의 삶에 도움이 되지만, 강한 스트레스나 원치 않는 스트레스가 반복되면, 개는 물거나 짖거나 달려들며 더욱 강한 스트레스를 받고 있음을 표현한다.
- 중요한 것은 스트레스의 원인을 파악하고 이를 제거하거나, 상황을 피할 수 있도록 돕는 것이다.

① 음식 거부

㉠ 개는 심한 스트레스를 받으면 음식을 거부할 수 있다.

㉡ 반려견 호텔이나 유치원에 처음 가면, 낯선 장소와 사람, 그리고 다른 개로 인한 스트레스로 인해 음식을 먹지 않을 수 있다.

㉢ 사전에 방문하여 개가 환경에 적응할 시간을 주면, 스트레스를 줄이는 데 도움이 된다.

㉣ 개가 어떤 상황에서 음식을 거부하는지 파악하고, 원인을 제거하거나 회피할 수 있도록 돕는 것이 중요하다.

② 과도한 마킹

㉠ 개는 산책 중이나 배변 장소에서 마킹을 통해 자신의 정보를 남긴다.

㉡ 마킹은 성별과 관계없이 이루어지며, 소변뿐만 아니라 대변으로도 할 수 있다.

㉢ 마킹 후 노즈워크 행동을 하거나, 노즈워크 후 마킹하는 행동은 개들 간의 다양한 정보 교환을 위해 매우 중요한 역할을 한다.

- 마킹을 통해 개는 성별, 나이, 질병 유무, 이동 경로, 종류, 건강 상태, 먹이, 날짜, 시간 등 다양한 정보를 얻을 수 있다.

- 마킹 후 개가 뒷발질을 하는 행동은 자신의 정보를 널리 퍼뜨리기 위한 정상적인 행동이다.
- 개는 이러한 정보를 얻으며 뇌를 활성화하고 에너지를 발산한다.

㉣ 그러나 필요 이상으로 과도하게 마킹하는 것은 불안과 스트레스로 인해 나타나는 행동이다.

㉤ 개는 실내에서 자신의 물건이나 구역, 또는 사람의 몸에 마킹을 하기도 한다.

- 반려견 호텔이나 유치원에서 개가 다른 개들에게 자신의 위치를 알리고 다가오지 않기를 바라는 마음에서 자기 구역과 물건에 마킹하는 행동을 하게 된다.
- 불안과 스트레스의 정도에 따라 마킹의 빈도가 달라지지만, 만약 개가 호텔 방 입구부터 자신의 방석과 주변까지 모두 마킹한다면, 이는 스트레스 강도가 매우 높은 상태다. 이럴 때는 산책과 놀이를 통해 스트레스를 완화해 주는 것이 필요하다.

③ 성기 돌출

㉠ 개는 집중하거나 긴장 속에서 스트레스를 받으면 성기가 돌출될 수 있다.

㉡ 이때 성기 돌출은 성적인 의미와는 관련이 없다.

- 이럴 때 혼내거나 야단치면 오히려 관계에 부정적인 영향을 줄 수 있으므로, 스트레스의 원인을 제거하는 것이 중요하다.
- 개는 간식이나 장난감을 앞에 두고 집중할 때 성기가 돌출될 수 있다.
- 개가 나이가 들면서 근육 탄력이 저하되면 성기가 돌출될 수도 있다.

그림 4-16 **성기 돌출**

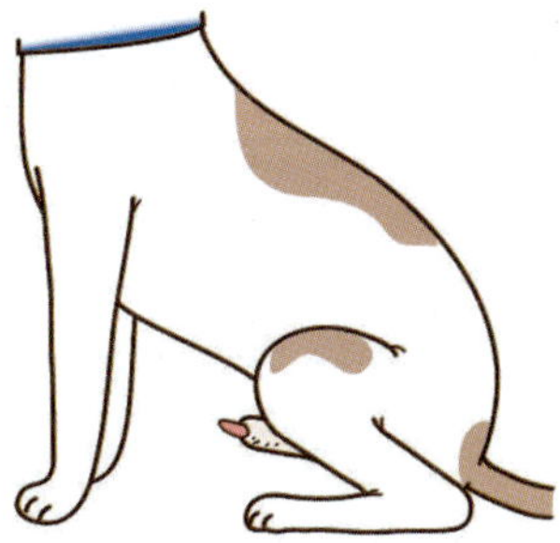

④ 땀에 젖은 발바닥과 털 빠짐

㉠ 개는 스트레스를 받아 긴장도가 높아지면 땀을 흘리게 된다.

㉡ 과도하게 숨을 헐떡이며 혓바닥과 발바닥을 통해 땀을 배출한다.

㉢ 웅크린 상태에서 몸을 움직일 때마다 바닥에 땀에 젖은 발바닥 자국이 남고, 털도 많이 빠진다.

㉣ 평소보다 더 많은 털이 빠지며, 이는 마치 털갈이 시기와 비슷한 양상을 보인다.

그림 4-17 **땀에 젖은 발바닥과 털빠짐**

⑤ 과도한 침분비

㉠ 개가 지속적인 스트레스로 인해 심하게 긴장하면, 눈을 크게 뜨고 숨을 헐떡이며 입에서 침을 흘릴 수 있다.

㉡ 이러한 모습은 낯선 반려견 호텔이나 유치원에서도 자주 관찰된다.

㉢ 개가 새로운 환경에 적응할 수 있도록 시간을 두고 적응 교육을 하면, 스트레스를 줄이는 데 도움이 된다.

그림 4-18 과도한 침분비

⑥ 얕고 가쁜 호흡

㉠ 스트레스가 지속되면, 이전에 나타난 스트레스 신호와 함께 얕고 가쁜 호흡이 두드러지게 나타난다.

㉡ 호흡이 얕아지고 숨을 헐떡이며 가쁘게 내쉬게 된다.

㉢ 개의 호흡 변화는 그 상태를 보여주는 중요한 지표다.

㉣ 개가 편안한 상태에서는 숨을 고르게 쉬고 호흡수도 적지만, 흥분하거나 스트레스를 받아 긴장하면 호흡이 거칠어질 수 있다.

㉤ 사람은 긴장하면 초조해져 눈을 자주 깜빡이거나, 다리를 떨고, 입이 마르면서 마른 소리를 내기도 한다.

㉥ 개도 마찬가지로, 긴장하면 입이 마르고 높은 마른 소리를 낼 수 있으며, 때로는 낑낑거리거나 우는 소리를 내기도 한다.

그림 4-19 **얕고 가쁜 호흡**

⑦ 원치 않는 배변

㉠ 개는 긴장과 스트레스가 지속되면, 자신도 모르게 배변할 수 있다.

㉡ 낯선 사람이 다가와 만지거나, 낯선 장소에 있을 때 개는 자신도 모르게 배변할 수 있다.

㉢ 이러한 행동은 개의 의지와 관계없이 발생한다.

㉣ 이 현상은 공포나 극도의 불안감으로 인해 근육 조절이 어려워져 발생한다.

⑧ 몸 떨기

그림 4-20 **몸 떨기**

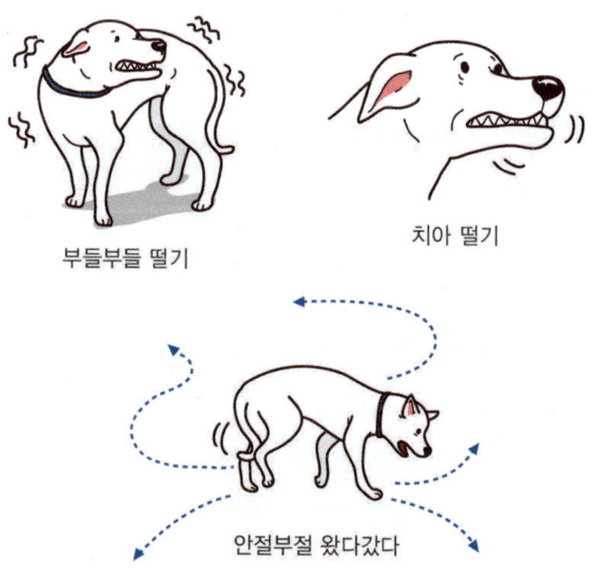

㉠ 긴장과 불안은 개의 근육을 수축시켜 경직을 유발한다.

㉡ 불안감을 느끼면 몸을 떨거나 안절부절못하며 이리저리 움직인다.

㉢ 극도의 불안감으로 인해 움직이지 못할 수도 있다.

⑨ 머리에 붙인 귀

㉠ 개는 즐거울 때나 스트레스를 받을 때 귀를 머리에 바짝 붙인다.

㉡ 개는 즐거울 때 귀를 머리에 붙이고 엉덩이를 흔들며 보호자에게 다가오거나, 재미있는 놀이를 할 때도 귀를 붙이는 모습을 보인다.

㉢ 그러나 개가 불안하거나 스트레스를 받을 때는 몸이 긴장되고 근육이 경직되며, 몸이 경직된 탓에 엉성하게 보일 수 있다. 또한, 꼬리는 엉덩이에 붙어 다리 사이로 들어간다.

㉣ 이러한 귀의 변화는 개가 긴장했음을 나타내는 신호다.

그림 4-21 머리에 붙인 귀

⑩ 얼굴 돌출

㉠ 개는 긴장하거나 스트레스를 받을 때 근육이 수축하여 경직된다

㉡ 몸이 경직되면 걸음걸이가 부자연스러워지고, 몸이 떨릴 수도 있다.

㉢ 얼굴 근육도 수축되어 경직된 모습을 보인다.

㉣ 눈 주변과 입가 근육이 긴장하며 경직되고, 그로 인해 돌출된 모습이 나타날 수 있다.

그림 4-22 **얼굴 돌출**

(6) 다가오지 말라는 신호

개는 각자 보이지 않는 자신의 공간을 가지고 있으며, 그 공간이 침범되지 않으면 편안하게 지낼 수 있다. 개의 공간 크기는 상황에 따라 달라지며, 개 개체마다 다르다. 종 특성, 사회화 경험, 환경 요인 등에 따라 변할 수 있다.

어떤 개는 감당할 수 있는 거리가 거의 없을 수도 있고, 1km 이상일 수도 있다. 사모예드는 사람에게 친화적인 성향을 보여 먼저 다가가는 경우가 많다. 이때 이 개의 감당할 수 있는 거리는 0이다. 그러나 어린 시기에 사회적 경험이 부족한 채 성장한 경우, 사모예드일지라도 사람을 무서워할 수 있다. 이러한 경우, 개는 사람과 거리를 두려 하며, 감당할 수 있는 거리가 멀어진다.

① 경직된 눈과 흰자가 보이는 눈(고래 눈)

㉠ 개가 긴장하고 스트레스를 받으면 적대감을 가지게 될 수 있으며, 이때 눈을 통해 사람에게 '다가오지 마'라는 신호를 보낸다.

㉡ 눈 주변 근육이 솟아올라 미간과 이마에 주름이 생기며, 눈이 더 커 보이고 얼굴이 부자연스럽게 변한다.

㉢ 눈동자의 흰자 부분이 더욱 많이 드러나고, 몸의 움직임이 딱딱해 보이는 경우, 이는 '다가오지 말라'는 신호를 몸으로 표현하는 것이다.

그림 4-23 경직된 눈과 흰자가 보이는 눈

경직된 눈

흰자가 보이는 눈

② 이빨 드러내기와 거짓 미소, 정지 상태

㉠ 개가 입을 크게 벌려 치아를 드러내며 짖거나 제자리에서 으르렁거린다면, 이는 '다가오지 말라'는 경고의 신호다.

㉡ 개는 이빨을 드러내며 미리 경고하여 상대에게 '다가오지 말라'는 신호를 보낸다.

㉢ 경고에도 불구하고 상대가 계속 다가오면, 개는 오히려 입을 다물고 가만히 멈춰 선다.

㉣ 몸이 경직된 상태지만, 오히려 꼿꼿하게 서 있는 모습을 보인다.

㉤ 이 행동은 개가 물기 직전의 신호일 수 있다.

㉥ 긴장과 스트레스가 극도로 높아지면, 개는 폭발하기 직전의 상태에 이를 수 있다.

㉦ 개는 '다가오지 말라'는 경고의 의미로 마치 웃는 듯한 거짓 미소를 짓기도 한다.

㉧ 겉으로는 웃는 것처럼 보이지만, 실제로는 긴장과 스트레스의 신호다.

㉨ 긴장으로 인해 입안이 마르면서, 입술이 위로 말려 올라간다.

㉩ 이때 개의 호흡도 평소와 달라지며 변화가 나타난다.

㉪ 거짓 미소를 지으며, 얕고 가쁜 호흡을 반복적으로 내뱉는다.

③ 꼿꼿하게 선 다리와 꼬리, 경직된 몸, 곤두선 털

㉠ 개의 전신 근육이 뻣뻣하게 경직되면, 근육 수축으로 인해 털이 곤두서고 꼬리는 꼿꼿하게 서며 파르르 떨리게 된다.

㉡ 입이 앞으로 돌출되고, 눈 사이의 근육도 불룩하게 솟아오른다.

㉢ 이러한 행동이 의미하는 바는 '다가오지 말라'는 경고이다.

㉣ 몸 전체가 경직되어 부자연스럽게 서 있으며, 움직이지 않는 경우가 많다.

그림 4-24 꼿꼿하게 선 다리와 꼬리, 경직된 몸, 곤두선 털

(7) 위협 행동을 나타내는 신호

- 개의 공격적인 모습은 두 가지로 나눌 수 있다.
- 공격적 위협 행동과 방어적 위협 행동으로 나뉜다.

① 공격적 위협

㉠ 개는 자신이 가진 자원에 침범을 받을 때 공격적인 행동을 보인다.

- 먹을 것처럼 본능과 관련된 자원을 지키려 할 때 나타난다.
- 자신의 자원을 지키기 위해 공격적 위협을 할 때는 자리를 지킨 채 움직이지 않고, 굳은 자세로 다가오는 상대를 응시한다.
- 계속 다가오는 대상에 허공에 입질하거나 짖고 으르렁거리는 행동으로,

상대방이 다가오지 못하게 위협한다.

- 상대방이 멈추지 않으면 실제로 물 수도 있다.

㉡ 공격적 위협을 하면서 상대방의 어깨에 앞발을 올리기도 한다.

- 이는 T-shape라고 하며 상대방에게 시비를 거는 행동이다.
- 이 행동을 했을 때 상대방이 자세를 낮추거나 눈과 자리를 피하면 아무런 일이 일어나지 않는다.
- 서로 마주 보며 으르렁거리면 곧 싸움으로 번진다.
- 사람이 개에게 어깨를 걸치는 행동도 개의 몸에 T자 형태로 닿는 것이 되어 긴장감을 유발하게 된다.
- 친숙한 사람이나 가족이 하는 경우, 개는 자신을 해치지 않을 것이라 알고 있기 때문에 스트레스를 덜 받는다.
- 반면, 낯선 사람이 할 경우에는 스트레스를 받는다.

② **방어적 위협**

㉠ 개는 공포와 두려움, 지속된 스트레스로 인한 긴장이 계속되어 극한으로 치닫게 된 경우 방어적인 위협을 하게 된다.

㉡ 그 공포와 두려움을 견디지 못하고 먼저 공격적인 모습을 보여 접근을 막기 위한 모습이다.

㉢ 이런 경우 입은 최대한 벌리고 짖거나 으르렁거리며 물 것 같은 행동을 보여준다.

㉣ 방어적 위협 자세는 개가 두려움으로 벗어나고 싶지만, 벗어날 수가 없고 자신을 보호하기 위해서 하는 행동이다.

㉤ 다가오지 말라는 신호를 주로 보여준다.

㉥ 위협적으로 이빨을 보이면서 짖거나 으르렁거리고 흰자가 많이 보이는 눈을 보여준다.

(8) 놀이를 나타내는 신호

개는 놀이를 통해 스트레스를 해소하고, 다양한 의사소통 방법을 배우게 된다. 개는 놀이를 시작하기 전, 상대방에게 형식적으로 허락을 구하는 행동을 한다.

앞서 말했듯이, 개의 놀이는 싸움의 형태를 일부 차용했다. 놀이와 공격적인 행동은 명확히 구분되어야 한다. 개는 자기 불구화 등의 신호를 통해 상대방에게 놀이 의도를 전달해야 놀이가 시작된다.

놀이 방식은 개의 성격, 사회화 수준, 과거 놀이 경험, 놀이 대상에 따라 달라진다.

① **플레이 보우**(play bow)

㉠ 개의 놀이 신호 중 가장 널리 알려진 것이 플레이 보우다.

㉡ 엉덩이를 치켜들고 앞다리를 낮춘 자세로, 상대방에게 놀이 시작을 알리고 참여를 유도하는 행동이다.

㉢ 놀이하고 싶을 때 보호자 앞에 가서 플레이 보우를 하며 놀자고 표현하거나, 다른 개들과의 놀이 중에도 놀이를 다시 시작하고 싶을 때 잠시 멈춰 이 자세를 취한다.

㉣ 플레이 보우는 추격 놀이의 시작을 알리는 신호로도 사용된다.

㉤ 이 자세를 취했을 때 상대가 반응하면, 둘은 쫓고 쫓기는 놀이를 시작하게 된다.

그림 4-25 **플레이 보우**

② 다양한 놀이 신호

㉠ 서로 친한 개들끼리는 입을 벌린 채 얼굴을 마주 대는 행동을 하기도 한다.

㉡ 발이나 장난감으로 상대방을 툭툭 건드려 놀이를 유도하기도 한다.

㉢ 견종마다 선호하는 놀이 방식에 차이가 있다.

- 워킹과 테리어 그룹의 개들은 물건을 입으로 물며 당기는 터그 놀이나 신체 접촉이 많은 놀이를 선호한다.
- 허딩과 하운드 그룹의 개들은 추격 놀이를 특히 좋아한다.

㉣ 추격 놀이를 유도하기 위해, 개들은 가던 방향과 반대로 뛰기도 한다.

㉤ 서로 신뢰도가 높은 개들의 경우에, 개들은 육체적 놀이도 즐긴다.

㉥ 서로 친하지 않거나 낯선 강아지들 사이에서는 주로 추격 놀이가 이루어진다.

3. 고양이의 의사소통

1) 고양이의 감정

① 고양이의 감정

고양이는 복합적인 감정을 느끼며, 이를 다양한 행동과 신호로 표현한다.

㉠ 행복한 고양이는 편안히 누워 있거나 부드럽게 골골거리며, 느긋하게 눈을 깜빡인다.

- 이때 고양이는 자신이 안전하다고 느끼며, 보호자와의 유대감을 즐긴다.
- 고양이가 보호자에게 다가와 몸을 비비거나 손길을 요구할 때는 사랑과 애정을 표현하는 행동이다.
- 이는 고양이가 보호자를 신뢰하고 있음을 나타낸다.

㉡ 불안한 고양이는 귀를 뒤로 젖히고, 몸을 움츠리거나 숨는 행동을 보인다.

- 이러한 신호는 고양이가 위협을 느끼고 있다는 것을 의미한다.
- 이럴 때는 즉각적인 안정감을 제공해야 한다.
- 고양이는 스트레스를 받을 때 과도하게 그루밍하거나 공격적인 태도를 보이는 경우가 많다.
- 이때는 환경 변화나 불안 요소가 원인일 수 있다.

㉢ 고양이는 호기심이 많은 동물로, 새로운 물체나 소리에 반응해 꼬리를 세우고 귀를 쫑긋 세운다.

- 이는 고양이가 새로운 것을 탐색하고자 하는 상태를 나타낸다.
- 이러한 행동을 통해 고양이는 주변 환경을 이해하려고 한다.
- 또한 고양이는 자신의 영역을 표시하기 위해 특정 장소에 몸을 비비거나 긁는 행동을 한다.
- 이러한 행동은 고양이가 자신만의 공간을 보호하고 있음을 나타내는 신호이다.
- 이것 역시 감정 표현의 한 방식이다.

㉣ 고양이의 감정은 복잡한 내면세계를 반영한다.

㉤ 고양이의 감정은 사람과의 관계에서도 중요한 역할을 한다.

㉥ 고양이마다 각기 다른 성격과 특성을 지닌다.

㉦ 고양이의 감정을 이해하는 것은 건강한 관계를 유지하는 데 필수적이다.

② 고양이 감정을 이해하기 위한 노력

고양이의 감정을 이해하기 위해서는 여러 가지 노력이 필요하다.

㉠ 첫째, 관찰이 중요하다. 고양이의 행동과 표정을 주의 깊게 살펴보면 그들의 기분을 파악할 수 있다.

- 예를 들어, 고양이가 편안하게 누워있다면 기분이 좋다는 신호이다.
- 귀를 뒤로 젖히면 불안하다는 것을 알 수 있다.

㉡ 둘째, 신체 언어를 이해해야 한다.

- 고양이의 귀, 꼬리, 눈, 얼굴 표정 등을 통해 감정을 해석할 수 있다.

- 꼬리가 높게 세워져 있으면 기분이 좋다는 의미다.
- 귀가 뒤로 젖혀지면, 이는 불안하다는 신호로 해석할 수 있다.

ⓒ 셋째, 고양이가 편안하게 지낼 수 있는 환경을 마련해야 한다.

- 고양이가 숨을 수 있는 공간과 다양한 놀이 도구를 제공하면 스트레스를 줄이는 데 도움이 된다.
- 이처럼 안전하고 편안한 환경은 고양이의 정서적 안정에 큰 도움이 된다.

ⓓ 넷째, 고양이와 교감을 나누기 위해 시간을 투자해야 한다.

- 고양이와 놀아주고 쓰다듬어 주는 행동은 신뢰를 쌓는 데 큰 도움이 된다.
- 고양이와의 긍정적인 상호작용은 고양이의 감정을 더 깊이 이해하는 데 도움이 된다.

ⓔ 이러한 노력을 통해 고양이의 감정을 이해하고 더 깊은 유대감을 형성할 수 있다.

ⓕ 고양이는 사람과의 관계에서 많은 사랑과 애정을 느끼므로, 고양이의 감정을 존중하는 것이 중요하다. 고양이와의 관계는 감정을 이해하고 소통하는 데서 시작되며, 이는 건강하고 행복한 동거의 기본이 된다.

2) 사회화의 중요성

① 사회화의 중요성

고양이는 일반적으로 독립적인 동물로 알려져 있지만, 사회화 과정은 정서적·심리적 건강에 매우 중요하다. 사회화란 고양이가 다양한 환경, 사람, 다른 동물들과 상호작용하며 적응하고 배우는 과정을 의미한다. 이 과정은 고양이 성격 형성에 중요한 역할을 하며, 건강하고 행복한 삶을 살아가는 데 필수적이다.

ⓐ 첫째, 사회화는 고양이의 행동 안정성을 높이는 데 도움이 된다.

- 어릴 때 다양한 경험을 한 고양이는 새로운 상황에 긍정적으로 반응할 가능성이 높다.
- 예를 들어, 다른 동물이나 사람과의 긍정적인 상호작용은 고양이의 스트

레스와 불안을 줄이는 데 도움이 된다.

- 반면, 사회화가 부족한 고양이는 새로운 환경이나 사람을 두려워하고, 공격적이거나 회피적인 행동을 보일 수 있다.

㉡ 둘째, 사회화는 고양이의 정서적 건강을 증진시킨다.

- 고양이는 사회적 동물로서 타인과의 관계를 통해 정서적 안정감을 느낀다.
- 사람이나 다른 동물과의 긍정적인 상호작용은 고양이에게 애정과 안전감을 주어 불안을 줄이고 행복한 감정을 느끼게 한다.
- 이러한 사회화는 고양이가 더 활발하고 친근한 성격으로 성장하는 데 도움이 된다.

㉢ 셋째, 사회화는 고양이의 행동 문제를 예방하는 데 도움을 준다.

- 고양이가 다양한 경험을 통해 사회화되면, 특정 상황에서 두려움이나 공격성을 줄일 수 있다.
- 예를 들어, 다른 동물과의 상호작용을 통해 고양이는 방어하거나 협력하는 방법을 배우게 된다.
- 이러한 학습은 향후 발생할 수 있는 행동 문제를 예방하는 데 중요한 역할을 한다.

㉣ 넷째, 사회화는 보호자와 고양이 사이의 유대감 형성에 도움이 된다.

- 고양이가 사람과의 상호작용을 통해 긍정적인 경험을 쌓으면 보호자와의 관계가 더 깊어진다.
- 이를 통해 고양이는 보호자에게 더 친근하게 다가가고, 신뢰를 쌓게 된다.
- 또한 보호자와의 긍정적인 관계는 고양이의 정서적 안정에 긍정적인 영향을 미친다.

㉤ 다섯째, 사회화는 환경 적응 능력을 향상시키는 데 필요하다.

- 사회화된 고양이는 다양한 상황에 잘 적응하며, 새로운 환경에서도 자신감을 가지고 행동할 수 있다.
- 이러한 능력은 고양이가 새로운 집이나 이동 상황에서도 스트레스를 덜

느끼고 빠르게 적응하도록 도와준다.

② 사회화 생애주기

㉠ 고양이의 사회화 생애주기는 각 단계에서의 중요한 경험을 통해 이루어지며, 이 과정에서 고양이는 다양한 환경과 상호작용하며 성장한다.

- 초기 사회화가 부족하면 고양이는 불안정한 성격으로 성장할 수 있으므로, 각 생애주기에 맞는 적절한 사회화 과정을 제공하는 것이 중요하다.
- 사회화 과정은 고양이의 행동과 감정에 큰 영향을 미치며, 이는 건강하고 행복한 삶을 위한 기초가 된다.
- 그러므로 고양이를 키우는 사람은 사회화의 중요성을 인식하고, 고양이가 긍정적인 경험을 쌓을 수 있도록 적극적으로 도와야 한다.
- 고양이의 사회화는 고양이의 삶을 더욱 풍요롭게 만드는 중요한 과정이다.

㉡ 첫 번째 단계는 출생 후 약 2개월까지의 시기이다.

- 이 시기는 고양이에게 가장 중요한 사회화 기간이다.
- 태어난 후 약 9주까지 고양이는 어미와 형제들로부터 많은 것을 배운다.
- 이 시기 고양이는 어미의 보호 아래 서로의 체온을 느끼며 애정과 신뢰를 쌓는다.
- 형제들과의 놀이를 통해 고양이는 사냥 본능을 기르고, 사회적 규칙을 배우게 된다.
- 이러한 놀이 경험 속에서 긍정적인 자극을 받는 것이 중요하다.
- 다양한 시각, 청각, 촉각 자극에 노출되는 것이 바람직하다.
- 이 시기에는 사람과의 접촉도 충분히 이루어져야 한다.
- 이는 고양이가 사람에 대한 두려움을 줄이고 친밀감을 느끼는 데 도움이 된다.
- 생후 2주부터는 자주, 그리고 매우 부드럽게 핸들링하는 것이 중요하다.
- 생후 2주까지는 엄마 품에서 젖을 먹고 자며 체온을 유지하고, 어미와의

유대감을 쌓는 중요한 시기이다.

- 이 시기 어미 고양이는 자신이 만든 보금자리에 대해 안정감을 느끼고 평온해야 하며, 불안을 느끼면 보금자리를 옮긴다.
- 따라서 생후 2주 이전에 사람이 개입하면 어미는 불안을 느끼고 보금자리를 옮긴다.

㉢ 두 번째 단계는 생후 2개월에서 6개월까지의 시기이다.

- 이 시기 고양이는 외부 세계와 더 적극적으로 접촉하게 된다.
- 이 시기 고양이는 새로운 환경, 다양한 소리, 사람, 동물 등과 상호작용하는 경험을 해야 한다.
- 이러한 경험이 긍정적일수록 고양이는 더 용감하고 자신감 있는 성격으로 성장한다.
- 또한 이 시기 고양이는 다양한 사회적 기술을 배우고 놀이를 통해 사냥 본능을 더욱 발달시킨다.
- 보호자와의 상호작용을 통해 신뢰를 형성하는 것도 매우 중요하다.
- 생후 12주까지 형제들과 함께 지내는 것이 심리적으로 더 이롭다.
- 그보다 일찍 형제들과 헤어지거나 혼자 자라면 사회적 기술을 배우지 못해 놀이 또는 사회적 상호작용 중 과잉 반응을 보일 수 있다.
- 다른 형제들과 함께 자란 고양이는 성묘가 되었을 때 다른 고양이를 더 쉽게 자신의 공간에 받아들이고, 그들과 적절하게 상호작용할 수 있다.
- 생후 13주경이 되면 몸의 균형 감각이 발달하고 신체 조절이 능숙해지며 사회적 놀이는 더욱 세련되어진다. 이후 성장함에 따라 사회적 놀이는 줄고 사물 놀이가 증가한다.

㉣ 세 번째 단계는 생후 6개월에서 1년까지의 시기이다.

- 이 시기에는 고양이의 성격이 더욱 확립되고, 사회적 상호작용이 중요한 역할을 한다.
- 고양이는 자신의 영역을 인식하며, 다른 고양이와의 관계를 통해 사회적 규칙을 배운다.

- 이 시기에는 고양이를 다른 동물이나 사람과 상호작용하도록 도와주는 것이 중요하다.
- 특히 이 시기에는 다양한 경험을 통해 고양이의 적응력을 높일 수 있다.
- 사회화가 부족한 고양이는 이 시기에 더 큰 두려움이나 공격성을 보일 수 있으므로 주의가 필요하다.

ⓜ 마지막 단계는 생후 1년 이후로, 이 시기에는 고양이가 성숙한 상태에 이른다.

- 이 시기에는 이미 형성된 성격과 행동 패턴이 고정되므로, 새로운 경험을 통해 사회화를 계속하는 것이 중요하다.
- 성숙한 고양이도 새로운 환경이나 변화에 적응할 수 있도록 다양한 자극을 지속적으로 제공해야 한다.
- 이 시기에는 고양이의 사회적 관계를 유지하고, 긍정적인 상호작용을 통해 정서적 안정을 돕는 것이 중요하다.

3) 사람과 고양이 사이의 의사소통

사람과 고양이의 의사소통은 주로 신체 언어와 소리를 통해 이루어진다. 고양이는 사람과는 다른 방식으로 감정을 표현하며, 이를 이해하는 것은 고양이와의 관계를 더욱 깊게 해준다.

사람과 고양이의 의사소통은 신체 언어, 소리, 상호작용, 환경 등 다양한 요소에 의해 이루어진다. 이러한 의사소통 방식을 이해하고 존중하는 것은 고양이와의 관계를 더욱 깊고 의미 있게 해준다.

고양이의 의사소통을 이해함으로써 우리는 그들의 감정을 더 잘 파악하고, 행복하게 공존할 수 있다. 사람과 고양이의 의사소통은 서로를 이해하는 데 중요한 과정이다.

① **신체 언어**

㉠ 신체 언어는 고양이가 감정을 전달하는 주요한 수단이다.

㉡ 고양이의 귀, 꼬리, 몸의 자세는 고양이의 기분을 나타낸다.

- 예를 들어, 귀가 앞쪽을 향하면 호기심이나 흥미를 나타낸다.
- 귀가 뒤로 젖혀지면 불안하거나 공격적인 상태를 나타낸다.
- 꼬리가 높게 서 있으면 자신감과 편안함을 나타낸다.
- 꼬리가 낮게 처지거나 움츠러들면 두려움이나 불안을 나타낸다.

㉢ 이러한 신체 언어를 잘 이해하면 고양이의 감정을 더 정확하게 해석할 수 있다.

② **소리**

㉠ 소리 역시 고양이 의사소통에서 중요한 역할을 한다.

㉡ 고양이는 다양한 소리를 내며, 각 소리는 특정 감정이나 욕구를 나타낸다.

- 예를 들어, 골골거리는 소리는 편안함을 느끼고 있다는 신호다.
- 하악질이나 으르렁거림은 불안하거나 공격적인 상태를 나타낸다.
- 특정 울음소리는 배고픔이나 관심을 요구하는 표현일 수 있다.

㉢ 이러한 소리를 잘 듣고 이해하는 것이 중요하다.

③ **상호작용**

㉠ 상호작용을 통해 사람과 고양이 사이에 유대감이 형성된다.

㉡ 고양이는 사람과의 긍정적인 상호작용을 통해 신뢰를 쌓으며, 이는 의사소통의 질을 높인다.

㉢ 놀이 시간이나 쓰다듬기 등의 활동은 고양이에게 안정감을 주며, 서로의 감정을 이해하는 데 도움을 준다.

④ **환경**

㉠ 환경 역시 의사소통에 영향을 미친다.

㉡ 고양이가 편안함을 느끼는 환경에서는 더욱 활발하게 의사소통한다.

ⓒ 새로운 환경에서는 경계심을 보이기도 한다.

ⓓ 따라서 고양이가 안정감을 느낄 수 있도록 환경을 조성하는 것이 중요하다.

4) 고양이들이 바라보는 세상

고양이들이 바라보는 세상은 사람과 매우 다르며, 감각적 능력에 의해 형성된다. 뛰어난 시각, 청각, 후각, 촉각은 고양이가 환경을 인식하고 탐험하는 데 필수적인 요소다.

이러한 감각은 고양이가 세상을 이해하는 데 큰 영향을 주며, 주변 환경을 더욱 풍부하게 만든다. 고양이가 바라보는 세상은 감각적 경험으로 가득하다.

① 낮보다 밤에 뛰어난 고양이의 시력

ⓐ 고양이는 시각적으로 매우 뛰어난 능력을 가지고 있다.

ⓑ 고양이의 눈은 어둠 속에서도 잘 보이도록 발달되어 있다.

ⓒ 이는 고양이가 주로 야행성 동물이라는 점과 관련이 있다.

ⓓ 고양이는 사람보다 더 많은 막대 세포를 가지고 있어 어두운 환경에서도 뛰어난 시력을 발휘한다.

ⓔ 그러나 색 인식에는 제한이 있으며, 주로 파란색과 녹색 계열에 민감하다.

ⓕ 따라서 고양이가 바라보는 세상은 흐릿하고 단순한 색감으로 이루어져 있다.

② 소리로 탐색한다.

ⓐ 청각도 고양이가 세상을 인식하는 데 중요한 역할을 한다.

ⓑ 고양이는 사람보다 훨씬 넓은 주파수 범위를 들을 수 있다.

ⓒ 이는 고양이가 사냥감을 쉽게 찾는 데 도움을 준다.

ⓓ 고양이의 귀는 180도 회전할 수 있어 소리 방향을 정확히 파악할 수 있다.

ⓔ 이러한 뛰어난 청각은 고양이가 주변을 탐색하고 위험을 감지하는 데 큰 도움이 된다.

③ 냄새로 확인한다.

㉠ 후각은 고양이가 세상을 이해하는 데 매우 중요한 감각이다.

㉡ 고양이는 사람보다 약 20배 더 많은 후각 수용체를 가지고 있어 다양한 냄새에 매우 민감하다.

㉢ 고양이는 냄새를 통해 자신의 영역을 확인한다.

㉣ 고양이는 냄새로 다른 고양이나 동물의 존재를 파악할 수 있다.

㉤ 후각은 고양이가 음식을 고를 때도 중요한 역할을 한다.

㉥ 고양이의 식욕이나 건강 상태를 파악하는 데 도움이 된다.

④ 촉각을 통해 세상을 탐험한다.

㉠ 고양이의 수염과 발바닥은 매우 민감해 주변의 작은 변화도 감지할 수 있다.

㉡ 특히 어두운 곳에서 사냥하거나 좁은 공간을 탐색할 때 유용하다.

㉢ 고양이는 이러한 감각으로 세상을 이해하고, 자신의 안전을 지킬 수 있다.

5) 고양이들의 놀이

고양이의 놀이는 그들의 본능을 발휘하고, 신체적, 정서적 건강을 유지하는 데 필수적이다. 다양한 놀이 방식과 장난감을 통해 고양이의 놀이 욕구를 충족시켜 주는 것은 건강하고 행복한 삶을 위한 중요한 요소이다.

고양이와의 놀이 시간을 통해 서로의 유대감을 강화하는 것이 중요하다. 고양이의 놀이는 행복한 삶을 위한 필수적인 활동이다.

(1) 고양이 놀이의 중요성

① 고양이에게 놀이는 단순한 오락이 아니라 생존 본능과 사회적 기술을 기르는 중요한 활동이다.

② 고양이는 본래 사냥꾼으로서, 놀이를 통해 사냥 기술을 연마한다.

③ 이는 그들의 본능적인 행동을 자연스럽게 표현하는 방법이다.

④ 또한, 놀이를 통해 스트레스를 해소하고 신체적, 정신적 건강을 유지하는 데 도움을 준다.

⑤ 놀이가 부족한 고양이는 불안하거나 공격적인 행동을 보일 수 있으므로, 충분한 놀이 시간이 필수적이다.

(2) 놀이의 종류와 방식

고양이의 놀이는 다양한 형태로 나타난다.

① **사냥놀이**

㉠ 첫 번째로는 사냥놀이가 있다.

㉡ 장난감을 쫓거나 잡는 활동을 통해 고양이는 자연스럽게 사냥 본능을 발휘할 수 있다.

- 예를 들어, 깃털이 달린 낚시 장난감이나 레이저 포인터는 고양이가 쫓아가고 점프하는 재미를 느낄 수 있게 한다.

㉢ 고양이의 사냥놀이는 실제 사냥 행동을 모방한 것이다.

표 4-13 고양이 사냥놀이 방식

모방 동물	사냥놀이 방식
새	장난감을 공중에 띄워서 흔들어 준다.
벌레	장난감을 바닥에서 S자 모양으로 흔들어 준다.
쥐	장난감을 '보여주기, 숨기기.'를 반복해서 한다.

② **사회적 놀이**

㉠ 두 번째는 사회적 놀이이다.

㉡ 이는 다른 고양이나 사람과의 상호작용을 포함한다.

㉢ 고양이는 서로 몸을 밀치거나 귀여운 소리를 내며 함께 놀기도 한다.

㉣ 이러한 사회적 놀이는 고양이 간의 유대감을 강화하고, 사람과의 관계를 돈

독히 하는 데 중요한 역할을 한다.

③ 탐색 놀이

㉠ 세 번째로는 탐색 놀이가 있다.

㉡ 고양이는 호기심이 많아 새로운 환경을 탐험하거나 숨겨진 물건을 찾는 것을 좋아한다.

㉢ 이때 박스나 터널 같은 구조물을 활용하면 고양이의 탐험 욕구를 자극할 수 있다.

㉣ 다양한 숨바꼭질 장소와 장난감을 제공하는 것도 좋은 방법이다.

(3) 놀이의 도구와 장난감

① 고양이 놀이에 사용되는 도구와 장난감은 다양하다.

② 기본 장난감으로는 공이나 고무 장난감이 있으며, 고양이가 쫓아 놀기 좋게 설계되어 있다.

③ 또한, 스크래처나 캣타워 같은 구조물은 고양이가 오르내리며 놀 수 있는 공간을 제공한다.

④ 장난감은 고양이의 문제 해결 능력을 자극하고, 지능적인 놀이를 통해 정신적인 자극을 제공한다.

⑤ 간식을 숨길 수 있는 퍼즐 장난감은 고양이에게 탐색과 사고의 즐거움을 제공한다.

(4) 놀이의 적절한 시간과 방법

① 고양이와의 놀이 시간은 정해진 시간에만 이루어질 필요는 없다.

② 고양이가 원하는 때와 기분에 맞춰 놀이를 진행하는 것이 가장 좋다.

③ 일반적으로 하루에 최소 15~30분 정도의 놀이 시간을 확보하는 것이 이상적이다.

④ 이때 고양이가 지치지 않도록 여러 차례에 나누어 놀이하는 것이 좋다.

⑤ 놀이할 때는 고양이의 반응을 잘 살펴야 한다.

⑥ 고양이가 흥미를 잃거나 피곤해 보이면 즉시 놀이를 멈추고 휴식을 유도해야 한다.

⑦ 또한, 고양이가 안정을 느낄 수 있도록 놀이 환경을 조성하는 것이 중요하다.

6) 고양이의 행동 유형

(1) 고양이의 행동에는 의미가 있다.

① 고양이는 왜 그럴까?

㉠ 고양이의 행동을 이해하기 위해서는 몇 가지를 살펴봐야 한다.

- 고양이가 얼마나 자주 이런 행동을 했는가?
- 고양이의 주변 상황이 어떤 영향을 미쳤는가?
- 행동 전에 어떤 일이 있었는가?
- 이 행동을 통해서 고양이가 얻거나 잃은 것이 있는가?

표 4-14 고양이의 행동 유형

행동 유형	의미
자연적 행동	고양이가 일상적으로 하는 본능적인 행동이다. 마킹, 그루밍, 스크래칭, 탐색, 사냥 놀이는 일상에서 자주 볼 수 있는 행동이다.
학습된 행동	고양이가 교육이나 경험을 통해 배운 행동이다. 보상이 주어지면 반복하고, 보상이 없으면 점차 줄어든다.
관심 끄는 행동	보호자의 관심을 끌기 위해 욕구가 충족되지 않을 때 보이는 행동이다.
친밀한 행동	고양이가 친밀한 관계를 형성하거나 유지하려고 할 때 보이는 행동이다.
수동적-공격적 행동	신체 접촉 없이 간접적으로 위협하는 행동이다. (예: 정면 응시, 길목 차단)
전가 행동	외부 자극에 의해 생긴 긴장을 엉뚱한 대상에게 표출하는 행동이다.
포식성 행동	사냥 본능에서 비롯된 행동으로, 사람 발가락을 물거나, 다른 고양이를 덮치는 등 놀이 행동으로 보여진다.
전위 행동	불편하거나 스트레스를 받을 때 실제 감정과 다르게 편안해 보이는 행동을 하는 것이다.

4. 고양이의 시그널

1) 고양이의 언어 관찰

고양이는 행동과 소리를 통해 감정을 표현하며, 이러한 언어를 관찰하는 것이 중요하다. 예를 들어, 고양이의 울음은 불안이나 배고픔을 나타낼 수 있다.

몸을 낮추거나 꼬리를 세우는 행동은 고양이의 감정 상태를 보여주는 신호다. 머리를 비비거나 핥는 행동은 친밀감을 표현하는 것으로, 이는 고양이 간 의사소통의 중요한 요소다.

고양이의 언어를 이해하는 것은 그들의 필요와 감정을 파악하는 데 도움이 된다. 고양이의 언어를 이해하면 그들의 필요와 감정을 파악하고, 더 나은 관계를 형성할 수 있다.

(1) 소리 관찰

① 고양이의 소리는 감정을 전달하는 데 매우 중요한 수단이다.

② 고양이가 내는 다양한 울음소리를 관찰하면 고양이의 기분을 이해할 수 있다.

㉠ 예를 들어, 짧고 높은 소리는 불안하거나 무언가를 요구할 때 나타나는 경우가 많다.

㉡ 낮고 부드러운 소리는 편안함이나 애정을 표현하는 것이다.

㉢ 이러한 소리에 주의를 기울이는 것이 중요하다.

(2) 몸짓 관찰

① 고양이의 몸짓은 감정을 전달하는 또 하나의 방법이다.

② 고양이가 꼬리를 세우고 다가오는 행동은 친근함을 나타내는 신호이다.

③ 몸을 낮추거나 꼬리를 감추는 행동은 두려움이나 경계심을 나타낸다.

④ 고양이의 귀와 눈의 움직임은 감정 상태를 파악하는 데 중요한 단서가 된다.

(3) 상호작용의 관찰

① 고양이와의 상호작용은 고양이 언어를 이해하는 데 큰 도움이 된다.
② 고양이가 머리를 비비거나 핥는 행동은 애정을 표현하는 방식이다.
③ 고양이가 놀이에 반응하는 방식도 고양이의 기분을 파악할 수 있는 중요한 단서이다.
④ 이러한 상호작용은 고양이 언어를 더 깊이 이해하는 데 도움이 된다.

2) 고양이의 감정을 표현하는 몸짓 신호

고양이는 꼬리로 기분을 표현하고 얼굴 표정으로 심리 상태를 나타낸다.
고양이의 감정을 파악하려면 단일 신호만으로는 어렵다.
고양이의 의사 표현을 이해하려면 몸 전체의 신호와 환경을 함께 고려해야 한다.
고양이의 의사 표현을 해석하려면 다음과 같은 요소를 살펴보아야 한다.

표 4-15 고양이의 의사 표현 해석을 위한 확인 목록

확인 목록
① 몸자세 및 위치
② 동공의 크기 및 모양
③ 귀의 위치
④ 꼬리의 위치와 움직임
⑤ 수염의 위치
⑥ 울음소리
⑦ 털이 일어선 정도
⑧ 그 순간의 환경적 상황

(1) 표정 신호

① 얼굴(눈)

고양이는 눈동자의 크기 변화와 형태를 통해 사람에게 다양한 의미를 전달한다. 고양이에게 정면 응시는 예의가 아닌 행동으로, 시비를 거는 공격적 신호로 받아들여질 수 있다.

적절한 거리를 두고 고양이를 향해 천천히 눈을 깜빡이면, 고양이를 편안하게 만들 수 있다. 낯선 고양이에게 다가가기 전, 거리를 두고 천천히 눈을 깜빡이며 기다리면 고양이가 반응해줄 수 있다. 고양이가 눈을 함께 깜빡이면 다가와도 된다는 의미이고, 반응이 없다면 가까이 오지 말라는 신호이다.

㉠ 동그란 동공: 흥미, 흥분, 두려움 또는 방어적 공격 의미한다.
㉡ 가늘고 긴 동공: 적극적 공격 의미한다.
㉢ 살짝 달걀형 모양의 동공: 편안함을 의미한다.
㉣ 깜빡임 없는 응시: 우위 또는 방어적 위협을 의미한다.
㉤ 편안하게 거의 축 처진 눈꺼풀: 신뢰와 편안함을 의미한다.

② 얼굴(귀)

그림 4-26 고양이 얼굴 언어

① 고양이의 귀가 위로 쫑긋 세워져 있다면?
㉠ 일상에서 흔히 볼 수 있는 보통 상태이다.
㉡ 흥미로운 대상이 나타났을 때는 동공이 확장되고 수염이 앞쪽으로 향한다.

② 고양이의 귀가 앞으로 쫑긋 서 있다면?
㉠ 귀가 앞으로 쫑긋 서고 동공이 확장되어 있다면, 매우 흥미로운 대상을 관찰하고 있는 것이다.

③ 고양이의 귀가 앞으로 쫑긋 서 있다면?
- ㉠ 다소 경계하고 있는 상태이다.
- ㉡ 이때 동공까지 일자로 축소되었다면, 공격 태세에 접어든 상태이다.

④ 고양이의 귀가 바깥쪽을 향해 있다면?
- ㉠ 주변을 경계하고 있으며, 방어적이기보다는 공격적인 상태이다.
- ㉡ 평소와 다른 소리에 반응하고 있는 것일 수도 있다.

⑤ 고양이의 귀가 평평하게 누워 있다면?
- ㉠ 예민하거나 흥미로운 상태이다.
- ㉡ 낯선 방문자가 있거나 사냥감, 장난감을 관찰할 때 이런 모습을 보인다.

⑥ 고양이의 귀가 아래로 내려갔다면?
- ㉠ 동공이 확장된 상태에서 귀가 아래로 내려갔다면, 고양이는 매우 경계하고 두려움을 느끼고 있다.
- ㉡ 이때는 고양이가 안정을 취할 수 있도록 도와주어야 한다.

㉠ 귀가 똑바로 서서 앞을 향할 때: 경계하거나 흥미를 느끼고 있다는 의미이다.

㉡ 귀가 양옆으로 돌아 비행기 날개처럼 보일 때: 위협에 대한 걱정, 두려움, 신체 불편감 또는 귀 질환(귀 진드기 등)을 나타낼 수 있다.

㉢ 귀가 옆으로 돌아 아래를 향할 때: 방어적인 공격 태세를 의미한다.

㉣ 귀가 뒤로 돌아 머리에 완전히 납작 붙었을 때: 극도로 방어적인 공격 태세를 나타낸다.

㉤ 귀가 뒤로 돌아 납작하게 붙은 상태에서 귓바퀴 안쪽 일부가 보일 때: 극도로 적극적인 공격 상태를 의미한다.

그림 4-27 고양이 얼굴 그림표

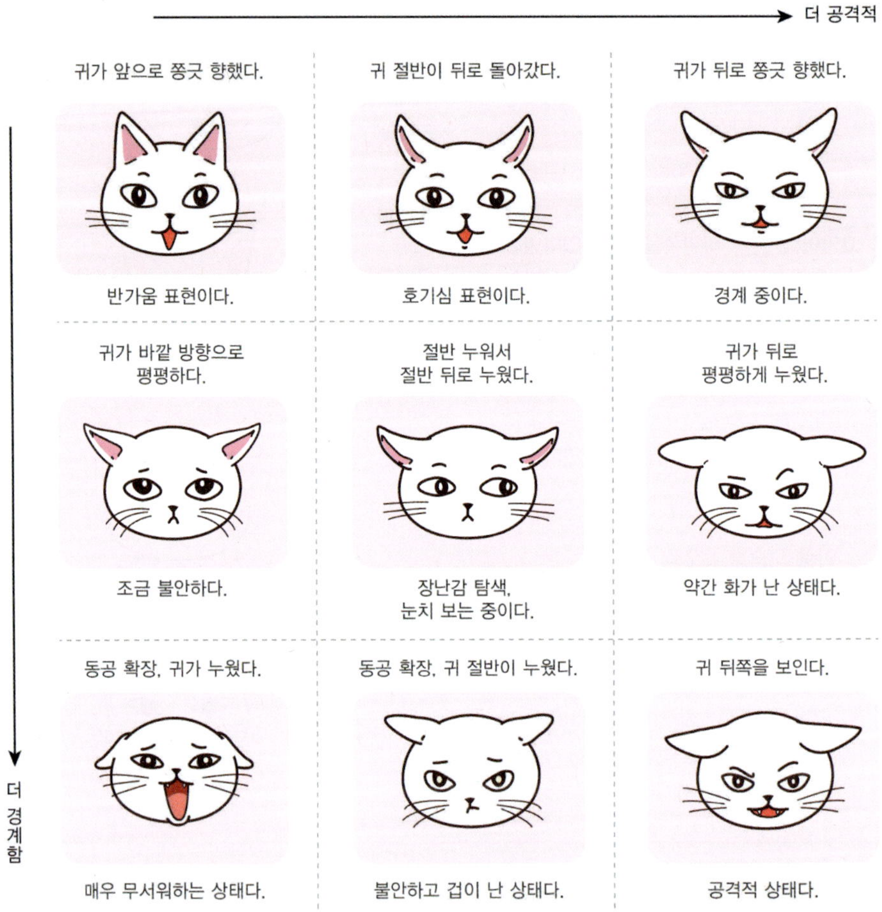

③ 얼굴(수염)

㉠ 수염이 앞으로 향했을 때: 귀 모양과 몸 자세에 따라 흥미를 보이거나 공격 의도를 나타내기도 한다.

- 귀가 바깥쪽이나 얼굴 쪽으로 향하면 공격적인 의도를 나타내는 것이다.
- 귀가 평소처럼 앞으로 쫑긋 서 있다면 도망가는 사냥감에 주목한 것처럼 흥미를 느끼는 상태이다.

㉡ 수염이 살짝 편안하게 양쪽 바깥을 향하고 있다면 고양이는 안정적인 상태

이다.

㉢ 수염이 뺨 쪽으로 납작하게 붙어 있다면 고양이는 두려움을 느끼며 몸을 작게 보이려는 상태이다.

④ 꼬리

㉠ 꼬리가 수직으로 곧게 서고 끝이 살짝 구부러져 있을 때는 우정과 친근감을 나타내며, 소통을 원하는 상태이다.

㉡ 꼬리털이 부풀어 있다면 고양이는 방어적이거나 수동적 공격 상태로 불안이 높아진 것이다.

㉢ 꼬리로 몸을 감싸고 있다면 고양이는 두려움을 느끼거나 거리를 두고 싶어 한다는 신호이다.

㉣ 꼬리가 거꾸로 된 U자 모양일 때는 방어적 공격 상태이며, 새끼 고양이의 경우에는 놀이 중일 수 있다.

㉤ 꼬리가 등 위로 아치형으로 솟아 있으면 방어적 표현이며, 위협이 계속되면 꼬리를 내릴 수도 있다.

- 단, 흥미를 느끼거나 자극을 받은 상태라면 꼬리털이 부풀지 않는다.

㉥ 꼬리를 아래로 내리고 있는 상태

- 꼬리가 뻣뻣하게 움직인다면 적극적인 공격 의도가 있다.
- 움직임이 부드럽다면 방어적인 공격 상태일 수 있다.

㉦ 꼬리가 수평일 때: 편안함을 의미한다.

㉧ 꼬리가 두 다리 사이에 들어가 있을 때: 복종. 항복을 의미한다.

㉨ 꼬리를 부드럽게 튕길 때: 짜증을 의미한다.

㉩ 꼬리를 통통 칠 때: 충돌, 좌절, 짜증을 의미한다.

㉪ 꼬리를 채찍처럼 휙휙 휘두를 때: 동요, 흥분을 의미한다.

- 더 세게 휘두를수록 동요 치는 정도가 심해짐 → 물러서라는 경고다.

그림 4-28 고양이의 꼬리 언어

① 꼬리가 완전히 펴져 곧게 올라가 있다.
"왜 이제야 왔어? 보고 싶었어."
고양이가 친근함을 느낄 때 보이는 표현이다.
㉠ 매우 반가움을 표현하며, 함께 놀거나 애정을 표현하고 싶다는 의미다.
㉡ 이 상태에서 꼬리를 바르르 떨면, 매우 반갑다는 뜻이다.

② 꼬리가 위로 올라가 있고, 끝부분이 갈고리 모양으로 구부러져 있다.
"반가워요, 그런데 누구세요?"
친근하면서도 약간의 경계를 나타내는 표현이다.
㉠ 상대에게 호감을 느끼면서도, 경계와 호기심이 함께 있는 상태다.

③ 꼬리가 위로 올라가고 끝이 갈고리처럼 살짝 구부러져 있다.
㉠ 꼬리 끝이 살랑살랑 흔들린다면, 이는 애정 표현이다.

④ 꼬리가 곧게 펴져 위로 올라간 상태에서 좌우로 천천히 크게 흔들린다.
"왜 나한테 친한 척이지?"
상대를 얕보거나 조롱할 때 보이는 행동이다.
㉠ 상대를 얕보거나 조롱하는 의사 표현이다.

⑤ 꼬리 전체가 아래로 향하고, 뒷다리 사이로 꼬리가 들어가 있는 상태다.
"분하다. 너에게 졌다."
복종, 항복할 때 하는 표현이다.
㉠ 다른 고양이나 상대에게 항복, 복종, 순종한다는 표시다.

⑥ 고양이는 사람이 안고 있을 때 꼬리를 움직인다.
"이제 나를 풀어주라."
사람에게 안겼을 때 하는 표현이다.
㉠ 천천히 느긋하게 꼬리를 움직이면 편하고 기분이 좋다는 의미다.
㉡ 반면에 파닥파닥 꼬리를 빨리 움직이면 안기고 싶지 않다는 표시다.
㉢ 가능한 한 빨리 내려 주는 것이 좋다.

⑦ 꼬리가 바닥 또는 아래를 향해 편안하게 놓여 있는 상태에서 꼬리 끝만 까딱거린다.
" 난 생각하는 고양이, 혼자 있고 싶다."
생각에 잠겼을 때 하는 표현이다.
㉠ 생각에 골똘히 잠겨 있거나, 약간 짜증이 났다는 표시다.

⑧ 꼬리가 바닥에 닿은 상태에서 꼬리 끝을 힘 있게 흔들거나 좌우로 움직인다.
㉠ 화가 나서 민감한 상태라는 표시다.

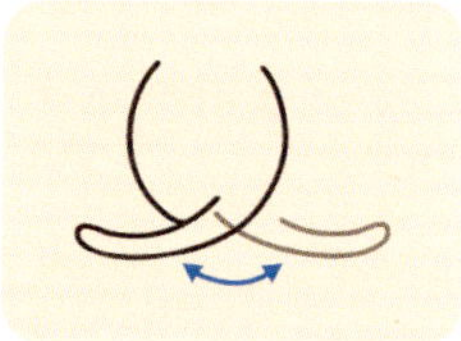

(2) 몸짓 신호

① 자세

고양이는 거리와 자세를 통해 자신의 기분을 표현하기도 한다. 고양이의 자세와 거리는 고양이가 느끼는 '상쾌지수'에 따라서 달라진다. 고양이의 상쾌지수는 수시로 변하기 때문에, 고양이가 어떤 몸짓으로 거리와 자세를 취하는지 살펴보아야 한다.

더 가까이 와도 괜찮아 → 그 정도면 충분해 → 생각이 바뀌었어. 저리 가!

예를 들어, 고양이가 다른 대상을 향해 공격적인 태도를 보일 때는 다음과 같은 행동을 보인다. 머리를 낮추고 발끝으로 살금살금 걷는다. 수염은 앞쪽을 향해 뻗고, 귀는 곧게 서 있으나 바깥쪽을 향하며, 발톱은 드러나 있고 동공은 수축된다.

이러한 모습의 고양이가 주변에 있으면, 다른 고양이들은 몸을 웅크리거나 도망쳐 상황을 피하려 한다.

㉠ 거리 늘리기: '저리가'라는 의미이다.

㉡ 거리 좁히기: 더 가까이 와도 괜찮다는 뜻이다.

㉢ 몸 웅크리기: 방어 자세. 꼬리는 몸에 딱 붙여 감싸는 모습이다.

- 몸을 웅크리면 꼬리를 보호하고, 상대방에게 자신을 더 작고 덜 위협적으로 보이게 하려는 의도이다.
- 두려운 고양이는 귀를 뒤로 젖혀 머리에 바짝 붙인다.
- 극도로 두려움을 느끼는 고양이는 종종 침을 흘린다.

㉣ 하반신을 살짝 들어올린 채 똑바로 서기: 공격을 의미한다.

㉤ 배 드러내기: 필요 시 이빨과 발톱을 모두 사용하는 '최고의 방어 자세'이다.

- 또는 '패배'를 인정하는 자세일 수 있다.
- 잠자거나 쉬는 고양이가 몸을 쭉 뻗고 자고 있다면, 완전히 휴식 중인 상태이다.
- 사람이 고양이 배를 쓰다듬거나 다른 고양이가 다가오면 방어 반응을 보일 수 있다.
- 새끼 고양이의 경우, 귀가 앞으로 향하면 놀이 모드이며, '야옹' 하고 울거나 트릴링(cat trilling) 소리를 낸다.
- 귀가 뒤로 향했다면 방어 의미이며, 하악질과 같은 행동을 나타낸다.

㉥ 고양이가 바닥에 드러누워 좌우로 구르면, 놀고 싶다는 뜻이거나 인사하는 행동이다.

㉦ 털을 세우고 등을 아치형으로 들어올리는 행동

- 첫째, 공격 또는 방어 태도를 나타낸다.
- 둘째, 놀고 싶다는 신호이다.
- 아치형으로 솟아오른 등 자세는 적극적 또는 방어적 공격의 의미다.
- 어린 고양이는 이러한 자세를 사회적 놀이로 표현한다.

② 털

㉠ 털을 부풀리는 행동은 방어적인 태도를 의미한다.

㉡ 털이 약간 일어선 상태는 불안감을 나타낸다.

(3) 후각을 통한 의사소통

① 마킹

고양이는 소변, 대변, 발톱 긁기, 냄새샘 등을 통해 마킹 행동을 한다. 마킹은 시각적, 후각적 또는 이 둘이 혼합된 형태로 나타난다.

고양이에게는 냄새를 분석하는 야콥슨 기관이 있다. 야콥슨 기관은 이 기관은 고양이의 입천장에 위치하며, 페로몬을 분석하는 데 사용된다. 간혹 고양이가 냄새를 맡고 시간이 조금 지난 후 이상한 표정을 짓는 것은 야콥슨 기관에서 냄새를 확인 후 반응이 일어나는 것이다.

고양이가 윗입술을 들어 올린 채 입을 약간 벌리고 있다면, 야콥슨 기관을 통해 냄새를 분석하고 있는 것이다. 이때 고양이가 얼굴을 찡그리는 이 반응을 플레멘 반응이라 부른다.

㉠ 스프레잉

- 고양이는 소변을 통해 자신의 영역을 표시한다.
- 또한 스프레잉은 상대를 위협하거나 정보를 전달하는 수단이 된다.

(4) 상호작용 의사소통

① 비비기(러빙, rubbing)

고양이 사회에서 서로 비비는 행동은 고양이의 사회적 삶에서 매우 중요하고 복합적인 의미를 가진다. 고양이의 페로몬을 발산하는 피지 분비선은 입술, 이마, 뺨, 꼬리, 발바닥 패드에 집중되어 있다.

고양이는 냄새를 남기기 위해 자기 몸 옆구리를 대상에 비비기도 한다. 이 행동은 자신 몸에 있는 페로몬을 대상에 묻히고 정보를 남겨 피아 대상을 구분하고 자신의 정서적 안정을 위해 하는 행동이다.

㉠ 대상에 따른 비비는 위치

- 물건에는 주로 뺨을 비빈다.
- 다른 동물에게는 머리, 몸 옆구리, 꼬리를 혼합해서 비빈다.
- 수컷 고양이가 여러 마리 있는 가정에서는 서열이 높은 고양이가 서열이 낮은 고양이보다 물건에 더 많이 비비는 행동을 한다.

㉡ 옆구리 비비기

- 고양이가 대상에게 옆구리를 비비는 행동은 냄새를 수집하거나 혼합하기 위한 방법이다.
- 이는 고양이와 대상의 유대감과 서열이 낮은 고양이부터 서열이 높은 고양이까지 고양이 사이에서 존중을 표현하기 위한 사회적 행동이다.

㉢ 번팅(bunting)

- 고양이가 보호자 또는 다른 동물에게 자기 머리를 비비는 행동으로 페로몬을 남기기 위한 것이다.
- 번팅 행동은 주로 애착 표현이며, 상황에 따라 고양이의 사회적 지위와 관련된 행동으로 나타난다.
- 보호자가 하루일과를 마치고 집으로 돌아왔을 때 고양이가 뺨과 옆구리를 비비고 번팅해 온다면, 이는 밖에 나는 익숙하지 않은 냄새를 자기 냄새를 묻혀 익숙한 냄새로 만들기 위한 것이다.
- 여러 고양이가 사는 경우는 그들의 공동체 냄새를 보호자에게 묻혀 친숙한 냄새로 만들고, 이를 통해 공동체와 외부 대상을 구분하여 보호하려는 목적이다.

㉣ 서로 비비기 알로러빙(allorubbing)

- 알로러빙은 고양이들이 서로에게 비비는 행동(상호 비비기)으로, 함께 사는 고양이들은 이 행동을 통해 친숙한 공동체 냄새를 만들어 낸다.
- 이는 생존 본능이 발달되어 나타나는 행동으로, 영역 내로 들어오는 고양이가 친숙한 개체인지 침입자인지 구분하기 위해 공동체 냄새를 만들어

내는 것이다.

- 고양이들은 알로 러빙을 하기 전에 서로에게 의사 전달을 하는데, 상대 고양이에게 다가가는 동안 고양이가 꼬리를 들어 올리는데, 이때 그 상대 고양이가 꼬리를 들고 다가온다면 알로러빙이 시작된다.

ⓜ 서로 핥기 알로그루밍(allogrooming)

- 고양이들이 서로 핥아주는 알로그루밍은 친숙한 고양이 사이에서 이루어진다.
- 서로 핥아주는 행동은 사회 구조의 일부이고 공유하는 공간(잠자는 곳, 쉬는 곳)이 있는 고양이들 사이에서만 이루어진다.
- 고양이들이 놀이를 시작하기 위해 핥아주는 행동을 하기도 한다.
- 상대방 고양이 머리를 핥는 경우 놀이가 시작되기도 하고 놀이는 추격과 레슬링 놀이가 이루어질 수 있다.
- 하지만 상대 고양이가 놀이에 응하고 싶지 않을 때, 격양된 분위기로 침착해지고 싶을 때는 놀이를 거절하거나, 놀이를 시작한 고양이를 향해 주먹질할 수도 있다.

ⓑ 고양이의 인사

- 부드러운 분위기 속에 친숙한 고양이 두 마리는 천천히 코 인사부터 시작하게 된다. 고양이들의 인사 방법은 다음과 같다.
- 코 대 코로 냄새 맡기 → 머리 비기기를 하며 서로에게 접근 → 얼굴이나 귀를 핥기 → 항문 냄새를 맡기는 순서로 이루어진다.
- 이때 먼저 머리 비비기를 유도하는 고양이가 서열이 더 높다. 고양이들끼리 서로 익숙하지 않다면, 코 냄새를 맡는 인사만으로 끝날 수 있다.
- 고양이는 보호자에게 다가와 자신의 코를 보호자의 코에 댄 후, 몸을 돌려 엉덩이나 항문을 보여주는 행동을 하기도 한다.
- 이는 고양이가 예의를 지켜 보호자에게 인사를 건네는 행동이다.
- 고양이가 등을 바닥에 대고 편안하게 누워 있는 모습은 보호자를 신뢰한다는 의미로, '나는 너를 믿어'라고 말하는 행동이다.

㉦ 고양이와 사람의 인사

- 낯선 고양이에게 인사를 할 때는 거리를 벌려 눈인사부터 한다.
- 고양이가 눈인사를 받아주었다면, 검지를 뻗어 고양이가 냄새를 맡을 수 있도록 한다.
- 이는 고양이들 사이에서 코를 맞대며 인사하는 행동과 같은 의미다.
- 사람에게 관심이 있는 고양이라면 다가와 냄새를 맡고 손가락을 따라 고양이의 입가나 머리를 비비거나 옆구리를 비빈다.
- 하지만 관심이 없는 고양이의 경우 냄새를 맡지도 않는다.
- 공포나 불안한 분위기가 조성되면, 고양이는 발로 사람을 때리는 행동을 할 수도 있다.
- 고양이가 오히려 뒤로 물러나 똑바로 응시한다면 절대 만져서는 안 된다.
- 이는 공격 의사를 나타내는 신호로, 움직이거나 더 가까이 다가오면 공격할 수 있다는 경고다.

Chapter

05

동물행동 이론

Chapter

05 동물행동 이론

1. 고전적 조건화

1) 반사

(1) 반응과 반사

① 반응(response)이란 의식적인 행동이다.

② 반사(reflex)란 무의식적인 행동이다.

㉠ 예를 들어 개의 입에서 침이 흘러나오는 현상은 반사이다.

표 5-1 반사

개의 입에서 침이 흘러 나온다. → 무의식적인 것 → 반사

(2) 조건 반사와 무조건 반사

조건 반사와 무조건 반사는 '경험'의 유무가 반응 발생의 전제 조건이 되는지 여부에 따라 구분된다.

㉠ 조건 반사(conditioned reflex)는 반복된 경험과 학습을 통해 특정 조건에 반응하게 되는 반사이다.

- 조건 반사는 특정 조건이 반복적으로 주어질 때 형성된 반응이다.
- 조건 반사는 반드시 이전의 경험 또는 학습이 수반되어야 나타난다.

표 5-2 조건 반사와 무조건 반사 예시

예를 들어,
식당이 있는 골목길에 들어섰을 때 김치찌개 냄새가 난다. 김치찌개를 어릴 적부터 먹었던 한국인과 김치찌개를 먹어보지 못한 외국인이 함께 이 길을 지나간다면 서로 어떤 생각을 하게 될까?

김치찌개 냄새를 맡고
한국인 입장) "배고픈데 맛있는 냄새가 나네!"
외국인 입장) "쿰쿰한 냄새가 나네!"

같은 상황이지만 한국인과 외국인의 입장이 서로 다르게 해석될 수 있다.
한국인이라면 김치찌개 냄새를 맡고 군침을 흘릴 것이다. 이는 김치찌개는 맛있는 기억이 소환되어서 자극되었기 때문이다.
외국인이라면 김치찌개 냄새에 대해 불쾌감을 표현할 수 있다. 김치찌개에 대한 경험(조건화)이 되어 있지 않기 때문이다.

㉡ 무조건 반사(unconditioned reflex)는 조건과 관계없이 신체가 본능적으로 일으키는 반사이다.

- 무조건 반사는 대뇌를 거치지 않고 즉각적으로 반응이 일어난다.
- 사람이 뜨거운 난로에 손을 대면 반사적으로 손을 뗀다.

2) 고전적 조건화

(1) 파블로프의 실험

그림 5-1 파블로프의 고전적 조건화

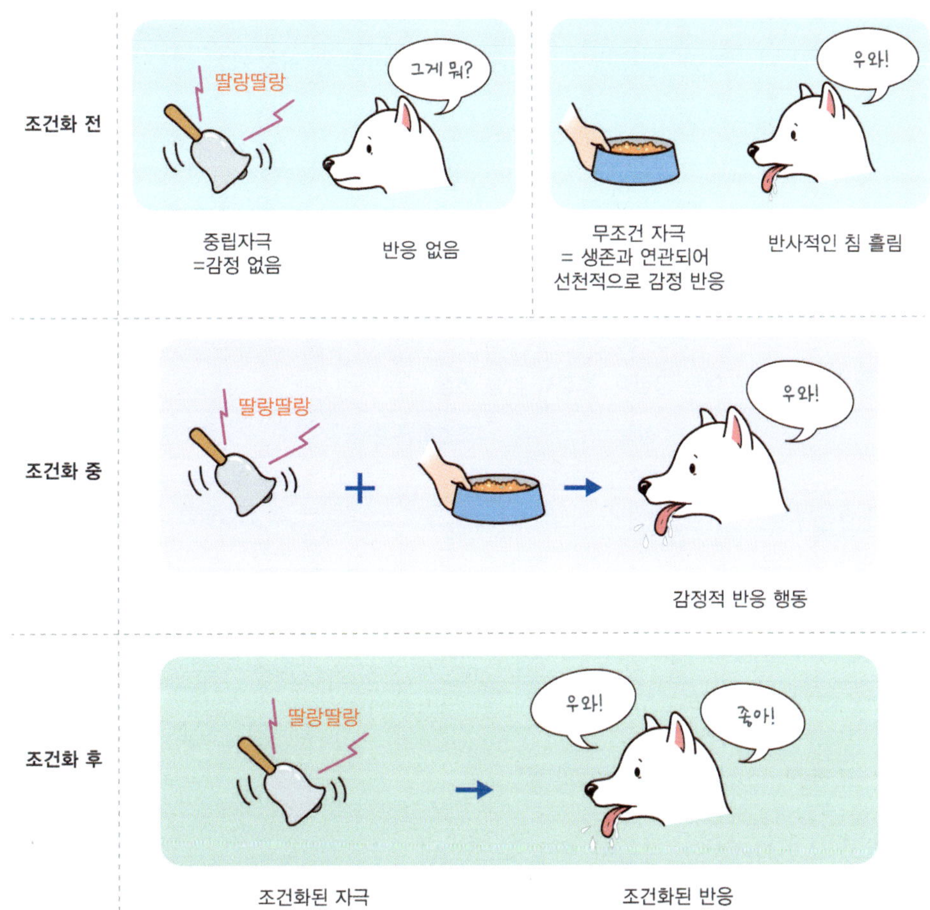

(2) 동물은 연상(연관 작용)을 통해 감정을 배운다.

파블로프의 개 실험은 동물이 연상을 통해 학습한다는 사실을 보여준다.

㉠ 개는 경험을 통해 중립 자극을 긍정적인 자극과 연관 지어 긍정적 조건화를 형성한다.

㉡ 이때 중립 자극의 역할이 중요하다.

㉢ 중립 자극이란 이전까지 개에게 아무런 반응을 일으키지 않았던 자극을 의미한다.

㉣ 고전적 조건화를 통해 동물이 특정 자극을 긍정적인 감정과 연관 지을 수 있도록 교육할 수 있다.

㉤ 동물은 연상(연관 작용)을 통해 감정 반응을 학습한다.

표 5-3 동일 사물에 대한 긍정적, 부정적 감정 연상

	상황	조건화된 반응	결과
긍정적 감정 연상	목줄을 착용할 때마다 산책을 하거나 맛있는 간식(보상)을 제공한다.	개는 즐거운 반응을 보인다.	목줄을 보면 좋은 일이 생긴다고 연상하며 긍정적인 감정을 느끼게 된다.
부정적 감정 연상	목줄을 꺼낼 때마다 고통을 주거나 겁을 준다.	개는 두려워하는 반응을 보인다.	목줄이 보이면 나쁜 일이 생길 것이라고 예측하며, 두려운 감정을 연상하게 된다.

(3) 고전적 조건화의 학습 과정

고전적 조건화에서는 경험이 핵심 요소이다.

㉠ 과거에 특정한 경험을 한다.

㉡ 현재, 그 경험과 유사한 상황이 반복된다.

㉢ 현재 경험을 통해 과거의 일이 연상된다.

㉣ 그 연상이 긍정적, 부정적, 또는 중립적인 감정으로 형성되는지에 따라 이후 행동이 달라진다.

㉤ 연상은 향후 유사한 상황에서 감정적 반응에 영향을 준다.

표 5-4 고전적 조건화 학습 과정

과거 경험이 있다	→	연상이 일어난다. 긍정적 부적정 중립적	→	연상은 향후 경험하게 될 때 감정적 반응에 영향을 미친다.

① 경험을 통한 긍정적인 감정 연상

㉠ 어떤 사람이 과거에 맛있는 김치찌개를 먹은 경험이 있다.

㉡ 이후 김치찌개의 냄새가 어디선가 풍겨온다.

㉢ 과거의 경험이 즐겁고 만족스러웠다.

㉣ 그 사람은 냄새를 맡고 자동적으로 군침이 돈다.

- 고전적 조건화에서는 경험이 중요한 역할을 한다.
- 과거의 경험을 바탕으로 연상이 일어난다.
- 이러한 연상은 이후의 감정적 반응에 영향을 미친다.

표 5-5 사람의 경험을 통한 긍정적 감정 연상

김치찌개가 맛있었다.	→	어디선가 김치찌개 냄새가 난다.	→	군침이 돈다.
과거 경험이 있다.		연상이 일어난다. 긍정적		연상은 향후 경험하게 될 때 긍정적 반응에 영향을 미친다.

② 경험을 통한 부정적 감정 연상

㉠ 어떤 아이가 개를 쫓아오자, 개는 그 상황을 매우 무서워한다.

㉡ 개는 아이에 대한 부정적인 경험을 하게 되어, 아이를 보기만 해도 도망치게 된다.

㉢ 어느 날, 쫓아오는 아이가 너무 무서워 그 공포를 이기지 못한 채 아이를 향해 짖었다.

㉣ 아이는 개 짖는 소리가 무서워 도망쳤다.

㉤ 개는 짖으면 아이가 도망간다는 사실을 경험을 통해 학습했다.

㉥ 이후 개는 아이가 쫓아오면 짖는 행동을 반복하게 되었다.

- 개도 사람과 마찬가지로 연상을 통해 학습한다.
- 개는 학습할 때 연상의 영향을 훨씬 많이 받는다.
- 사람은 스스로에게 진정하자고 말할 수 있지만, 개는 그렇게 할 수 없다.
- 개는 자신이 왜 그런 감정을 느끼는지 스스로 이해하거나 고찰할 수 없다.

표 5-6 경험을 통한 부정적 감정 연상

아이가 쫓아온다.	→	너무 무섭다.	→	돌아서는 아이에게 짖는다.	→	아이만 보면 짖는다.
과거 경험이 있다.		연상이 일어난다. 부정적		연상은 향후 경험하게 될 때 부정적 반응에 영향을 미친다.		감정적 반응이 일반화된다. 부정적

(4) 역조건형성(카운터 컨디셔닝)

① 고전적 역조건형성(classical counter-conditioning)

㉠ 개가 무서워하는 대상을 긍정적인 자극과 연관시켜 행동을 바꿀 수 있다.

표 5-7 고전적 역조건형성 예시

예를 들어,
어느 날 개가 보호자와 함께 산책하고 있었다.
① 한 아이가 개를 쫓아 따라오고 있었다.
② 개는 아이가 쫓아 오는 것을 보고 놀라서 도망치면서 아이를 보고 짖었다.
이렇게 어린아이로부터 무서운 경험을 한 개가 있다.

개 입장) '어린아이= 두려움과 공포'

① 한 아이가 개를 쫓아 따라오고 있었다.

② 개가 아이가 쫓아 오는 것을 봤다.
③ 보호자는 개가 어떤 행동을 하기 전에 맛있는 간식을 개에게 주었다.
④ 보호자는 개가 아이를 볼 때마다 개와 아이의 거리를 벌려 간식을 주었다.
⑤ 개는 점차 아이가 덜 무섭게 되었다.
⑥ 시간이 지나자 개는 아이가 쫓아와도 더 이상 짖지 않게 되었다.

개 입장) '어린아이= 맛있는 간식'

이 때 개에게 진행되는 교육은 개가 감당할 수 있는 수준에서 진행되었다.

ⓛ 개마다 감당할 수 있는 수준은 다르다.
ⓒ 반려동물에게 자기만의 공간은 매우 중요하다.
ⓔ 반려동물마다 감당할 수 있는 거리에서 교육이 이루어져야 한다.
ⓜ 개가 두려워하는 자극이 나타났을 때, 개가 좋아하는 것을 주어 긍정적인 감정을 연관시키는 방법을 고전적 역조건형성 또는 카운터 컨디셔닝(counter-conditioning)이라고 한다.
ⓑ 역조건형성과 둔감화를 병행한다.
ⓢ 일반적으로 역조건형성은 고전적 역조건형성을 의미한다.

요약

고전적 역조건형성은 어떤 자극에 대한 현재의 감정 반응을 다른 자극과 연계해 새로운 감정 반응으로 교육하는 것이다.

표 5-8 교육을 통한 긍정적 감정 연상 변화

개가 무서운 것을 봤다.	→	개가 정말 좋아하는 보상을 받는다.	→	점차 덜 무섭다.	→	더 이상 짖지 않는다.
개가 놀라서 무서운 것으로부터 도망가려고 한다.		무서운 것과 보상에 대해 연관을 짓는다. (감당할 수 있는 수준 유지)		시간이 지날수록 부정적 감정이 중립적 또는 긍정적 감정으로 변한다. (무서운 것=보상)		더 이상 짖을 이유가 없다.

그림 5-2 고전적 역조건형성(카운터 컨디셔닝)

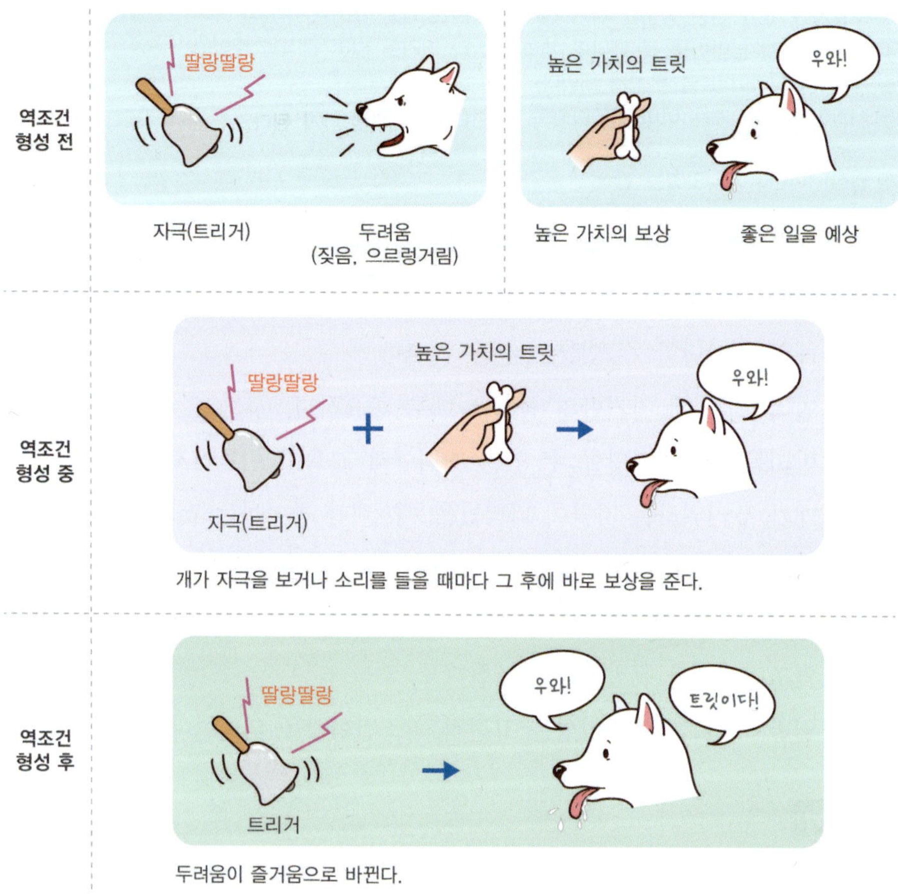

다른 예로 보호자와 반려견이 산책할 때 상황을 살펴보자.

표 5-9 고전적 역조건형성 산책 예시

예를 들어,
보호자가 반려견과 함께 산책하고 있다.
반려견이 지나가던 다른 개에게 달려든다.
이때 대부분 보호자는 "안 돼!"라고 외치며 산책 줄을 잡아당기게 된다.

보호자의 입장) '큰일 날뻔했네!'
개 입장) '아이쿠, 아파'

보호자의 생각) '난 잘못된 행동을 막고 올바른 행동을 가르쳤어!'
개 입장) '개만 만나면 혼나네, 개는 나한테 고통을 주는 존재야!'

보호자가 무심코 한 행동이 반려견에게는 부정적 감정의 원인이 된다.
① 보호자가 산책 줄을 잡아당긴다.
② 개는 이 순간 원하지 않는 고통을 느끼게 된다.
③ 반려견이 다른 개에게 달려드는 것은 인사일 수도 있고, 불편함을 나타낼 수도 있고, 호감의 표시일 수도 있다.
④ 반려견은 어떤 상황인지 이해하지 못한 고통을 느끼게 된다.
⑤ 반려견은 매번 부정적 경험만 하게 된다.
⑥ 반려견은 원치 않는 감정만 증폭된다.
⑦ 보호자가 의도하지 않았지만, 실질적으로 반려견에게 다른 개는 부정적 감정을 갖게 되는 원인(자극)이 된다.
그렇다면 올바른 대처 방법은 무엇인가?

개(자극)에 이미 연관된 부정적인 감정을 긍정적인 감정으로 교체해 주는 것이다.

① 개가 나타난다.
② 개가 나타날 때마다 트릿처럼 반려견이 좋아하는 것을 준다.
③ 반려견은 다른 개가 나타날 때마다 좋은 일이 생긴다고 예상하게 된다.
④ 반려견은 개에게 긍정적인 감정을 연관시키게 된다.
⑤ 개에 대한 반응이 역조건형성된 것이다.

자극이 나타났다.	→	개가 정말 좋아하는 보상을 받는다.	→	점차 덜 무섭다. 좋은 일이 생긴다고 예상한다.	→	더 이상 달려들지 않는다.
자극에 대한 부정적 감정이 있다.		무서운 것과 보상에 대해 연관을 짓는다. (감당할 수 있는 수준 유지)		시간이 지날수록 부정적 감정이 긍정적 감정으로 변한다.		더 이상 짖을 이유가 없다.

표 5-10 용어 설명

용어	설명
자극(트리거 trigger)	개의 스트레스와 반응을 유발하는 자극
(고전적) 역조건형성 또는 카운터 컨디셔닝(counter-conditioning)	개가 두려워하는 자극이 나타나면 개가 좋아하는 것을 주어 긍정적 연관을 가르치는 방법

(5) 둔감화(desensitization) 또는 탈감각화

둔감화란?

㉠ 둔감화는 반려견의 반응을 유발하지 않을 정도로 낮은 강도의 자극에서 시작하여, 점차 자극의 강도를 높이며 역조건형성과 함께 적응을 유도하는 과정이다.

표 5-11 거리와 공간에 대한 둔감화

예를 들어,
길에서 개(자극)를 만나는 것을 무서워하는 반려견이 있다.

보호자는 반려견에게 다른 개를 만나는 것에 대한 스트레스를 줄여주고 싶다.
① 우선 반려견이 감당할 수 있는 거리만큼 거리를 벌린다.
② 이 상황에서 다른 자극이 없이 반려견이 좋아하는 보상을 준다.
- 보상은 간식 또는 즐거운 놀이 등 반려견이 좋아하는 모든 것이 될 수 있다.

③ 반려견이 인지할 수 없는 정도로 차차 거리를 좁힌다.
- 이때 거리 좁히는 정도는 반려견 기준으로 결정된다.

④ 반려견은 점차 개를 무서워하지 않는다.

㉡ 둔감화는 반려견에게 무리가 가지 않도록 자극의 강도를 조절하면서 역조건형성을 진행하는 교육 방식이다.

㉢ 즉, 반려견이 싫어하는 자극이 등장할 때 좋아하는 보상을 함께 제공하여, 부정적인 자극을 긍정적인 감정과 연관되도록 바꾸어 가는 교육이다.

㉣ 이때 반려견과 자극의 거리가 너무 가깝거나 반려견이 과도하게 흥분한 경

우에는 보상을 거부할 수도 있다.

- 거미를 무서워하는 사람은 아무리 맛있는 음식을 받아도 눈앞에 거미가 있다면 견디기 힘들어 음식을 먹지 못한다.

ⓜ 반려견 교육에서 거리나 공간뿐 아니라 소리에 대한 둔감화도 중요하다.

- 공공주택에서 반려견이 벨소리에 짖는 소음은 이웃과의 갈등을 초래할 수 있다.
- 예를 들어, 청소기 소리를 무서워하는 반려견을 교육하려면 어떻게 해야 할까?

표 5-12 소리에 대한 둔감화

예를 들어,
청소기 소리를 무서워하는 반려견이 있다.

청소기 소리를 무서워하는 반려견 교육은
청소기 소리를 들려주며 보상을 주는 역조건형성을 시도 할 수 있다.

그런데 청소기 소리가 너무 무서운 나머지 보상을 거부해 교육을 진행할 수 없다.
어떻게 해야 할까?

① 청소기의 소리를 아주 작게 시작해 공포감을 줄여 들려준다.
② 반려견이 소리에 대한 반응이 없을 때 좋아하는 보상을 준다.
③ 소리와 좋아하는 것은 연관시킨다.
④ 같은 방법으로 차차 소리를 키워 둔감화할 수 있다.

요약

둔감화를 활용하면 무턱대고 자극에 노출하는 방법보다 훨씬 수월하게 두려움을 완화시키고 긍정적인 감정을 연관지을 수 있다.

2. 조작적 조건화

1) 조작적 조건화

(1) 스키너의 실험

① 버튼을 누르면 먹이가 나오는 장치를 갖춘 상자를 설계하였다.

② 배고픈 쥐를 상자 안에 넣었다.

③ 쥐는 상자 안에 버튼을 눌러 먹이를 먹을 수 있는 사실을 학습한다.

④ 쥐는 상자 안에서 버튼을 눌러 먹이를 얻는 행동으로 조작적 조건화되었다.

(2) 동물은 결과를 통해 행동을 배운다.

쥐 실험을 통해 동물은 결과를 통해 행동을 배운다는 것을 알 수 있다.

㉠ 긍정적인 결과를 경험한 경우, 해당 행동을 반복하게 된다.

㉡ 부정적인 결과를 경험한 경우, 해당 행동을 그만두게 된다.

(3) 조작적 조건화 학습 과정

① 행동은 결정에 따라 다음 행동에 영향을 준다.

㉠ 어떤 행동에 대해 그것을 할지 말지 결정을 내리게 된다.

㉡ 그 결정에 따라 결과는 긍정적일 수도 부정적일 수도 있다.

㉢ 긍정적인 결과를 얻은 경우, 그 행동을 계속할 것을 결정한다.

㉣ 부정적인 결과를 얻은 경우, 그 행동을 중단할 것을 결정한다.

표 5-13 조작적 조건화 학습 과정

행동을 할 것인지 하지 않을 것인지 결정한다.	➜	스스로 내린 결정에 결과를 경험한다. 긍정적/부정적	➜	행동한 결과는 다음 행동에 영향을 미친다.

표 5-14 조작적 조건화 예시

예를 들어,
취업 후 급여를 받았다.

① 급여 정도가 만족스러운 긍정적 경험을 했다.
→ 계속 출근한다.
② 급여 정도가 불만족한 부정적 경험을 했다.
→ 직장을 그만 두게 된다.

직장에 다닌다.		급여를 받는다.		계속 출근한다.
행동을 할 것인지 하지 않을 것인지 결정한다.	→	스스로 내린 결정에 결과를 긍정적 경험한다.	→	행동한 결과는 다음 행동에 영향을 미친다.

② 행동을 결정에 따라 2차 결과도 얻는다.

표 5-15 조작적 조건화 2차 결과 예시

예를 들어,
열심히 공부해서 좋은 성적이 나왔다.

① 좋은 성적에 대해 선물을 받았다.
② 좋은 성적과 선물로 인해 계속 열심히 공부한다.

열심히 공부한다.		점수를 잘 받는다.		보상을 얻는다.		계속 노력한다.
행동을 할 것인지 하지 않을 것인지 결정한다.	→	스스로 내린 결정에 결과를 긍정적 경험한다.	→	2차 결과도 얻는다.	→	행동한 결과는 다음 행동에 영향을 미친다.

③ 반려동물에게 긍정적 경험은 더 자주 발생하게 되고 부정적 경험은 점점 줄어들게 된다.

㉠ 개도 결과로 인해 행동을 결정한다.

표 5-16 개는 결과를 통해 행동을 결정한다.

예를 들어,

① 개가 앉는 행동을 결정했다.
- 그랬더니 보호자 잘했다고 관심을 주며 간식을 줬다.
- 개는 긍정적 경험을 했다.
- 개는 관심과 간식을 얻기 위해 더 자주 앉는 행동을 결정하였다.

② 개가 뛰는 행동을 결정했다.
- 그랬더니 보호자 잘했다고 관심을 주며 간식을 줬다.
- 개는 긍정적 경험을 했다.
- 개는 관심과 간식을 얻기 위해 더 자주 뛰는 행동을 결정하였다.

개가 뛴다.		간식을 받는다.		더 자주 뛴다.
행동을 할 것인지 하지 않을 것인지 결정한다.	➜	스스로 내린 결정에 결과를 긍정적 경험한다.	➜	행동한 결과는 다음 행동에 영향을 미친다.

③ 개가 뛰는 행동을 결정했다.
- 그랬더니 보호자 관심을 주지 않고 반응을 보이지 않았다.
- 개는 부정적 경험을 했다.
- 개는 보상이 없다는 사실을 학습했다.
- 점차 덜 뛰는 행동을 결정하였다.

개가 뛴다.		보호자 반응이 없다.		덜 뛰게 된다.
행동을 할 것인지 하지 않을 것인지 결정한다.	➜	스스로 내린 결정에 결과를 부정적 경험한다.	➜	행동한 결과는 다음 행동에 영향을 미친다.

④ 동물에게는 결과(보상)가 즉각적으로 주어져야 한다.

㉠ 동물은 사람과 언어가 다르고 사고 방식 또한 다르다.

㉡ 사람은 결과가 지연되어도 그 내용을 이해하고 기다릴 수 있다.

㉢ 개는 행동 후 결과가 지연되면 행동과 결과를 연결하지 못한다.

㉣ 일정 시간이 지난 후에는 동물에게 결과에 대한 효과를 기대하기 어렵다.

㉤ 동물은 지연된 결과를 이해하지 못한다.

⑤ 동물은 현재의 상황만을 이해한다.

㉠ 사람은 시간이 지나도 대화를 통해 사건을 이해할 수 있다.

㉡ 동물은 시간이 지나면 과거 사건을 이해하지 못하고, 현재 상황에 따른 결과로 받아들인다.

㉢ 동물에게 결과가 늦게 주어지면 부정확하고 신뢰할 수 없는 반응을 보일 수 있다.

㉣ 즉, 동물은 원하는 행동에 대한 결과가 아니라 현재 행동에 대한 결과로 받아들이게 된다.

표 5-17 동물은 현재 사건을 이해한다.

예를 들어,
반려견에게 배변 교육을 하고 있다.
반려견이 보호자가 보는 앞에서 보호자가 원하는 장소에 배변을 잘하였다.
① 보호자가 즉각적인 보상을 준다.
– 반려견은 보호자가 원하는 장소에 배변하여 결과물이 생겼음을 이해한다.

② 보호사가 시긴이 지난 후 반려견이 바닥 냄새를 맡을 때 보상을 준다.
– 반려견은 배변에 대한 결과물이 아닌 바닥 냄새 맡고 있는 행동에 대한 결과물로 이해하게 된다.

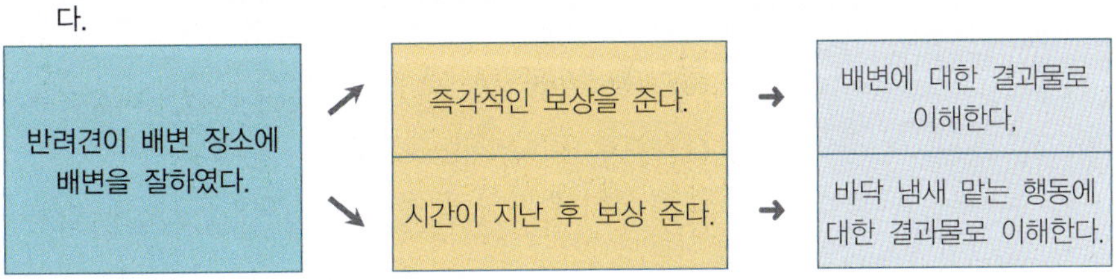

⑥ **손다이크**: 효과의 법칙

㉠ 동물이 특정 자극에 대해 어떤 반응을 보였을 때

- 그 반응이 결과적으로 동물에게 즐거움을 초래할 경우,
- 그때의 자극과 반응이 결합 되어
- 다음의 유사 상황에 놓일 때 그 반응이 일어나기 쉽다.

㉡ 즉, 결과가 만족스러울 경우 자극과 반응의 연결이 강화된다.

㉢ 보상을 받은 행동은 반복될 가능성이 높아진다.

㉣ 따라서 동물이 특정 행동을 하도록 유도하고 싶다면, 동물이 명확히 이해할 수 있도록 의도를 전달해야 한다.

㉤ 원하지 않는 행동에 대해서는 절대 보상이 주어지지 않도록 주의해야 한다.

㉥ 보호자의 관심이 반려견에게 보상으로 작용한다면, 그 상황은 오히려 악화될 수 있다.

⑦ 긍정적 경험은 행동을 강화한다.

㉠ 반려견에게 예의 바른 행동을 교육하려면, 뛰는 중이 아닌 차분히 앉아 있을 때 즉시 보상을 제공해야 한다.

㉡ 반려견이 반복적으로 보상을 얻게 되면 안정적으로 앉는 행동은 점차 강화된다.

㉢ 보호자가 귀가해도 어려움 없이 차분하게 앉는 반려견이 된다.

㉣ 하지만 반려견이 앉은 후 바로 보상을 주지 않는다면 부정확한 행동이 만들어진다.

- 반려견이 바닥 냄새를 맡고 여기저기를 둘러본 후에 보상을 주면,
- 주어진 보상이 앉는 행동에 대한 보상인지 바닥 냄새에 맡은 것에 대한 보상인지 구분하지 못하게 되고,
- 보상 전 행동인 바닥 냄새를 맡는 행동에 대한 보상으로 이해하게 된다.

㉤ 따라서 반려견의 행동을 유심히 관찰하고, 원하는 정확한 행동에 대해 즉시 결과를 제공해야 한다.

㉥ 관찰력과 보상 전달의 정확성에 따라 교육 효과는 크게 달라질 수 있다.

표 5-18 긍정적 경험으로 강화된 행동

선행사건	행동	결과	강화된 행동
보호자가 간식을 든다	개가 보호자 앞에 와서 앉는다	개는 간식을 얻는다.	앞으로 보호자가 간식을 들 때마다, 개가 보호자 앞에 와서 앉는 행동을 더 자주 한다.
보호자가 주방에 간다.	개가 주방에 다가와 꼬리를 흔들며 보호자를 쳐다 본다.	보호자가 주방에서 먹을 것을 꺼내 개에게 준다.	앞으로 개는 보호자가 주방으로 갈 때마다, 보호자 따라다니는 일을 더 자주 한다.
보호자가 집에 온다.	개가 뛰면서 짖는다.	보호자가 환호하면서 간식을 주고 쓰다듬는다.	앞으로 보호자가 귀가하면 개가 뛰고 짖는 행동을 더 자주 강하게 한다.
보호자가 집에 온다.	개가 차분하게 앉는다.	보호자가 관심을 주며 쓰다듬는다. 또는 트릿을 준다.	앞으로 보호자가 귀가하면 개가 차분하게 앉아 있는 행동을 더 자주 한다.

(4) 강화 (처)벌 / 양성과 음성

표 5-19 강화, 처벌, 양성, 음성 의미

강화 (Reinforcement)	– 행동을 더 하게 한다.
처벌 (Punishment)	– 행동을 못 하게 한다.
양성 (Positive)	– 을 제공하여, 정적, 긍정, 더한다.
음성 (Negative)	– 을 제거하여, 부적, 부정, 뺀다.

㉠ 강화는 어떤 행동이 반복될 가능성을 높이는 것이다.

- 개를 부르고 개가 왔을 때 간식을 주면, 이후에도 개가 부름에 응답할 확률이 높아진다.

㉡ (처)벌은 어떤 행동이 반복될 가능성을 낮추는 것이다.

- 개를 부르고 개가 왔을 때 큰 소리로 화를 내면, 이후 개가 다시 오지 않을 가능성이 커진다.
- 이는 보호자가 개가 온 행동을 처벌한 것이다.

㉢ '(처)벌'이라는 단어를 오해하면 안 된다.

- '(처)벌'이란 때리거나 혐오 자극을 주는 행위가 아니라, 어떤 행동이 일어날 가능성을 감소시키는 것이다.
- 즉, 하고 싶은 행동을 하지 못하게 제한하는 것을 의미한다.
- 보호자들은 종종 반려견이 오기 전 이름을 반복해서 부르고, 막상 오면 늦게 왔다고 소리를 지르기도 한다.
- 이는 반려견이 이름을 듣고 온 것에 대해 처벌한 셈이 된다.
- 결국 반려견은 점점 이름에 반응하지 않게 된다.

㉣ 양성은 어떤 것을 '더하는 것'을 의미한다.

㉤ 음성은 어떤 것을 '제거하는 것'을 의미한다.

(5) 양성강화, 음성강화, 양성처벌, 음성처벌

표 5-20 양성강화, 음성강화, 양성처벌, 음성처벌 의미

	강화(Reinforcement)	처벌(Punishment)
양성 (Positive, +, ↑)	긍정적 자극을 주어 행동을 더 자주 하게 한다.	부정적 자극을 주어 행동을 못 하게 한다.
	더해서 가능성을 증가시키는 것이다.	더해서 가능성을 감소시키는 것이다.
음성 (Negative, −, ↓)	부정적 자극을 제거하여 행동을 더 자주 하게 한다.	긍정적 자극을 제거하여 행동을 못 하게 한다.
	제거해서 가능성을 증가시키는 것이다.	제거해서 가능성을 감소시키는 것이다.

① 잘하는 행동에 대해 원하는 것을 더해 주어, 동물이 그 행동을 더 자주 하도록 유도하는 방식이 양성 강화(Positive Reinforcement)이다.

㉠ 개가 앉는 행동을 했을 때 보상을 주어, 해당 행동이 더 자주 일어나게 유도하는 방식이다.

㉡ 보상을 더해 준다(Positive: 좋아하는 것이 더해짐).

㉢ 행동을 더 자주 일어나게 만드는 것(Reinforcement)이다.

② 원하지 않는 행동에 대해 좋아하는 것을 제거하여 행동을 줄이는 방식이 음성 처벌(Negative Punishment)이다.

㉠ 개가 뛰는 행동을 했을 때 보호자가 관심을 보이지 않아, 점차 그 행동이 줄어드는 방식이다.

㉡ 관심을 보이지 않아(Negative: 좋아하는 것이 사라짐)

㉢ 뛰는 행동을 줄이는 방식이다(Punishment).

③ 즉, 바람직한 행동은 강화하고, 원하지 않는 행동은 그 원인을 제거하여 감소시키는 것이다.

④ 원하지 않는 행동에 싫어하는 자극을 더해 행동을 줄이는 방식이 양성 처벌(Positive Punishment)이다.

㉠ 개가 쓰레기통을 뒤질 때마다 풍선을 터뜨려 놀라게 하면, 그 행동은 점차 줄어든다.

㉡ 혐오 자극이 추가되어(Positive: 싫어하는 것이 더해짐)

㉢ 쓰레기통을 뒤지는 행동을 줄이는 방식이다(Punishment).

⑤ 불쾌한 자극을 제거하여 원하지 않는 행동을 바람직한 방향으로 유도하는 방식이 음성 강화(Negative Reinforcement)이다.

㉠ 보호자가 초크체인을 사용하여 산책 교육을 할 때, 개가 줄을 당기면 조임으로 인해 고통을 느끼고, 보호자에게 가까이 다가오면 조임이 풀려 고통이 사라져 보호자 옆에 머무는 행동이 증가하는 방식이다.

㉡ 목 조이는 자극이 사라져(Negative: 싫어하는 것이 사라짐)

㉢ 보호자 옆에 머무는 행동이 더 자주 나타나게 되는 것이다(Reinforcement).

표 5-21 긍정 교육과 혐오 교육

긍정 교육 (보상)		혐오 교육 (혐오자극)	
칭찬 뒤 보상이 있다.	관심과 보상 없다.	채벌이나 꾸짖음의 혐오자극이 있다.	채벌이나 꾸짖음의 혐오자극이 없다.
개가 어떤 행동을 한다.			
행동 발생을 증가시키기 위해 양성 강화로 교육한다.	행동 발생을 감소시키기 위해 음성 처벌로 교육한다.	행동 발생을 감소시키기 위해 양성 처벌로 교육한다.	행동 발생을 증가시키기 위해 음성 강화로 교육한다.
좋은 것이 생겼어! 다시 해도 괜찮아!	해봤는데 소용없네! 그만해야지!	아프고 끔찍했어! 하지 말아야지!	너무 아파! 살기 위해서 해야겠어!
개가 즐거워하며 어떤 행동이 증가한다.	개가 관심받지 못한 어떤 행동이 감소한다.	개의 혐오자극이 더해져 어떤 행동이 감소한다.	개의 혐오자극이 사라져 어떤 행동이 증가한다.
개가 교육 참여에 긍정적이고 자발적이다.		개가 교육 참여에 부정적이고 피한다.	

표 5-22 기법에 대한 예시

기법	내용	예
양성 강화 Positive Reinforcement	좋은 것이 주어진다. → 행동이 증가한다. 좋아하는 것을 더해주어 한 행동이 다시 발생할 가능성을 높인다.	개가 앉으면 간식을 준다. 앉는 횟수가 증가한다.
음성 처벌 Negative Punishment	좋은 것이 사라진다. → 행동이 감소한다. 좋아하는 것을 제거하여 한 행동이 다시 발생할 가능성을 낮춘다.	개가 뛰어오를 때마다 멀어진다. 뛰어오르는 횟수가 감소한다.
양성 처벌 Positive Punishment	나쁜 것이 일어난다. → 행동이 감소한다. 싫어하는 것을 더해서 한 행동이 다시 발생할 가능성을 낮춘다.	개가 짖을 때마다 쇼크를 준다. 짖는 횟수가 줄어든다.
음성 강화 Negative Reinforcement	나쁜 것이 사라진다. → 행동이 증가한다. 싫어하는 것을 제거하여 한 행동이 다시 발생한 가능성을 높인다.	개가 다가오면 쇼크가 멈춘다. 부를 때 다가오는 횟수가 증가한다.

표 5-23 기법 교육 예시

기법	내용	설명
양성 강화 Positive Reinforcement	개에게 '이리 와.' 교육을 할 때, 개가 올 때마다 보상을 해준다.	개가 좋아하는 먹이를 줘서 다음에도 오게 할 가능성을 증가시킨다.
음성 처벌 Negative Punishment	집에 왔을 때 개가 뛰어올라도 아무도 반응을 하지 않고, 반겨주지도 않으며, 무관심하게 다른 곳 쳐다보기를 반복하면 반기는 행동을 더 이상 하지 않게 된다.	개가 원하는 보호자의 관심을 제거해서 마구 뛰어오르는 행동을 감소시킨 것이다.
양성 처벌 Positive Punishment	개가 쓰레기통을 뒤지는 것을 막기 위해 풍선을 터뜨린다.	개가 쓰레기통을 뒤지다가 풍선 터지는 소리 때문에 깜짝 놀라게 되면, 그 이후에는 쓰레기통을 뒤지지 않게 된다. 개에게 나쁜 일이 일어나서 그 행동을 하지 않게 된다.
음성 강화 Negative Reinforcement	'초크체인'을 사용한 산책 교육을 할 때 개가 앞으로 나가면 목이 조여 고통을 느끼지만, 개가 보호자 옆으로 오면 줄이 느슨해진다.	개가 옆으로 오면 압박이 제거되어 고통이 제거된다. 다음에도 개는 자기의 목이 졸리거나 잡아당겨져 발생하는 고통을 피하려고 한다. 개가 옆으로 올 가능성이 높아진다.

(6) 기법을 분류하는 방법

① 행동을 정확히 정의한다.

㉠ 반려견과 산책할 때, "나는 반려견이 줄을 당기며 걷는 것이 싫어."

㉡ "나는 반려견이 내 옆에서 천천히 걷는 것이 더 좋아."

㉢ 하나의 상황에서는 보통 두 가지 행동 중 하나를 선택하게 된다.

② 행동을 증가시킬지, 감소시킬지를 결정한다.

㉠ 행동을 증가시키고자 한다면, 강화가 필요하다.

- 반려견이 옆에서 걷는 행동을 증가시키려면 강화해주는 것이 효과적이다.

㉡ 행동을 감소시키고자 한다면, 처벌을 적용한다.

- 줄을 잡아당기는 행동을 줄이기 위해서는 처벌을 사용한다.

③ 어떤 자극을 더할지(양성) 혹은 제거할지(음성) 결정한다.

㉠ 반려견이 옆으로 다가오도록 간식을 준다면

- 좋아하는 자극을 더하는 것이므로 양성 강화에 해당한다.

㉡ 반려견이 줄을 당기지 못하도록 줄을 강하게 잡아당긴다면

- 싫어하는 자극을 더하는 것이므로 양성 처벌에 해당한다.

㉢ 반려견이 옆으로 다가오도록 초크체인의 조임을 완화한다면

- 싫어하는 자극을 제거하는 것이므로 음성 강화에 해당한다.

㉣ 반려견이 줄을 당기면 산책을 멈춘다면

- 좋아하는 자극을 제거하는 것이므로 음성 처벌에 해당한다.

㉤ 행동을 증가시키기 위해 싫어하는 자극을 제거했다면 음성 강화이다.

- 음성 강화를 제대로 사용하려면 동물이 올바른 행동을 할 때 그 순간 바로 싫어하는 것을 제거해 줘야 한다.

㉥ 행동을 감소시키기 위해 싫어하는 자극을 더했다면 양성 처벌이다.

표 5-24 기법을 분류하는 방법

<table>
<tr><td rowspan="2">행동 정의</td><td colspan="4">행동을 정의한다.</td></tr>
<tr><td colspan="4">“나는 반려견이 내 옆에서 함께 가는 것이 더 좋아.”
“나는 줄을 당기고 산책하는 것이 싫어.”</td></tr>
<tr><td>↓</td><td colspan="2">↓</td><td colspan="2">↓</td></tr>
<tr><td rowspan="3">증가 / 감소</td><td colspan="4">행동을 증가시킬지 감소시킬지 결정한다.</td></tr>
<tr><td colspan="2">행동을 증가시킨다.</td><td colspan="2">행동을 감소시킨다.</td></tr>
<tr><td colspan="2">옆으로 오면 좋겠어.</td><td colspan="2">줄을 당기지 않았으면 좋겠어.</td></tr>
<tr><td>↓</td><td colspan="2">↓</td><td colspan="2">↓</td></tr>
<tr><td rowspan="2">강화 / 처벌</td><td colspan="2">강화한다.</td><td colspan="2">처벌한다.</td></tr>
<tr><td colspan="2">옆으로 오는 행동을 강화한다.</td><td colspan="2">줄 당기는 행동을 감소시킨다.</td></tr>
<tr><td>↓</td><td colspan="4">↓</td></tr>
<tr><td rowspan="3">+ / −</td><td colspan="4">어떤 것을 더해줄지(양성,+) 제거할지(음성,−) 결정한다.</td></tr>
<tr><td>좋아하는 것을
더한다. (+)</td><td>싫어하는 것을
제거한다. (−)</td><td>싫어하는 것을
더한다. (+)</td><td>좋아하는 것을
제거한다. (−)</td></tr>
<tr><td>간식을 준다.</td><td>가까이 가면 목조임이 없어진다.</td><td>줄을 잡아당겨 자극을 준다.</td><td>산책을 그만둔다.</td></tr>
<tr><td>↓</td><td>↓</td><td>↓</td><td>↓</td><td>↓</td></tr>
<tr><td rowspan="2">기법</td><td>양성 강화</td><td>음성 강화</td><td>양성 처벌</td><td>음성 처벌</td></tr>
<tr><td>옆으로 오면 간식을 준다.</td><td>옆으로 오면 자극이 사라진다.</td><td>반려견이 줄을 당기면 보호자도 줄을 당긴다.</td><td>반려견이 줄을 당기면 산책을 그만둔다.</td></tr>
<tr><td>↓</td><td colspan="2">↓</td><td colspan="2">↓</td></tr>
<tr><td rowspan="2">결과</td><td>반려견이 보호자 옆으로 오는 빈도가 증가한다.</td><td>반려견이 줄을 당기는 빈도가 줄어든다.</td><td>반려견이 줄을 당기는 빈도가 줄어든다.</td><td>반려견이 보호자 옆으로 오는 빈도가 증가한다.</td></tr>
<tr><td colspan="4">반려견이 산책하면서 줄을 당기지 않는다.</td></tr>
</table>

3. 습관화

1) 습관화란?

익숙해짐

① 자극의 수용에 대한 학습

㉠ 반려동물은 사람과 함께 살게 되면서 자연 상태에서 비롯된 자극과 사람으로부터 유래한 자극에 노출된다.

㉡ 이러한 환경에서 반려동물은 자극을 수용해도 되는 것인지, 무시해도 되는 것인지, 혹은 반응해야 하는 것인지 학습하게 된다.

② 습관화

㉠ 동물은 어떤 자극에 반복적으로 노출되면서 점차 익숙해지고, 그 자극에 대한 반응이 줄어들게 된다.

㉡ 이를 습관화라고 한다.

㉢ 예를 들어, 우리가 공항 근처로 이사하게 되면 처음에는 비행기 엔진 소리에 민감하게 반응한다.

㉣ 시간이 지날수록 비행기 엔진 소리에 둔감해지고, 결국에는 의식조차 하지 않게 된다.

㉤ 반려동물도 마찬가지로 이러한 과정을 겪게 된다.

③ 습관화는 반려동물이 학습하게 되는 가장 흔한 방식이다. 반복적인 자극에 노출됨으로써 특정 자극이나 상황에 대해 두려움을 갖지 않도록 도와주는 것이다.

2) 습관화의 두 형태: 홍수법과 둔감화

표 5-25 홍수법과 둔감화

방법	내용
홍수법(flooding)	동물이 반응을 멈출 때까지 최대로 강한 자극에 노출시키는 것이다. - 자극의 성질과는 상관없이 아무런 결과가 없다면 그 자극을 무시하는 것을 배우게 된다.
탈감각화(둔감화)	동물이 반응하지 않는 아주 낮은 자극에서 서서히 자극의 세기를 높여 최대 자극에 적응하는 것을 배우게 된다.

3) 고전적 역조건형성과 조작적 역조건형성

(1) 고전적 역조건형성

새로운 연관을 통해 조건을 형성하는 것이다.

㉠ 반려견이 벨소리에 민감하여 벨소리만 들리면 짖는다면,

㉡ 벨소리와 맛있는 간식을 연관 지어, 벨소리를 긍정적인 자극으로 인식하도록 교육하는 것이다.

㉢ 일반적으로 고전적 역조건형성과 둔감화는 병행하여 진행된다.

(2) 조작적 역조건형성

동시에 일어날 수 없는 대체 행동을 교육하는 것이다.

㉠ 다른 개만 보면 격하게 짖는 반려견이 있다.

㉡ 이 반려견에게 다른 개를 볼 때마다 보호자에게 시선을 두고 집중할 수 있도록 교육하는 것이다.

㉢ 반려견은 짖는 행동과 먹는 행동을 동시에 할 수 없다.

㉣ 다른 개가 지나갈 때마다 보호자를 바라보게 교육하고, 바라볼 때마다 보상을 주어 보호자에게 집중하도록 한다.

㉤ 다른 개를 보면 '보호자에게 집중한다'로 반려견의 행동을 전환하는 것이다.

ⓑ 둔감화 교육과 같이 진행된다.

(3) 공격적인 모습을 보이는 반려견을 교육할 때

① 양성 강화 교육

㉠ 대상에 대해 공격적인 모습을 보이는 반려견을 교육할 때는 양성 강화의 교육 방식을 사용해야 한다.

㉡ 조작적 조건형성을 통해 교육할 때 고전적 조건형성도 함께 일어난다.

㉢ 동물은 대체 행동뿐만 아니라 연관도 배우게 된다.

㉣ 예를 들어 다른 개를 쳐다보면 미친 듯이 짖는 반려견에게 개를 볼 때마다 목줄 당겨 더 심한 혐오자극을 주게 되면 개는 고통이라고 연관 짓게 된다.

㉤ 이는 개를 더욱 공격적으로 만들고 개를 볼 때마다 과거보다 더 미친 듯이 달려드는 개가 된다.

ⓑ 상대방과 긍정적으로 연관되도록 하기 위해서는 혐오자극을 주는 교육 방식보다는 양성 강화 방식을 사용하는 것이 바람직하다.

4) 소거와 자발적 회복

(1) 소거와 자발적 회복

① 소거

㉠ 소거란 어떤 행동을 했을 때 결과물이 주어지지 않으면, 그 행동이 점차 줄어들거나 사라지게 되는 과정을 의미한다.

㉢ 초반에는 행동의 강도나 빈도가 일시적으로 증가하는 '소거 폭발(extinction burst)' 과정을 거칠 수 있다.

그림 5-3 소거와 소거 폭발

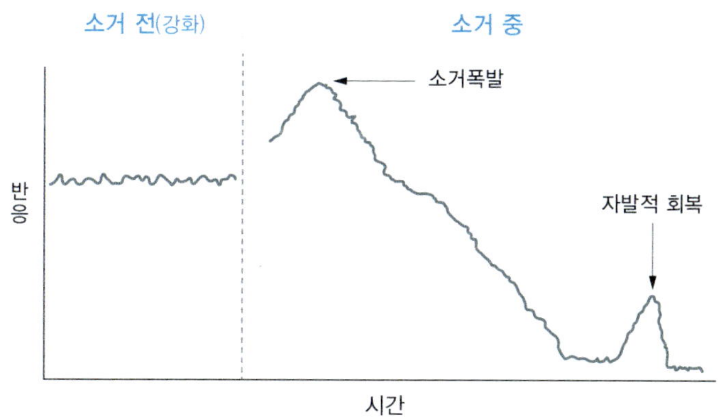

㉣ 짖는 강도가 조용할수록 0, 심하게 짖을수록 10이라고 했을 때, 집에서 3 정도의 크기로 열심히 짖는 개가 있다.

- 짖는 행동을 바꾸기 위해 교육을 진행하다 보면, 짖는 빈도가 점점 잦아져 5~6 정도까지 커지는 것을 볼 수 있다.
- 보호자가 짖는 행동에 관심을 보이지 않는다면, 이 행동은 더 이상 강화되지 않아 점차 사라지게 된다.
- 교육을 계속하면 결국 1~0 정도의 크기까지 줄어들 수 있다.
- 하지만 대부분의 보호자는 짖는 강도가 5~6 정도로 높아지고 빈도도 증가하면, 주변에 피해가 우려되어 교육을 포기하게 된다.
- 교육을 중단한 경우, 반려견은 5~6 정도의 강도와 빈도로 짖는 행동을 지속하게 된다.

② 자발적 회복(spontaneous recovery) 또는 재발(resurgence)이란?

㉠ 오랫동안 강화된 적이 없음에도 불구하고, 갑자기 그 행동이 다시 나타나는 것을 말한다.

㉡ 이는 과거 행동을 기억하는 학습 체계로 인해 발생한다.

㉢ 따라서 교육할 때 자발적 회복과 소거 폭발을 항상 염두에 두어야 한다.

㉣ 보호자는 반려견 교육 이후 지금의 바람직한 행동을 유지할 수 있도록 꾸준히 노력해야 한다.

㉤ 자발적 회복으로 이전 상태로 돌아간 반려견은 교육을 통해 다시 현재의 모습으로 빠르게 회복될 수 있다.

㉥ 보호자는 반려견에게 꾸준한 관심과 긍정적인 보상을 제공해 현재의 행동이 지속되도록 해야 한다.

㉦ 과거의 바람직하지 않은 행동을 교육으로 새로운 행동으로 바꾸었을 때, 그 행동은 얼마나 오래 지속될 수 있을까?

㉧ 개가 한 번 학습한 정보는 뇌에서 쉽게 사라지지 않는다.

㉨ 적절한 행동은 꾸준히 강화하고, 바람직하지 않은 행동은 강화하지 않으면 지속된다.

㉩ 바람직한 행동은 짧은 간격으로 자주 강화하고, 바람직하지 않은 행동은 전혀 강화하지 않아야 습관으로 굳어진다.

㉪ 교육은 꾸준히 반복되어야 습관으로 자리 잡을 수 있다.

4. 동물의 학습 방법

1) 인상화(Imprinting)

① 인상화는 동물이 태어나서 얼마 되지 않은 기간 동안 특정 자극에 강하게 반응하여 학습하는 현상을 말한다. 마치 도장을 찍듯이, 이 시기에 접한 대상이 평생 동안 그 동물의 행동에 큰 영향을 미치는 것이다.

② 예를 들어, 병아리는 부화 직후 어미의 모습과 소리를 기억하고, 이를 통해 어미를 인식하고 따라다닌다. 이러한 현상을 인상화라고 부르는데, 이 시기를 '수용적 기간'이라고 한다.

로렌츠는 거위 새끼를 대상으로 한 실험에서, 부화 직후 새끼들이 자신을 따라다니는 것을 관찰하고 인상화 현상을 밝혀냈다. 이는 새끼들이 부화 직후 처음 접하는 움직이는 대상을 어미로 인식하고, 이후 그 대상을 따라다니는 행동을 보인다는 것을 의미한다.

③ 인상화는 단순히 대상을 인식하는 것을 넘어, 그 대상과의 사회적 유대 형성에도 중요한 역할을 한다. 예를 들어, 어린 동물이 다른 종의 동물에게 길러지면, 자신이 속한 종이 아닌 길러준 종에게 더 강한 애착을 느끼고, 심지어 짝짓기 상대로 선택할 수도 있다. 이러한 현상은 성적 인상화라고 불리며, 동물의 사회적 행동에 큰 영향을 미친다.

따라서 인상화는 동물의 생존과 번식에 필수적인 사회적 유대 형성에 있어 매우 중요한 역할을 한다고 할 수 있다.

㉠ 적응적 의의

- 동물의 학습은 자손이 부모로부터 생존에 필요한 기술을 빠르게 습득하도록 돕는 중요한 과정이다.
- 새끼 새들이 부모를 관찰하며 날갯짓을 배우거나, 새끼 고래가 어미의 울음소리를 따라 하며 자신의 노래를 만드는 것은 대표적인 예시이다.

- 이러한 학습은 단순히 개체의 생존뿐만 아니라 종족의 번식에도 기여한다.
- 즉, 새끼들이 빠르게 성장하여 독립적인 삶을 살 수 있도록 돕고, 이는 곧 종족의 번성으로 이어진다.
- 특히 신생아의 경우, 학습을 통해 생존에 필요한 기본적인 기술들을 습득하고, 미래의 번식 활동을 위한 사회성을 형성한다.

㉡ 인상화의 특징

- 중요한 민감 기간 동안 발생한다.
- 인상화는 불가역적이다.
- 즉, 인상화된 지식은 평생 유지된다.
- 개인 동물은 특정 종에 대한 선호를 형성하며, 종종 자신의 종 구성원보다는 학습된 자극을 더 선호하는 경향을 보인다.
- 즉, 유전적으로 타고난 본능보다는 후천적으로 학습한 경험을 통해 특정 종의 개체나 사물에 대한 선호도가 형성된다는 것이다.
- 이러한 현상은 동물의 학습 능력과 환경 적응 능력을 보여주는 중요한 증거이다.
- 일부 행동은 인상화의 영향을 더 많이 받는다.
- 예를 들어, 인상화가 동물의 미래 성적 파트너 선택에 영향을 미칠 수 있다.
- 스트레스 자극은 인상화를 강화한다.

2) 비연상적 학습

(1) 습관화(Habituation)

① 습관화는 자극이 반복적으로 제시될 때 반응이 감소하는 현상이다.

② 즉, 보상이나 처벌과 관련 없는 자극의 지속적인 반복은 그 자극에 대한 반응을

유도하지 않게 된다.

③ 예를 들어, 새들은 허수아비를 무시하는 법을 배우게 된다.

④ 동물은 바람, 구름, 그림자, 파도 움직임 등과 같은 관련 없는 자극에 반응하지 않게 된다.

⑤ 의의: 습관화는 동물이 중요한 단서나 신호를 인식하고, 끊임없이 변화하는 환경에 적응하는 데 도움을 준다.

(2) 민감화(Sensitization)

① 민감화는 습관화의 반대 개념으로, 자극이 반복적으로 제시될 때 반응이 증가하는 현상이다. 이 자극은 불쾌하거나 혐오감을 주어야 한다.

② 예를 들어, 쥐가 불쾌한 자극(예: 매우 밝은 빛)을 경험한 직후, 그 쥐는 일반적으로 반응하지 않았던 다른 신호(예: 소음이나 빛)에 대해 과민하게 반응할 수 있다.

③ 농장 동물의 경우, 특정 자극에 대한 반응성이 높아지는 현상은 대부분 먹이를 얻거나 위험을 피하는 등 생존과 직결된 경험과 밀접한 관련이 있다.

④ 즉, 맛있는 먹이를 얻거나 포식자를 피하는 등의 보상 또는 처벌 경험 이후에 해당 자극에 대한 민감도가 높아지는 것이다.

⑤ 예를 들어, 닭은 먹이를 주는 사람을 보면 먹이를 달라고 울거나 다가가는 행동을 보이는데, 이는 과거 먹이를 받은 긍정적인 경험으로 인해 해당 사람과 먹이를 연결짓고 있기 때문이다.

⑥ 마찬가지로, 소는 젖을 짜는 과정에서 불쾌한 경험을 하게 되면 젖 짜는 사람을 보거나 젖 짜는 소리가 들릴 때 불안해하거나 저항하는 행동을 보일 수 있다.

⑦ 이처럼 농장 동물의 행동은 과거의 경험에 의해 학습되고 강화되며, 이러한 학습된 반응은 동물의 복지와 생산성에 영향을 미칠 수 있다.

3) 연상적 학습

연상적 학습은 동물이 어떤 사건과 그 결과를 연관 짓는 것을 의미한다. 연상적 학습에는 두 가지 유형이 있다: 고전적(파블로프) 조건형성과 조작적 조건형성(시행착오 학습)이다.

(1) 고전적(파블로프) 조건형성

① 고전적 조건형성은 새로운 자극에 대한 반응을 기존 자극과 연관지어 획득하는 과정이다. 이 과정은 동물이 제어할 수 없는 사건들의 연관을 포함하며, 동물은 환경 내 사건들을 예측할 수 있게 된다.

② 이 과정에서 동물은 조건 자극과 무조건 자극 간의 연관을 통해 환경의 사건을 예측하고 적절한 반응을 학습하게 된다.

(2) 조작적 조건형성(시행착오 학습)

① 조작적 반응은 동물이 스스로 환경에 작용하여 특정 결과를 얻고자 하는 행동을 말한다. 조작적 반응은 보상을 얻기 위한 수단으로 사용되는 자발적인 활동이라고 할 수 있다.

② 시행착오 학습은 조작적 반응을 강화하는 대표적인 학습 방식이다. 동물은 다양한 행동을 시도해 보고, 그 결과에 따라 행동을 수정해 나간다. 즉, 보상을 받는 행동은 반복하고, 처벌을 받는 행동은 줄여나가는 것이다. 이러한 과정을 통해 동물은 특정 상황에서 어떤 행동을 하면 보상을 얻을 수 있는지를 학습하게 된다.

③ 따라서 조작적 조건형성은 개체의 행동과 그 결과 사이의 연관성을 강화하는 과정이라고 할 수 있다. 긍정적인 결과(보상)는 특정 행동을 반복하도록 유도하고, 부정적인 결과(처벌)는 특정 행동을 감소시키는 효과를 가져온다. 즉, 조작적 조건형성은 개체가 환경과의 상호작용을 통해 학습하고 적응하는 과정을 설명

하는 중요한 개념이다.

④ 스키너 상자 실험은 단순히 동물의 행동을 관찰하는 것을 넘어, 인간의 학습과 행동에도 시사하는 바가 크다. 학교에서의 보상 시스템, 기업의 인센티브 제도 등 우리 주변에서 흔히 볼 수 있는 많은 현상이 조작적 조건형성의 원리에 기반하고 있다. 따라서 스키너 상자 실험은 심리학, 교육학, 그리고 다양한 사회과학 분야에서 널리 활용되고 있다.

표 5-26 고전적 조건형성과 조작적 조건형성의 차이점

고전적 조건형성(Classical Conditioning)	조작적 조건형성(Operant Conditioning)
새로운 자극에 대한 반응을 기존 자극과 연관시켜 획득한다.	자발적인 활동이 보상을 가져온다.
동물이 제어할 수 없는 사건들을 연관 지을 수 있게 된다.	동물이 제어할 수 있는 사건들을 연관 지을 수 있게 된다.
사건을 예측할 수 있게 된다.	동물의 환경 제어 능력이 향상된다.
보상을 자극과 연관시킨다.	보상이 반응과 연관된다.

⑤ 조작적 조건형성의 적용

㉠ 조작적 조건형성은 동물이 특정 행동을 하면 그 행동 결과에 따라 그 행동을 반복하거나 중단하는 학습 과정이다.

㉡ 즉, 동물의 행동이 환경에 미치는 영향을 통해 학습이 이루어지는 것이다.

㉢ 이러한 학습 과정에서 강화와 처벌이 중요한 역할을 한다.

㉣ 강화는 특정 행동을 한 후에 긍정적인 결과가 나타나면 그 행동이 반복될 가능성이 높아지는 것을 의미한다.

㉤ 조작적 조건형성은 동물 훈련뿐만 아니라 다양한 분야에 응용될 수 있다.

㉥ 예를 들어, 심리 치료 분야에서는 강화를 이용하여 불안 장애나 우울증 환자의 행동을 변화시키는 치료법이 사용되고 있다. 또한, 교육 분야에서는 학생들의 학습 동기를 높이기 위해 강화를 활용하는 다양한 방법들이 연구되고 있다.

(3) 형태 설정(Shaping)

① 형태 설정은 동물에게 특정 행동을 가르칠 때, 처음부터 완벽한 행동을 기대하기보다는 작은 단계별 성공을 통해 점차 원하는 행동으로 이끌어가는 훈련 방법이다.

② 이는 마치 레고 블록을 쌓아 탑을 만드는 것과 같다. 처음부터 완성된 탑을 만들려고 하기보다는 작은 블록부터 차곡차곡 쌓아 올려가면서 점차 높은 탑을 완성하는 것처럼, 동물 훈련에서도 작은 성공을 축적하여 최종 목표를 달성하는 것이다.

③ 반려동물 행동지도사는 동물이 원하는 행동을 하기 시작할 때까지 기다리기만 하는 대신, 동물의 행동을 조금씩 변화시켜 원하는 행동에 가깝게 만들 수 있다.

④ 예를 들어, 개에게 '앉아' 명령을 가르칠 때, 처음에는 개가 엉덩이를 살짝 낮추는 작은 행동에도 보상을 제공하여 점차 앉는 자세를 완벽하게 만들 수 있다. 이러한 과정을 통해 동물은 반려동물 행동지도사가 원하는 행동을 수행하는 데 익숙해지고, 궁극적으로 원하는 행동을 자연스럽게 수행하게 된다.

⑤ 하지만 형태 설정은 인내심을 요구하는 과정이다. 동물은 사람처럼 한 번에 모든 것을 이해하지 못하기 때문에, 반려동물 행동지도사는 동물의 학습 속도에 맞춰 천천히 그리고 꾸준하게 훈련해야 한다.

(4) 소멸(Extinction)

① 소멸은 학습된 반응이 더 이상 보상으로 이어지지 않을 때 발생한다.

② 동물이 올바른 반응에 대해 보상을 받지 않으면 행동이 감소하거나 소멸되는 것은 분명하다.

③ 소멸은 일반적으로 본능적인 행동으로의 회귀를 동반한다.

4) 잠재적 학습 또는 탐색 학습(Latent or Exploratory Learning)

① 동물은 단순히 현재의 욕구를 충족시키기 위해 행동하는 것이 아니라, 미래를 대비하여 학습하는 능력을 가지고 있다.

② 즉, 새로운 환경을 탐색하며 얻은 정보를 잠재적으로 기억하고 있다가, 필요한 순간에 활용할 수 있는 것이다.

③ 마치 쥐가 자신의 굴 주변 환경을 미리 탐색하여 포식자로부터 빠르게 벗어날 수 있는 길을 익혀두는 것처럼 말이다.

④ 이러한 잠재 학습은 동물의 생존에 매우 중요한 역할을 한다.

⑤ 예를 들어, 먹이를 찾아 낯선 지역을 탐색하는 동안 동물은 다양한 위험 요소와 안전한 은신처에 대한 정보를 얻을 수 있다.

⑥ 비록 당장 이 정보가 생존에 직접적으로 필요하지 않더라도, 미래에 위험에 처했을 때 이 정보는 생존 확률을 높여줄 수 있다.

⑦ 따라서 동물의 모든 행동이 즉각적인 보상이나 필요를 충족시키기 위한 것은 아니라는 것을 알 수 있다.

⑧ 동물들은 미래를 예측하고, 불확실한 상황에 대비하기 위해 끊임없이 학습하고 정보를 축적한다.

⑨ 이러한 잠재 학습 능력은 동물들이 환경 변화에 적응하고 생존할 수 있도록 돕는 중요한 기전이다.

5) 통찰 학습(Insight Learning)

① 통찰 학습은 즉각적인 시행착오 학습이 아니라, 이전에 다른 행동 활동을 통해 학습된 정보를 바탕으로 이루어지는 가장 높은 형태의 학습이다.

② 통찰 학습은 사고와 추론 같은 고급 지각 능력에 기반한다.

③ Kohler의 침팬지 연구는 통찰 학습을 제안한다. 침팬지에게 너무 높은 곳에 있는 바나나와 나무 상자를 제시했을 때, 침팬지는 상자를 쌓아서 바나나에 닿게

하고 이를 얻었다.

④ 이 반응은 '명백한 사고'의 과정을 거친 것으로 보였다. 상자와 놀았던 이전 경험(잠재적 학습)이 반응의 가능성을 높였을 수 있다.

6) 선천적 행동(Inherited or Innate Behaviours)

① 선천적 행동은 다세포 생물이나 단세포 생물에서 특정 신경 경로나 세포질 경로의 유전을 통해 미리 결정된 반응 집합을 포함한다.

② '내장된' 경로 덕분에 주어진 자극은 일관되게 동일한 반응을 유도한다.

③ 이러한 행동 패턴은 여러 세대에 걸쳐 발전하고 정제되었으며, 그 주요 적응적 의미는 종의 생존 가치에 있다.

④ 선천적 행동 패턴에는 방향성 행동(세포 이동 및 운동), 간단한 반사 반응, 본능 등이 포함된다. 본능은 매우 복잡하며, 생물학적 리듬, 영역 행동, 구애, 짝짓기, 공격성, 이타주의, 사회적 계층 및 사회적 조직 등을 포함한다.

⑤ 본능은 동물이 태어날 때부터 가지고 있는, 특정 상황에서 자동적으로 나타나는 행동 패턴이다.

⑥ 즉, 학습을 통해 습득하는 것이 아니라 유전적으로 물려받은 행동이다.

⑦ 예를 들어, 새가 둥지를 짓거나 아기 새가 부모의 부리를 보고 먹이를 달라고 하는 행동은 모두 본능적인 행동이다. 이러한 본능은 생물이 살아남기 위해 필요한 다양한 행동들을 포함하며, 먹이를 찾거나 포식자를 피하는 등의 생존에 직접적인 관련이 있다.

⑧ 본능은 단순히 반복되는 행동이 아니라, 환경의 변화에 따라 유연하게 변화할 수 있는 특징도 가지고 있다.

⑨ 예를 들어, 어떤 동물은 새로운 먹이를 발견하면 기존의 먹이 찾기 행동을 수정하여 새로운 먹이를 섭취할 수 있다. 이는 본능이 완전히 고정된 것이 아니라, 유전적인 기반 위에 환경적인 요인이 더해져 형성된다는 것을 의미한다.

⑩ 하지만 모든 행동이 순수한 본능이나 학습에 의해서만 설명될 수 있는 것은 아니다. 많은 경우, 본능과 학습이 상호작용하여 동물의 행동을 결정한다.

⑪ 예를 들어, 새가 노래하는 행동은 부모의 노래를 모방하는 학습 과정과 함께, 종 특유의 유전적인 요소가 결합되어 나타나는 복잡한 행동이다.

Chapter

06

행동 교육

Chapter

06

행동 교육

1. 교육장비와 도구

1) 클리커

① 클리커(Clicker)는 원래 동물과의 소통 수단으로 해양 포유 동물 조련사인 Karen Pryor에 의해 처음 사용되었으며, 러시아의 이반 파블로프의 고전적 조건화 이론과 B.F 스키너가 조작적 조건형성과 조작적 행동의 원리를 발견하고 보상 학습이론으로 현재까지 발달되어 반려동물 교육에 적용하고 있다.

② 반려동물은 짧고 명확한 소리를 잘 듣기 때문에 보호자의 명령어보다는 매번 같은 소리를 내는 클리커로 소리를 내고 칭찬과 간식으로 보상하여 교육의 효과를 극대화시킨다.

그림 6-1 **클리커**

출처: wikipedia.org.

2) 목줄

목줄(Collar)은 반려견과 공공의 안전을 동시에 보장하는 최소한의 안전장치이며, 보호자는 목줄을 착용시키고 핸들링해야 한다. 목줄의 종류는 다양하다.

① 플랫 목줄(Flat Collar or Rolled Collar)

- 플랫 목줄은 일자형으로 평평하면서 동그랗게 말려있는 고리 모양을 하고 있으며, 버클형과 벨트형 두 가지로 나눌 수 있다.

그림 6-2 **버클형 플랫 목줄**

출처: www.gongyoungshop.kr

그림 6-3 **벨트형 플랫 목줄**

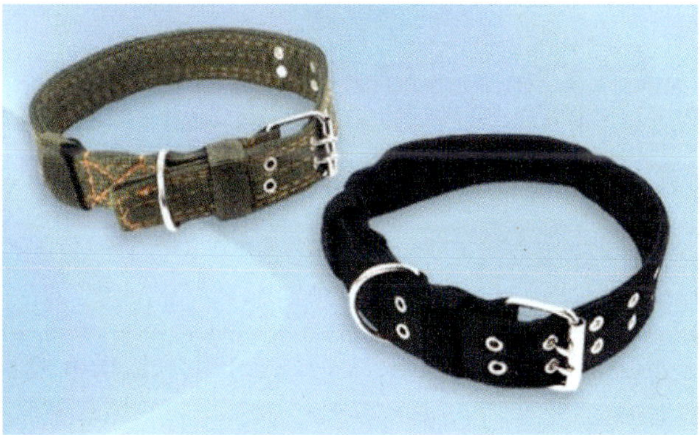

출처: shopping.naver.com

② **체인 슬립 목줄**(Chain Slip Collar) = 초크 체인(Choke Chain)

- 주로 훈련용으로 사용하며 사용하는 방향에 따라 조인 후 풀리지 않을 수 있어서 사용법을 숙지하고 사용해야 한다.

그림 6-4 **초크 체인**

출처: https://blog.naver.com/hs_sh73/223142660875

③ **프롱 목줄**(Prong Collar) = 핀치 칼라(Pinch Collar)

- 프롱 칼라는 프롱(갈퀴)이 골고루 목 안쪽으로 압력이 전달되는 목줄로 이는 어미개가 새끼 강아지의 행동을 수정할 때 주는 압력과 같은 자극을 주며, 마팅게일 목줄이나 초코체인과는 다르게 목 주변을 고르게 압박 분산하기 때문에 기관을 초크체인 등의 다른 목줄에 비해 덜 부담을 줄 수 있다.

그림 6-5 **프롱 목줄**

출처: https://www.coupang.com.

④ **마팅게일 목줄**(Martingale Collar) = 슬립 목줄(Slip Collar) = 그레이하운드 목줄 (Greyhound Collar)

- 마팅게일 목줄은 주로 목둘레와 머리둘레가 비슷하거나 작은 반려견들을 위해 개발되어 미끄럼 방지 또는 미끄럼 제한 목줄이라고도 하며 목줄로 반려견이 뒤로 물러나 목줄이 빠져나가는 것을 방지하는 목줄이다.
- 하지만 마팅게일 목줄을 선택할 시에는 당기지 않았을 때 사이즈를 잘 선택해야 풀림 사고를 예방할 수 있음을 명심해야 하며 산책을 하지 않는 집에서는 빼놓아야 조여주는 부분에 물건이 걸리는 사고를 예방할 수 있다.
- 마팅게일 목줄 사용이 적합한 품종은 그레이 하운드, 휘핏, 이탈리안 그레이 하운드, 살루키 등이 있다.

그림 6-6 마팅케일 목줄

출처: https://www.kurly.com/goods/1000199279

⑤ 슬립 목줄(Slip Collar)

- 목줄과 리드줄이 분리되는 형태가 아닌 목줄과 리드줄이 고리(loop)의 형태로 하나로 결합되어 있는 형태이다.

그림 6-7 슬립 목줄

출처: smartstore.naver.com/hozi/products

⑥ **홀터 독 칼라**(Halter Dog Collar) = 젠틀 리더(Gentle Reader) = 헤드 칼라(Head Collar)

- 반려견의 입과 목을 동시에 감싸는 형태로 목줄이나 하네스보다 강력한 통제가 가능하여 산책 교육시 효과가 있다.

그림 6-8 **홀터 독 칼라**

출처: 한국반려동물아카데미 공식블로그

⑦ **가슴줄**(Harness)

- 하네스의 기원은 마차를 끌던 말에게 씌우던 마구(馬具)에서 비롯되었다.
- 현재는 목줄 대신 반려견에게 사용하는 경우가 많아졌는데, 하네스는 어깨와 가슴을 감싸 상반신 전체로 힘이 분산된다.
- 썰매견, 안내견은 오래전부터 하네스를 사용해왔다.

㉠ H형 하네스

- H형 하네스는 줄이 목 아래쪽과 허리를 감싸는 형태로 하네스를 착용하면 반려견 등에 가로로 H가가 만들어지는 구조이다.

- 목줄과 같이 반려견의 목 부위를 감싸지만, 리드줄과 연결되는 고리가 허리 쪽에 있어 줄을 당길 때 목이 아닌 몸 전체로 분산된다.
- 반려견이 움직일 때 제약이 작고, 벗겨질 위험성도 없는 것이 H형 하네스의 장점이지만, 목줄보다는 반려견을 통제하기 힘들다는 단점이 있다.

그림 6-9 **H형 하네스**

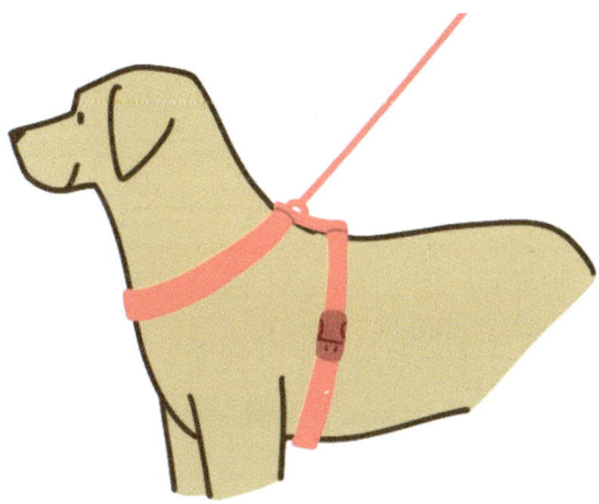

㉡ Y형 하네스

- Y형 하네스는 반려견의 앞다리를 앞뒤로 감싸는 형태로 측면에서 봤을 때 Y자 형태나 나타난다.
- Y형 하네스는 H형 하네스에 보다는 착용 시 거부감이 없고, 가슴에 줄이 있어 기도 압박의 부담도 없기 때문에 기도협착증 등 질병이 있는 반려견들에게 도움이 되는 하네스이다.

그림 6-10 **Y형 하네스**

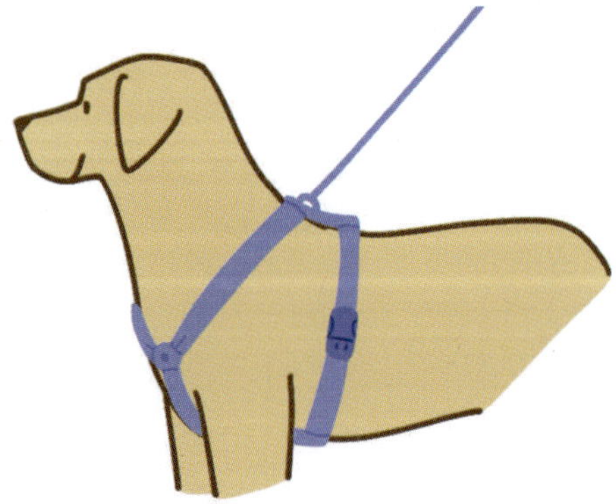

출처: https://www.fitpetmall.com/blog/how-to-wear-dog-harness

㉢ 앞섬방지형 하네스

- H형, Y형 하네스는 줄의 모양에 따라 분류하였지만, 앞섬방지형 하네스는 줄의 모양이 아닌 리드줄을 연결하는 고리가 가슴 쪽에 위치해 있다는 것이 특징이다.
- 앞섬방지형 하네스는 반려견이 산책시 보호자와 각측 보행을 하지 못하고 앞으로 튀어나가는 번려견에게 효과적이며, 이러한 문제행동을 개선시킬 수 있는 장점이 있다.

그림 6-11 **앞섬방지형 하네스**

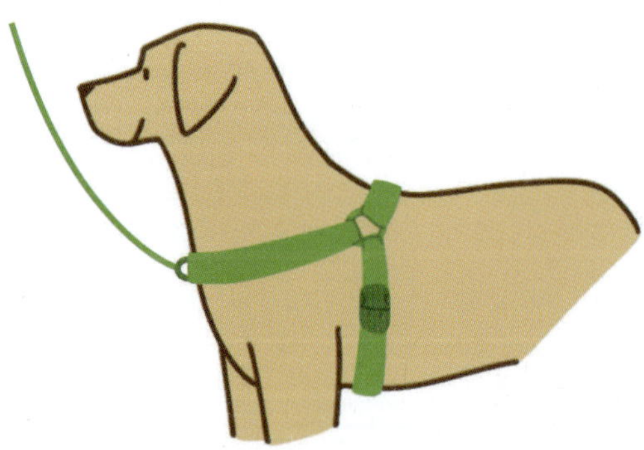

3) 리드줄(Leash)

(1) 표준 리드줄(Standaed Leashes)

① 일반적으로 가장 많이 사용하고 있는 리드줄로 한쪽 끝에는 목줄에 채울 수 있는 스냅훅(Snap Hook)이 있고, 반대쪽 끝에는 손이 들어갈 수 있는 손잡이가 있는 형태의 리드줄이다.

② 표준 리드줄은 1m~10m까지 다양한 길이로 나와 있으며, 일반적으로 가장 많이 사용하는 길이는 1.2m~2m 정도이다. 재질은 가죽, 나일론 등으로 만들어지며, 리드줄을 이빨로 끊는 습관이 있는 반려견들을 위해 체인으로 되어 있는 리드줄도 있다.

그림 6-12 표준 리드줄

출처: smartstore.naver.com/brandmaster/products

(2) 리트렉터블 리드줄(Retractable Leashes)

① 일반적으로 자동리드줄이라고 불리며, 손잡이가 달린 플라스틱 케이스와 그 안으로 말려들어갈 수 있는 길이가 다양한 나일론 밴드나 코드로 구성되어 있다. 작동원리는 줄자와 동일하다고 생각하면 된다.

② 이러한 리드줄의 장점은, 길이는 원하는 대로 조절하고 고정할 수 있지만, 리드줄이 꼬인다거나 길게 풀었을 때 보호자가 통제하기 어려워 위험한 상황을 초래할 수 있다는 단점이 있다.

그림 6-13 리트렉터블 리드줄

출처: marxplay.com

(3) 길이 조절 가능한 리드줄(Adjustable Leashes)

① 길이 조절이 가능한 리드줄은 그림과 같이 양쪽 끝이 스냅훅(Snap Hook) 또는 버클형으로 구성되어 있다.

② 리드줄 중간중간에 연결할 수 있는 루프가 있어서 리드줄의 길이를 조절할 수 있게 되어 있다.

그림 6-14 길이 조절 가능한 리드줄

출처: https://ruffwear.com

(4) 마팅게일 리드줄(Martingale Leashes)

마팅게일 목줄과 동일한 방식으로 작동되며, 목줄과 리드줄이 하나로 구성되어 있다.

그림 6-15 마팅게일 리드줄

출처: http://www.10x10.co.kr/shopping/category_prd.asp?itemid=4783737

4) 터그놀이

① 터그(Tug)놀이란 반려견이 물고 있는 장난감을 좌우로 당겨주며 놀아주는 것으로, 실내에서 생활하는 반려견들의 에너지를 소비하고 스트레스를 풀어줄 수 있다.

② 터그놀이시 터그를 위아래로 흔드는 것은 척추에 무리가 갈 수 있으므로 위아래로 흔드는 행동은 하지 말아야 하며, 터그를 힘으로 뺏으려고 하면 집착, 공격성 등의 잘못된 습관이 만들어질 수 있으므로 보상물과 교환하고 기다렸을 때 다시 시작하는 규칙이 필요하다.

그림 6-16 **터그**

출처: https://smartstore.naver.com/nmrmdc/products

5) 매트

① 매트는 반려견이 편안하게 쉴 수 있는 자기만의 휴식 공간을 인식시켜주기 위한 도구이다. 매트는 캔넬 교육, 기다려 교육, 산책 교육 등 다양하게 다른 교육과 연계할 수 있으므로 필수적이다.

② 특히 사회화 교육이 부족하여 낯선 공간을 두려워하고 불안해하는 반려견들에게 효과적인 교육 도구로 활용할 수 있다.

③ 매트는 수건이나 방석 등 매트로 사용할 수 있는 반려견 용품은 다양하므로 자신의 반려견이 선호하는 재질의 매트로 교육할 수 있다.

그림 6-17 **매트**

출처: gmarket.co.kr

6) 하프 랩

하프 랩은 일종의 스카프 같은 형태의 수건으로 사회화의 부족으로 불안감과 두려움이 높은 반려견과 과거에 학대를 받은 경험이 있는 반려견들에게 안정감을 주는 데 효과적인 도구이다.

그림 6-18 하프 랩

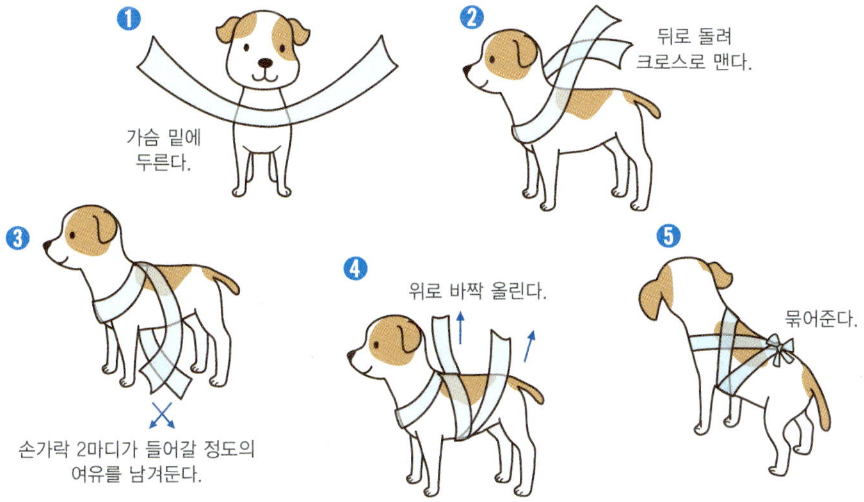

출처: 양철주(2022: 238).

7) 푸치벨

① 반려견이 실내에 있을 때 문고리에 걸어놓은 방울을 터치하면 실외 배변을 할 수 있도록 해주는 것으로 문고에 걸어놓은 방울을 푸치벨(PoochieBells)이라고 한다.

② 푸치벨을 이용하여 실외 배변교육을 할 수 있다.

그림 6-19 **푸치벨**

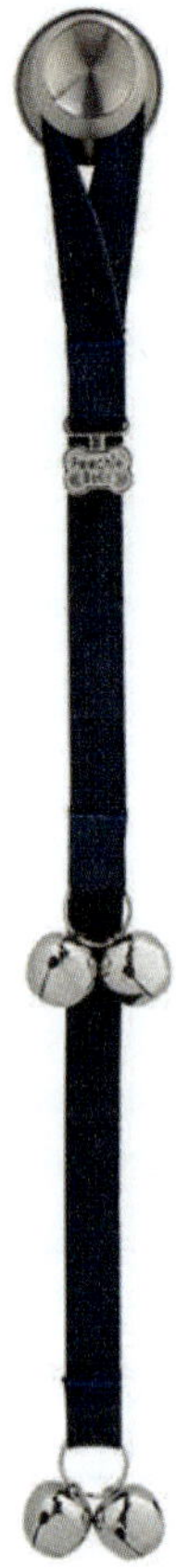

8) 노즈워크 볼

① 반려견은 코를 사용하여 냄새를 맡아 사물이나 상대방을 인식하고 에너지를 소비하며 스트레스를 푼다. 하지만, 패턴이 같은 노즈워크 담요 같은 도구는 반복하여 사용할수록 쉽게 학습하여 시간이 지나면 점점 더 흥미를 잃어가는 단점이 있다.

② 노즈워크 볼(Nosework Ball)은 보호자가 간식을 넣어서 찾아 먹을 수 있게도 해야 하지만 후각을 자극하여 계속 도전할 수 있도록 쉽게 빠지지 않게 해주는 것도 반려견이 성공했을 때 자신감과 성취감을 얻을 수 있게 해주는 방법이다.

그림 6-20 노즈워크 볼

출처: http://www.arcenciel.firstmall.kr/goods/view?no=962

9) 프리스비

① 프리스비(Frisbee)는 독 스포츠 중의 하나로 동그란 원반을 날리면 반려견이 뛰어가 점프하여 물고 오는 도구이다.

② 반려견의 품종과 성향에 따라 다르지만 프리스비를 이용하여 반려견과 교감하고 호흡을 맞출 수 있으며, 부족한 산책을 운동으로 대신하여 주고 스트레스를 풀어줄 수 있는 도구다.

그림 6-21 프리스비

2. 사회화 교육

1) 동물의 사회화

(1) 반려견 사회화란?

① 반려견의 사회화는 사람들이나 다른 동물들과 함께 살아가는 환경에서, 서로에게 익숙해지는 경험을 통해 배우는 과정이다.

② 반려견의 사회화 기간은 일반적으로 생후 3주부터 14주까지 지속된다.

③ 이 시기는 반려견 행동의 70~80%가 형성되는 중요한 기간이다.

④ 이 기간 동안 강아지의 뇌는 사회적 능력을 발달시키며, 다양한 경험을 통해

사회성을 키운다.

⑤ 이 시기에 강아지에게 다양한 긍정적인 경험을 제공하면, 두려움과 그로 인한 문제 행동을 예방할 수 있다. 특히, 12주 이전에 충분한 사회적 접촉을 경험한 강아지는 두려움이나 공격적인 행동을 보일 가능성이 낮다.

(2) 반려견 사회화의 종류

반려견의 사회화는 크게 무리 간의 사회화, 사람과의 사회화, 그리고 환경에 대한 사회화로 나눌 수 있다.

① 무리 간의 사회화

㉠ 반려견은 처음에는 부모와 형제 간의 친화성과 무리 내 서열을 배우는 중요한 과정을 거친다.

㉡ 사회화를 통해 반려견은 다른 반려견뿐만 아니라, 일상생활에서 접할 수 있는 다양한 동물들과도 관계를 형성하게 된다.

② 사람과의 사회화

반려견이 사람과 함께 살아가기 위해 다양한 사람들과의 관계 속에서 사회성을 배우는 과정이다.

- 보호자와의 관계를 통해 사회성을 배우는 과정이 포함된다.
- 타인과의 상호작용을 통해 사회성을 익히는 과정도 중요하다.

③ 환경에 대한 사회화

반려견은 주변에서 들리는 다양한 소리, 바닥의 질감 등 여러 환경적 요인에 익숙해지는 과정을 거친다.

2) 반려견 사회화 교육법

(1) 반려견의 사회성 풍부화 정도를 확인한다.

① 반려견이 낯선 환경에서 먹이를 먹는지, 휴식을 취할 수 있는지, 배설하는지, 걸음걸이는 어떤지, 그리고 다른 개에 대한 반응과 보호자와의 관계 속에서 어떻게 행동하는지를 확인해야 한다.

② 반려견이 코를 핥거나 고개를 돌리는 행동, 동공 확장, 헐떡거림, 혹은 대변을 억지로 짜내는 등의 불안 신호를 보이면, 보호자는 단계를 낮추어 천천히 사회화를 진행할 수 있도록 조절해야 한다.

(2) 교감 활동을 한다.

① 교감 활동의 첫 번째 단계는 반려견이 준비될 때까지 기다려 주는 것이다. 반려견이 낯선 환경에서 사회화 과정을 시작할 때는 절대 강요해서는 안 된다. 보호자는 교육을 시작하면 즉각적인 행동을 요구할 수도 있지만, 반려견에게 호감을 얻으려면 충분한 탐색 시간을 제공하여 자연스러운 행동이 나올 수 있도록 도와야 한다.

② 그 후, 반려견의 관심을 끌기 위해 먹이나 장난감을 활용할 수 있다.
먹이를 선택할 때에는 한입에 먹을 정도의 크기가 좋다. 너무 단단해서 먹기에 오래 걸리거나 너무 물러서 손으로 잡아 주기에 어려운 것은 피하도록 한다.

③ 손으로 먹이를 주는 과정은 자연스럽게 보호자에 대한 신뢰를 형성하는 데 도움이 된다.

(3) 사회 풍부화 교육을 통해 문제행동 예방 교육을 한다.

① 산책 시 처음 목줄을 접할 때 억지로 몸을 잡지 말고, 목줄이 반려견에게 자연스럽게 닿도록 하여 긍정적인 인식을 심어주고 익숙해지도록 도와야 한다.

② 반려견이 낯선 상황에서 먹이를 먹거나 휴식을 취하는 것은 보호자에 대한 신뢰

가 있어야 가능하다. 따라서 점진적으로 범위를 넓혀가며 반려견이 다양한 환경에서도 편안함을 느낄 수 있도록 돕는다.

③ 반려견이 새로운 환경에 처음부터 적응하기 어려워한다면, 익숙한 공간인 집에서 시작하여 현관과 복도로 점차 확장해 나가는 것이 좋다.

④ 일부 반려견은 낯선 장소에서 배변을 하지 않거나, 실외 배변에 어려움을 겪을 수 있다.

㉠ 반려견은 기본적으로 자신의 영역이 아닌 공간에서 배변하는 것을 선호한다.

㉡ 반려견은 용변을 볼 때 취약한 상태에 놓였다고 느끼기 때문에, 낯선 장소에서는 배변이 어려워질 수 있다.

㉢ 이러한 경우 보호자는 규칙적인 산책을 통해 반려견이 충분히 환경을 인지할 시간을 제공해야 한다. 또한 반려견이 흥분하지 않고 자연스럽게 배변할 수 있도록 유도해야 한다.

3) 리더십 교육

(1) 서열

① 일반적으로 서열은 힘에 의해 형성되는 수직적 관계를 의미한다.

㉠ 힘에 의한 서열은 불안, 두려움, 좌절, 공격성을 유발할 수 있다.

㉡ 수직적 관계에서는 균열이 발생할 가능성이 높다.

② 동물 세계에서 서열은 자원에 대한 우선 접근 순서를 결정한다.

㉠ 예를 들어, 아프리카에서 사자가 먹잇감을 사냥했을 때를 살펴보면

- 사자가 먹이를 섭취하는 동안 다른 동물들은 접근하지 않는다.
- 사자가 충분히 먹이를 섭취한 후 자리를 떠나면, 다음 동물이 와서 먹잇감을 차지한다.
- 다음 동물이 먹이를 섭취하는 동안 다른 동물들은 접근하지 않는다.
- 동물 세계에서는 누가 먼저 자원에 접근하는지가 중요한 요소다.

㉡ 두 마리 동물 중 한 마리가 다른 한 마리보다 먼저 음식에 접근한다면
- 먼저 접근한 개체가 우세하다는 의미다.
- 즉, 그 개체의 서열이 더 높다는 의미다.

(2) 리더란?

① 소통은 반드시 양방향으로 이루어져야 한다.

㉠ 상대방을 고려하지 않고 자기 이야기만 하는 사람을 "소통이 어려운 사람"이라고 한다.
- 이는 소통이 상대방의 동기와 목적을 배려하지 않고 일방적으로 이루어지기 때문이다.

㉡ 개와의 소통도 사람이 개의 반응을 이해하며 양방향으로 이루어져야 한다.
- 개와 사람 간의 소통이 종종 사람에 의해 일방적으로 진행된다.
- 사람은 개의 방식과 기준을 무시하고, 인간의 관점에서만 판단하는 경우가 많다.
- 이런 상황이 반복되면 개는 혼란을 느끼고 수동적인 태도를 취하게 된다.
- 사람은 개의 행동 방식, 동기, 목적을 이해하려 노력하며 소통해야 한다.

㉢ 반려견은 자신을 안정적으로 이끌어줄 보호자를 원한다.
- 보호자는 반려견을 적절히 교육하고 올바르게 이끌어야 한다.

② 리더의 역할은 상황에 따라 유동적으로 변화한다.

㉠ 리더는 효율성과 관계 속에서 자연스럽게 정해진다.

예를 들어,
2명이 여행을 갔을 때, 한 명은 계획력이 높고, 한 명은 정보력이 높다.
이런 경우, 정보력이 강한 사람이 항공권과 호텔을 예약하고, 남은 한 명이 여행 일정과 세부 계획을 짜게 된다.

이 상황에서 누가 리더인가?
리더는 상황에 따라 달라진다. 항공권과 호텔을 예약하는 상황에서는 정보력이 높아, 예산을 절감할 수 있는 사람의 의견을 따른다. 여행 다니는 동안에는 계획력이 높은 사람의 의견을 따르게 된다. 효율성을 고려해 순간순간 리더는 변한다.

㉡ 반려견과 보호자의 관계에서도 리더는 상황에 따라 유동적으로 변화한다.

예를 들어,
반려견과 보호자가 산책하고 있다.

이 상황에서 누가 리더인가?
① 산책 중 풀밭으로 향해가는 반려견을 보호자가 따라갔다면?
- 반려견이 보호자를 이끌고 보호자가 반려견을 따라서 움직였다.
- 이 상황에서는 반려견이 리더다.
② 반려견이 스스로 판단하여 풀밭이 아닌 보호자 옆에 있다면?
- 보호자가 반려견에게 산책 교육을 하였다.
- 반려견은 교육을 통해 보호자 옆에 있는 것이 좋다는 것을 배웠다.
- 이 상황에서는 보호자가 리더다.

---

(3) 리더십이란?

① 반려견과의 관계에서 보호자가 역할을 충실히 수행하는 것이 리더십이다.

② 반려견 리더십에 대한 오해가 종종 존재한다.

㉠ 리더십은 반려견을 억압하거나 모든 행동을 통제하는 것이 아니다.

㉡ 보호자는 반려견을 보호하고 관리하며, 반려견이 스스로 신뢰하고 따를 수 있도록 해야 한다.

㉢ 반려견이 보호자를 따르는 것이 즐겁고 안전하다고 느낄 수 있도록 교육하는 것이 리더십이다.

③ 보호자는 '앉아', '엎드려', '기다려', '리쉬 컨트롤' 등의 기본 교육을 통해 반려견에게 올바른 행동을 가르칠 수 있다.

④ 반려견과 교감하며, 낯선 상황에서도 보호자를 신뢰할 수 있도록 유도하는 것이 리더십을 강화하는 방법이다.

표 6-1 사회화교육 체크리스트

실내환경				실외환경			
장소	반려견 카페	음식 그릇	세라믹	장소	바닷가		수염 난 사람
	동물병원		유리		공원		모자 쓴 사람
	반려견 호텔		금속		호수		헬멧 쓴 싸람
	반려견 미용실		플라스틱		시장		마스크 착용한 사람
	실내 교육 센터		쇠		행사장		스카프 착용한 사람
	화장실		사료		운동장		선글라스 착용한 사람
	베란다	위생 스킨십	등		캠핑장		자전거 타는 사람
	용품점		베		번화가 거리		롤러스케이트 타는 사람
	이웃집		목 주변		수영장		경찰, 경비원
소리	벨소리		얼굴		학교		노인
	노크 소리		귀	동물	조류	경험	자동차 타기
	청소기 소리		배		고양이		다리 건너기
	도어락 소리		발톱		소형견		도로 건너기
	엘리베이터 소리		앞다리		중형견		강아지들과 놀기
	계단 소리		뒷다리		대형견		엘리베이터 타기
	TV 소리		꼬리		농장동물		터널 빠져나가기
	음악 소리		목욕		토끼		철도 건널목 건너기
	문밖 소리		드라이	소리	자동차		계단
	세탁기 소리		양치		오토바이		산책
	개 짖는 소리		빗질		버스	표면	콘크리트
	아이들 소리		귀 청소		경적 소리		아스팔트
	청소차		눈 관리		싸이엔		고무
	식기세척기		위생미용		짖는 소리		자갈
	헬리콥터		클리커		확성기 소리		진흙
	비행기		가위	사물	대형트럭		모래
	버스	경험	혼자 있기		버스		젖은 바닥
	바람		양말 신발		자전거		물
	천둥		목줄		자판기		눈
	냄비,후라이팬		하네스		리어카		대리석
	라디오		입마개		유모차		나무
	화재경보기		옷		킥보드		맨홀
	빗소리		택배기사		운동기구		배수구
	천둥소리		우체부	사람	아기		타일

실내환경				실외환경			
사물	빗자루	장난감	섬유		어린이		
	우산		플라스틱		초등학생		
	야구방망이		나무		군중 속 사람		
	클러브		밧줄		산책 중인 사람		
	축구공		고무		구급대원		
	풍선				달리는 사람		
	장난감				시끄러운 사람		
	걸레 수건				남자		
	거울				여자		
	비닐				목발 짚은 사람		
	종이				휠체어 타는 사람		
	식탁						
	소파						
	의자						

3. 행동 풍부화(behavioral enrichment) 교육

1) 정신 활동

(1) 피곤한 개가 행복한 개

① 피곤함의 의미

㉠ 반려동물은 에너지를 소모함으로써 불필요한 문제 행동을 예방할 수 있다.

㉡ 피곤함은 반려견이 보호자로부터 충분한 관심을 받고, 풍요로운 삶을 살고 있다는 증거가 될 수 있다.

② 반려견의 피곤함을 유도하는 활동은 육체적 활동과 정신적 활동 두 가지로 나뉜다.

㉠ 육체적 활동에는 다음과 같은 방법이 포함된다.

- 보호자와 함께하는 산책
- 반려견 유치원이나 운동장에서 다른 개들과 함께 노는 것

ⓛ 정신적 활동에는 다음과 같은 방법이 포함된다.

- 다양한 냄새를 탐색하는 후각 활동
- 지능개발 장난감을 활용한 놀이
- 보호자와 함께하는 교감 및 교육 활동

(2) 정신적 활동이란?

① 반려견이 다양한 자극을 받아 뇌를 활성화하는 활동을 의미한다.

② 단순한 반응이 아닌, 스스로 사고하며 행동하는 과정이다.

③ 반려견은 충분한 정신적 자극을 받지 못하는 경우가 많다.

예를 들어,
마당과 정원이 넓은 주택에 사는 반려견이 있다.
반려견은 산책을 잘 나가지 못하고, 마당에서 주로 생활한다.

반려견 **입장) "매일 비슷한 냄새가 나네! 재미없다. 심심하네!"**

마당에 반려견을 풀어 놓았다고 충분한 정신적 활동을 했다고 할 수 있을까?

같은 마당에는 반려견이 생각하면서 놀 수 있는 것이 없다.
항상 같은 자극으로 뇌를 자극할 만한 것이 없다.

㉠ 야생에서 늑대는 먹이를 찾는 데 대부분의 시간을 소비한다.

ⓛ 늑대는 먹이를 찾으면서 육체적 활동과 정신적 활동을 동시에 수행한다.

- 후각을 이용해 먹이의 방향을 감지하고
- 감지한 방향을 따라 이동하며
- 사냥 방법을 계획하고
- 먹이 접근 전략을 결정하며

- 단독으로 사냥할지, 무리를 지어 움직일지 판단하고
- 주변 환경을 확인하며 육체적 · 정신적 활동을 활발하게 수행한다.

㉢ 반려견도 늑대와 유사하게 포식 본능과 강한 먹이에 대한 동기를 지니고 있다.

㉣ 반려견은 보호자와 함께 생활하며 쉽게 먹이를 얻어 정신적 활동이 줄어들었다.

㉤ 반려견으로 길러지면서 정신적 · 육체적 활동이 급격히 감소했다.

㉥ 에너지를 충분히 소비하지 못한 반려견은 다음과 같은 문제 행동을 보일 수 있다.

- 신발을 물어뜯거나
- 전선을 씹으며
- 가구를 긁거나 씹고
- 갑작스럽게 뛰어오르거나
- 과도하게 짖고
- 사람이나 다른 동물에게 달려들거나
- 다른 동물을 쫓아가는 등의 문제 행동을 보인다.

(3) 피곤한 개

① 피곤한 개는 단순히 체력이 소진된 상태가 아니다.

② 반려견은 적극적인 정신적 활동을 통해 스스로 사고하고 행동하며 만족감을 느낀다.

③ 다양한 환경과 자극을 제공하면 반려견이 정신적 만족감을 얻을 수 있다.

㉠ 반려견이 정신적 만족감을 느낄 수 있는 활동은 다음과 같다.

- 보호자와 함께하는 놀이
- 보호자와 함께하는 교육
- 퍼즐 장난감과 같은 지능개발 활동
- 풍부한 후각 자극을 제공하는 산책

- 다양한 환경에서의 산책
- 미로 구조에서 벗어나는 탈출 놀이 등 다양한 탐색 활동

2) 풍부화(enrichment)

(1) 문제 행동과 이상 행동

① 보호자는 반려견의 평소와 다른 행동을 문제라고 인식하는 경우가 많다.

㉠ 보호자가 자주 호소하는 대표적인 문제 행동은 다음과 같다.

- 평소 대소변을 잘 가리던 반려견이 갑자기 실수를 하게 된다.
- 보호자가 자리를 비우면 반려견이 지속적으로 짖는다.
- 갑자기 물건을 부수거나 파괴적인 행동을 보인다.

② 이러한 행동의 대부분은 환경적 스트레스에서 비롯된다.

③ 또는 보호자와 반려견 사이의 교육 부족으로 인해 발생할 수도 있다.

(2) 행동 풍부화란?

① 행동 풍부화란, 제한된 환경과 자극 부족으로 인해 발생하는 동물의 무기력한 증상과 이상 행동을 감소시키고, 건강한 정신 상태에서 정상적인 행동을 유도하는 프로그램을 의미한다.

② 행동 풍부화는 일상생활 속에서 자연스럽게 지속적으로 이루어지는 과정이다.

(3) 행동 풍부화의 종류

① **인지 풍부화**(cognitive enrichment)

㉠ 다양한 자극을 통해 반려견이 스스로 사고하고 판단할 수 있도록 정신적 자극을 제공하는 것이다.

㉡ 반려견이 무기력함을 극복하고 무료한 일상을 개선할 수 있도록 돕는 활동이다.

ⓒ 반려견의 인지 능력에 따라 적절한 풍부화의 종류와 수준이 결정될 수 있다.

② 감각 자극 풍부화(sensory stimulation enrichment)

㉠ 반려견이 미각, 촉각, 시각, 청각 등 다양한 감각을 활성화할 수 있도록 환경을 조성하는 것이다.

- 후각을 활용한 환경 제공(예: 냄새 탐색 활동)
- 자연 소리 및 실내·실외 환경 소음을 활용한 청각 자극
- 다양한 색채 및 명암 대비를 통한 시각 자극
- 다양한 질감과 맛의 먹거리를 활용한 미각 자극
- 냉점, 통점, 온점, 촉점, 압점의 감각점과 다양한 재질 및 표면을 활용한 촉각 자극(예: 다양한 바닥 재질 체험)

③ 사회 그룹 풍부화(social grouping enrichment)

㉠ 보호자, 타인, 다른 반려견과의 긍정적인 상호작용을 학습하는 것이다.

㉡ 반려견이 다양한 사회적 행동을 경험하고 학습하여 사회성을 발달시키는 활동이다.

④ 먹이 풍부화(food enrichment)

㉠ 다양한 식재료와 식감을 활용한 미각 자극 활동이다.

㉡ 급여 방식에 변화를 주어 반려견이 다양한 방법으로 음식을 섭취하도록 유도하는 것이다.

⑤ 물리적 환경 풍부화(physical environment enrichment)

㉠ 반려견이 생활하는 공간을 변화시켜 새로운 환경을 경험할 수 있도록 하는 것이다.

㉡ 생활 공간 구조를 변경하여 반려견이 다양한 행동을 경험하도록 유도하는 것이다.

㉢ 새로운 구조물을 도입하여 반려견의 탐색 행동과 이동 패턴을 변화시키는 것도 포함된다.

(4) 반려견 행동 풍부화 교육법

① **인지 풍부화**(cognitive enrichment)

㉠ 보호자와 함께 예절 교육(클리커 활용 가능)을 통해 반려견과의 상호작용을 높일 수 있다.

㉡ 어질리티, 프리스비 등 반려견 스포츠 교육을 통해 인지 능력을 향상할 수 있다.

㉢ 퍼즐 장난감, 노즈워크 장난감을 활용하여 반려견이 스스로 사고하고 해결할 수 있는 기회를 제공한다.

㉣ 반려견이 적절하게 에너지를 발산할 수 있도록 도와 문제 행동을 예방하는 데 기여한다.

② **감각 자극 풍부화**(sensory stimulation enrichment)

㉠ 반려견은 보호자와의 신체적 접촉을 통해 유대감을 형성하고 감각 자극을 경험한다.

㉡ 반려견이 불편해할 수 있는 부위(손, 입, 다리 등)를 부드럽게 만져 익숙해지도록 유도한다.

㉢ 다양한 후각 · 미각 · 촉각 · 청각적 자극을 제공하여 반려견의 점진적인 둔감화를 유도하고, 선호하는 자극을 파악할 수 있도록 돕는다.

㉣ 도심 속 소음, 자연의 소리, 차량(자동차, 오토바이 등) 및 기계 소음(문소리, 벨소리) 등의 다양한 환경에 노출하여 감각을 자극한다.

㉤ 동물 전용 TV를 활용하여 시각 · 청각적 자극을 제공하는 것도 가능하다.

③ **사회 그룹 풍부화**(social grouping enrichment)

㉠ 가족 및 지인과 함께하는 사회적 활동을 포함한다.

- 처음에는 같은 공간에서 편안하게 지내는 것을 목표로 다양한 사람들과 교류해본다.
- 보호자와 함께하는 놀이를 통해 사회성을 자연스럽게 익힌다.
- 반려견이 이빨과 발톱 사용의 강약을 조절하는 법을 학습할 수 있다.

ⓒ 다른 개와의 사회화는 산책을 통해 자연스럽게 이루어진다.
- 처음에는 평행한 산책을 통해 다른 반려견의 존재를 인식하도록 한다.
- 같은 개를 여러 번 만나면서 사회적 놀이를 경험하도록 한다.
- 처음부터 활발한 개들을 만나면 부정적인 인식을 가질 수 있어 신중한 접근이 필요하다.
- 개들의 의사소통 방식을 익힌 후, 다양한 환경에서 다른 개들과 교류하며 사회성을 발전시킨다.

ⓒ 다양한 환경에서 다른 동물과 사물에 대한 사회화를 경험할 수 있다.
- 고양이, 비둘기 등 길에서 만날 수 있는 동물에 대해 영상과 산책을 통해 자연스럽게 익히도록 한다.

ⓔ 다른 개를 입양하여 사회성을 익히는 방법은 개들 사이의 문제를 초래할 수 있어 신중한 고려가 필요하다.

④ **먹이 풍부화**(food enrichment)

㉠ 밥그릇의 종류와 재질을 다양하게 변경한다.
- 스테인레스, 사기, 플라스틱, 실리콘 등 다양한 재질의 밥그릇을 활용한다.
- 장난감, 노즈워크 담요, 바닥 등을 활용하여 먹이 제공 방법을 다양화한다.

㉡ 동일한 사료라도 다양한 형태와 질감으로 제공한다.
- 사료를 따뜻한 물에 불려 부드럽게 만든다.
- 사료를 분쇄하여 새로운 형태로 제공한다.
- 사료에 채소, 과일 등을 섞어 질감과 맛을 변화시킨다.

㉢ 주기적으로 다른 종류의 사료를 제공하여 식단에 변화를 준다.

㉣ 장난감이나 특정 장소에 사료를 숨겨 반려견이 찾아 먹도록 유도한다.

㉤ 식사 횟수와 급여 패턴을 다양하게 조정한다.
- 한 번에 주는 사료량을 여러 번 나눠 급여한다.
- 간식을 작게 나누어 여러 번 제공한다.

㉥ 다양한 먹이 풍부화 활동을 통해 반려견의 흥미를 유도한다.

⑤ **물리적 환경 풍부화**(physical environment enrichment)

㉠ 반려견의 집이나 방석 위치를 변경하여 환경을 변화시킨다.

㉡ 배변 패드의 위치를 조정하여 생활 환경을 변화시킨다.

㉢ 보호자의 침대나 소파 위치를 변경하여 반려견이 새로운 공간을 탐색하도록 한다.

㉣ 산책 경로를 다양하게 변경하여 새로운 경험을 제공한다.

- 산책 방향을 반대로 변경하여 환경 변화를 체험하도록 한다.
- 다양한 경로('ㅁ', 'ㄹ', 'ㄷ' 형태)로 산책하여 변화를 경험하게 한다.
- 익숙하지 않은 장소에서 산책하여 새로운 환경을 탐색하게 한다.

㉤ 반려견이 생활 공간 내에서 사고하고 판단할 수 있도록 환경을 조성한다.

⑥ **반려견을 위한 적절한 환경 조성**

㉠ 반려견에게 적절한 활동 공간을 제공하는 것이 중요하다.

- 활동 공간이 좁으면 상동 행동(반복적인 움직임)과 같은 문제 행동이 나타날 수 있다.
- 활동 공간이 너무 넓으면 소속감을 느끼지 못해 고립 장애와 같은 문제 행동이 나타날 수 있다.

㉡ 반려견이 불안을 느끼지 않고 탐험과 놀이를 즐길 수 있도록 적절한 환경을 마련해야 한다.

㉢ 다양한 환경을 경험하게 하여 새로운 상황에서도 자신감 있게 행동할 수 있도록 돕는다.

⑦ **행동 풍부화 전략으로 먹이를 활용한다.**

㉠ 먹이(트릿)를 흩뿌려 반려견이 스스로 찾도록 하여 시각 및 후각 놀이를 동시에 제공할 수 있다.

㉡ 반려견이 스스로 생각하고 문제를 해결하여 먹이를 얻도록 유도한다.

- 무제한 급식보다는 제한적인 먹이 제공이 반려견의 성취감을 높이는 데 도움을 줄 수 있다.

• 반려견의 섭취량을 관리하여 건강한 식습관을 유지할 수 있다.

㉢ 먹이는 행동 풍부화를 촉진하고 동기를 부여하는 중요한 요소이다.

4. 기초 교육

1) 기초 관리

(1) 기초 교육 필요성

① 기초 교육은 반려견이 사람과 함께 조화롭게 생활하기 위해 필수적인 과정이다.

② 반려견이 행복한 삶을 누리기 위해 반드시 익혀야 하는 기본적인 교육이다.

③ 기초 교육은 이후의 심화 과정과 연결되어 있으며, 기본기를 다지는 역할을 한다.

④ 기초 교육의 필요성을 이해하는 것이 중요하며, 교육 시간은 10분 이내로 유지하는 것이 좋다.

⑤ 강아지는 약 10분 동안만 집중할 수 있으므로 그 이상 진행하면 스트레스를 받을 수 있다.

⑥ 조용한 실내에서 시작하고, 충분히 익숙해지면 외부 환경에서 반복하여 일반화시키는 것이 효과적이다.

표 6-2 **훈련 용어 정리**

용어	설명
루어링 (Luring: Lure & Reward)	① 반려견의 행동을 유인하기 위해 루어(간식, 장난감, 공 등)를 사용한다. ② 반려견의 코 앞에서 흥미를 유발할 수 있는 간식 냄새를 맡게 한 후 반려견이 움직이도록 유도하는 교육방법이다.
캡쳐링 (Capturing)	① 반려견의 행동을 관찰하고 원하는 행동을 했을 때 그 행동을 표시하고 강화하는 것이다. • 반려견이 능동적으로 자연스럽게 하는 행동을 포착했을 때마다 칭찬하면 그 행동의 빈도수는 늘어난다. ② 반려견이 내가 원하는 행동을 할 때 그 순간마다 마킹을 하고 캡쳐링을 시행한다. ③ 캡쳐링은 가장 효율적이고 쉬운 트레이닝 방법 중 하나이다.
쉐이핑 (Shapping)	① 루어링이나 물리적인 압박 없이 행동 표시와 강화물을 이용하여 교육 목표까지 조금씩 개선된 행동으로 진행키는 과정을 말한다. ② 본질적으로 쉐이핑은 작은 여러 행동들로 나누어 캡쳐링하고, 이를 새롭고 좀 더 복잡한 행동으로 발전시켜 목표하고자 하는 교육으로 발전시키는 것이다. ③ 성공적인 쉐이핑은 목표 교육을 단계별 행동으로 나누어 단계별 강화를 진행하는 것이다.
타켓팅 (Targeting)	① 반려견이 어떤 지정된 물체나 장소에 신체 일부를 접하게 교육하는 방법이다. ② 반려견의 자세를 만들거나 행동을 만들 때, 반려견 스스로 움직이게 하여 반려견에게 물리적 외압을 쓰는 부작용을 줄일 수 있다. ③ 반려견이 타겟 쪽으로 이동하고 터치하는 행동을 이해하면, 물리력이나 보상 없이 반려견을 원하는 위치나 장소로 이동이 가능하다. ④ 리콜 훈련, 크레이트 들어가기나 나오기, 차에 오르거나 내리기, 독스포츠, 산책 교육 등 다양하게 활용 가능하다.
몰딩 (Molding)	① 교육자가 바라는 행동으로 반려견을 물리적으로 고정하는 것을 의미한다. ② 초기에 부정강화를 통해 가르치는데, 압박을 주다가 원하는 행동이 오면 그 압박을 풀어주는 방법으로 불편함의 중단이 옳은 자세의 보상이 되는 것을 말한다. ③ 예를 들어, 앉아를 가르칠 때 가슴을 올리고 다른 손으로는 엉덩이를 눌러 앉게 하는 방법

(2) 혐오자극

① 많은 보호자는 반려견의 행동을 이해하기보다 자신의 기준에 맞춰 교정하려 한다.

② 일부 사람들은 반려견의 행동을 바꾸기 위해 강한 자극이나 물리적인 힘을 사용한다.

③ 일부 보호자와 훈련사들은 반려견의 행동을 바꾸기 위해 강압적인 방법을 쉽게 사용한다.

㉠ 고성으로 반려견을 위협하거나 소리를 지르는 행위
㉡ 강하게 줄을 당겨 반려견의 움직임을 제한하는 행위
㉢ 반려견의 몸을 강하게 흔드는 행위
㉣ 반려견의 주둥이를 움켜쥐어 행동을 제한하는 행위
㉤ 반려견을 강제로 뒤집어 고정하는 알파 롤 기법
㉥ 목줄을 들어 올려 반려견의 행동을 강제로 제어하는 행위
㉦ 반려견을 강하게 바닥으로 내리꽂는 행위
㉧ 반려견의 목덜미를 잡아 통제하는 행위
㉨ 반려견을 공중에 들어 올려 힘으로 제압하는 행위

④ 이러한 행동은 사람들이 힘으로 반려견보다 우위를 점하려는 방식이다. 반려견을 힘으로 제압하려는 사람들은 종종 다음과 같은 행동을 강요한다.
㉠ 보호자가 반려견보다 먼저 음식을 먹어야 한다는 규칙을 고집한다.
㉡ 산책할 때 보호자가 반려견보다 앞서 걸어야 한다고 주장한다.
㉢ 반려견이 보호자의 옷 위에 올라가면 즉시 내려야 한다고 규칙을 만든다.
이러한 주장에는 과학적 근거가 있는가? 논리적으로 설명이 가능한가?

⑤ 강한 자극과 힘을 이용한 교육 방법은 즉각적인 변화를 줄 수 있지만, 장기적인 교육 효과는 기대하기 어렵다.

⑥ 혐오 자극은 보호자와 반려견 간의 신뢰를 무너뜨리고 감정적인 문제를 심화시킨다.

⑦ 혐오 자극은 반려견의 부정적인 감정을 유발하여 행동과 심리에 악영향을 미친다.
㉠ 조크 제인을 사용하며 빈려견을 강제로 복종시키려 하면, 반려견은 보호자의 지시를 따르는 것이 아니라 혐오 자극을 피하려고 행동할 뿐이다.

⑧ 반려견에게 위협적인 어조, 목소리, 행농 자체가 혐오 자극이 될 수 있다.

⑨ 혐오 자극은 가혹한 폭력뿐만 아니라 다양한 형태로 나타날 수 있다.

⑩ 혐오 자극의 기준은 보호자가 아니라 반려견의 경험과 감각에 의해 결정된다.

⑪ 반려견 교육에서 혐오 자극을 피해야 하는 이유는 다음과 같다.
㉠ 혐오 자극을 사용하면 학습 속도가 느려진다.

㉡ 반려견과 보호자 간의 관계가 악화될 가능성이 높다.

㉢ 반려견은 교육 자체를 부정적으로 받아들이게 된다.

㉣ 협박과 고통을 기반으로 한 교육은 지속 가능하지 않다.

㉤ 강압적인 교육을 받은 반려견은 체벌을 피하기 위해 행동할 뿐이다.

㉥ 긍정적인 교육을 받은 반려견은 학습을 즐기며 적극적으로 교육에 참여한다.

㉦ 혐오 자극이 지속되면 반려견은 모든 것을 포기하는 학습된 무기력 상태에 빠질 수 있다.

(3) 강화물(Reinforcers)

① 강화물은 반려견의 행동 결과에 대한 보상으로 제공된다.

㉠ 강화물을 단순히 미끼로만 사용하면, 반려견은 미끼가 없을 때 보호자가 원하는 행동을 하지 않는다.

- 간식이 손에 있을 때만 행동을 한다!
- 간식을 눈앞에 두면 행동을 한다!
- 보상물을 뇌물처럼 사용하면 반려견은 행동을 지속하지 않는다.
- 보상물은 뇌물이나 단순한 미끼가 아니다.

㉡ 강화물은 반려견이 올바른 행동을 한 후 보상으로 제공되어야 한다.

㉢ 행동 결과에 대한 보상으로 반복적인 교육을 진행하면서 강화물의 사용을 점차 줄이면, 반려견이 스스로 보호자가 원하는 행동을 하는 습관을 형성하게 된다.

② 반려견마다 선호하는 강화물이 다를 수 있다.

㉠ 보호자의 따뜻한 칭찬

㉡ 즐겁게 놀 수 있는 장난감

㉢ 다양한 형태의 먹이(사료, 간식, 트릿 등)

㉣ 보호자와 함께하는 놀이

㉤ 쓰다듬기, 안아주기 등 신체적 교감

㉥ 반려견이 즐거워하는 모든 활동과 보상

③ 반려견의 선호도를 충분히 관찰하여 가장 효과적인 강화물을 선택해 교육한다.

㉠ 삽살개는 먹이보다 놀이를 더욱 선호하는 강화물로 인식한다.

- 삽살개는 먹이에 대한 욕심이 적고, 움직이는 물체를 포획하려는 본능이 약하다.
- 사람의 표정과 감정을 잘 읽는 능력이 있어 교감을 통한 교육이 효과적이다.
- 놀이 형태의 교감 활동을 통해 사람에 대한 신뢰를 형성한다.
- 효과적인 교육을 위해 놀이를 강화물로 활용한다.

④ 강화물의 종류와 등급에 따라 반려견의 행동 반응이 달라질 수 있다.

㉠ 산책 교육 시 사료와 간식을 활용할 때

- 일상적으로 먹을 수 있는 사료보다 교육 시에만 제공되는 간식의 기호성이 더 높다.

㉡ 강화물의 등급을 다양하게 활용하면 더욱 효과적인 교육이 가능하다.

⑤ 동일한 강화물도 상황에 따라 그 가치가 변할 수 있다.

㉠ 사회성이 부족한 반려견의 경우

- 집에서는 사료가 훌륭한 강화물로 작용한다.
- 외부 환경에서는 사료가 강화물로 작용하지 않을 수 있다.
- 사회성이 부족한 반려견은 외부 환경을 위협적으로 느껴 두려움을 가질 수 있다.
- 반려견은 두려움을 느끼면 먹는 행동을 거부할 수 있다.

⑥ 환경에 따라 적절한 강화물을 활용해야 한다.

㉠ 새로운 학습 과정에서는 흥미를 유지하기 위해 높은 가치의 강화물을 제공한다.

㉡ 주변 환경이 학습에 방해가 될 경우, 반려견의 집중도를 높이기 위해 더 높은 가치의 강화물을 활용한다.

(4) 교감 활동

기본 교육에 앞서 교감을 통해 개와 사람의 신뢰를 쌓고 관리하는 것이 중요하다.

① 개에게 신체 접촉 및 애정 표현을 한다.

㉠ 신체 접촉은 개에게 안정감과 애정을 제공한다.

- 쓰다듬기, 안아주기 등의 행동은 개가 신뢰를 느끼고 보호자와의 유대감을 강화하는 데 도움이 된다.
- 개는 특히 보호자의 감정에 민감하게 반응한다.
- 애정 표현은 보호자와 개가 서로의 감정을 이해하는 중요한 수단이 된다.
- 이러한 교감은 반려견의 정서적 안정에도 긍정적인 영향을 미친다.

㉡ 개에게 신체 접촉과 애정 표현은 반려견의 상태를 파악하는 데 도움이 된다.

- 쓰다듬기, 안아주기 등의 신체 접촉을 통해 개의 반응을 관찰할 수 있다.
- 반려견이 선호하는 신체 접촉 방식을 파악할 수 있다.
- 개가 편안하게 느끼는지, 불안해하는지, 아파하는지 알 수 있다.
- 개가 편안해하는 신체 접촉 부위도 파악할 수 있다.
- 어떤 개는 배를 만지는 것을 선호하지만, 어떤 개는 이를 불편해 할 수도 있다.
- 신체 접촉을 통해 건강 상태도 파악할 수 있다.

㉢ 개가 편안하게 느끼는 방식으로 애정 표현을 하는 것은 개와 보호자 사이의 신뢰를 깊게 만든다.

② 개에게 놀이 활동을 제공한다.

㉠ 놀이 시간은 개와의 유대감을 강화하고 스트레스를 해소하는 데 중요하다.

- 놀이를 통해 개는 신체 활동과 정신적 자극을 경험하고, 보호자와의 관계를 더 깊게 형성하게 된다.
- 놀이 시간은 반려견에게 즐거움을 제공하고, 바람직한 행동을 유도하는 기회가 된다.
- 놀이를 통해 서로의 신뢰를 쌓고, 행복한 순간을 공유하는 것이 중요하다.

㉡ 놀이를 통해 개의 성향과 선호를 알 수 있다.

- 다양한 놀이를 통해 개의 흥미를 유도할 수 있다.
- 공 던지기, 끌어당기기, 숨바꼭질 등 다양한 놀이가 있다.
- 놀이를 통해 개가 보호자와 소통하는 방식, 선호와 비선호, 놀이의 성향, 흥미와 호기심, 선호 장난감과 재질 등을 파악할 수 있다.

㉢ 놀이를 통해 규칙을 학습한다.

- 개는 놀이를 통해 시작과 끝의 개념을 익힌다.
- 놀이 중 휴식과 활동을 반복하며 체력 조절법을 익힌다.
- 개는 놀이를 통해 물어도 되는 대상과 물지 않아야 할 대상을 구분하게 된다.
- 개는 무는 강도와 힘 조절 방법을 학습한다.

③ 개에게 다른 개 또는 사람과의 상호작용 기회를 제공한다.

㉠ 사회적 상호작용은 개의 사회성을 발달시키고 스트레스를 완화하는 데 중요하다.

- 다른 개나 사람과의 교류는 개의 행동을 긍정적으로 변화시킨다.
- 다양한 상황에 대한 적응력을 향상시킨다.
- 새로운 환경에서도 심리적 안정을 느끼게 된다.

㉡ 다양한 대상과의 상호작용을 통해 사회적 기술을 습득할 수 있다.

- 반려견은 다른 개와 자연스럽게 놀거나, 사람들과 긍정적인 상호작용을 통해 사회성을 높일 수 있다.
- 새로운 환경, 사람, 소리 등에 노출되면서 개는 다양한 상황에 대한 적응력을 기를 수 있다.

㉢ 상호작용을 통해 사회적 규칙을 학습한다.

다양한 대상과의 상호작용을 통해 다음을 학습한다.

- 다른 개와 만나는 방법
- 만나서 놀이를 시작하는 방법
- 놀이의 방법

- 예의 있는 행동
- 개의 사회적 신호 이해
- 예상하지 못한 변수에 대한 적응력
- 환경 변화에 대한 적응력 등을 배운다.

④ 개와 함께 산책한다.

㉠ 산책은 개의 신체 건강을 증진시키고 정신적 자극을 제공하여 스트레스를 해소하는 데 도움이 된다.

- 산책은 개가 자연을 탐색하고 새로운 환경을 경험하는 기회를 제공한다.
- 정서적 안정에도 긍정적인 영향을 준다.
- 산책은 개의 체중 관리와 에너지 소모를 돕는다.
- 사람과의 유대감을 높이는 중요한 활동이다.

㉡ 개는 산책을 통해 단조로운 일상에서 벗어날 수 있다.

- 다양한 경로와 장소를 선택하여 개가 새로운 냄새와 소리를 경험한다.
- 다양한 대상과 사회적 상호작용의 기회를 늘려준다.
- 이러한 다양성은 개의 호기심을 자극하고, 산책을 즐겁고 흥미로운 활동으로 만든다.

㉢ 산책을 통해 개의 성향과 선호도를 파악할 수 있다.

개와 함께하는 산책을 통해

- 선호하는 개의 종류
- 싫어하는 사람
- 마킹 장소
- 후각 활동 장소
- 자극에 대한 거리 등을 파악할 수 있다.

⑤ 개와 눈 맞춤을 통해 교감한다.

㉠ 개는 다양한 상황에서 사람과 의사소통하기 위해 바라본다.

- 개는 사람의 행동과 감정을 이해하기 위해 바라본다.
- 개는 사람에게 무언가를 요구할 때 눈을 맞추며 바라본다.

- 개는 상황에 대한 판단이 어려울 때 사람을 바라보며 도움을 구한다.
- 개는 불안하거나 두려운 상황에서 보호자를 바라보며 안정감을 얻으려 한다.

ⓛ 눈 맞춤을 통해 개가 어떤 행동을 해야 하는지를 알 수 있도록 도와줄 수 있다.

- 보호자와의 유대감이 깊은 개는 어떤 행동을 하기 전 보호자를 바라본다.
- 그 행동이 가능한지 보호자에게 묻는 방식이다.
- 산책, 놀이, 장난감 물기 등 다양한 상황에서 보호자와의 눈 맞춤을 통해 허용 여부를 확인한다.
- 무서운 상황에서도 보호자에게 눈 맞춤을 하며 도움을 요청하기도 한다.

ⓒ 눈 맞춤은 자발적으로 이루어지는 것이 가장 이상적이다.

- 눈 맞춤은 개가 허용되는 행동과 금지되는 행동을 구분하고 스스로 판단하게 하는 데 도움이 된다.
- 눈 맞춤 = 좋은 것 = 먹이(간식)
- 개는 자연스럽게 사람을 바라본 후 행동으로 이어간다.

ⓡ 눈 맞춤 행동은 개의 문제행동을 예방하는 데 효과적이다.

- 산책 중 눈 맞춤을 위해 개는 줄을 당기지 않는다.
- 산책 도중 개가 뒤를 돌아보면서 보호자에게 눈 맞춤할 때도 마찬가지다.
- 초인종 소리에도 보호자에게 눈 맞춤하고 있다면 짖지 않을 수 있다.
- 하고 싶은 행동이 있을 때 보호자에게 눈 맞춤을 통해 의사를 표현하므로, 보호자는 이를 미리 예측하고 문제행동을 예방할 수 있다.

ⓜ 눈 맞춤 이후 반응이 없으면 점차 해당 행동은 줄어든다.

- 적절한 보상이 뒤따르지 않으면 개는 점점 눈 맞춤을 하지 않게 된다.
- 산책 초반, 개는 방향을 확인하기 위해 보호자에게 자주 눈 맞춤을 한다.
- 갈 방향을 몰라 보호자에게 시선을 보내며 도움을 청한다.
- 이때 보호자가 반응하지 않으면, 눈 맞춤 행동은 점차 줄어들거나 사라진다.

표 6-3 눈 맞춤 교육의 예

예를 들어,
식사 시간에 강아지 앞 밥그릇에 사료가 채워져 있다.

강아지 입장) "밥 먹고 싶다, 빨리 먹어야지!"

이때, 보호자가 밥그릇 위에 손바닥으로 밥그릇 표면을 가리면,
강아지는 밥 먹기 위해 다양한 행동을 보인다.
보호자 손을 긁기도 하고, 밥그릇 앞에 앉기도 하며, 또는 보호자 손가락을 깨물 수도 있다. 강아지 흥분이 가라앉을 때까지 차분히 기다리면 강아지는 보호자를 응시한다.

강아지 입장) "밥 주세요!"
강아지가 보호자에게 눈 맞춤으로 자신의 상황을 알리고 다음 행동에 대해 요청하는 것이다. 눈 맞춤 후 밥을 주면 보호자와 강아지 사이에 하나의 규칙이 만들어진 것이다.
눈 맞춤 = 좋은 것 = 밥

2) 기본 교육

(1) 앉아

'앉아'는 반려견이 앞다리를 펴고 엉덩이를 땅에 붙인 자세로, 차분하게 유지할 수 있도록 교육하는 것이 중요하다.

① **앉는 행동을 순간 포착하여 앉아 교육하기**(캡처링: Capturing)

㉠ 반려견이 스스로 앉을 때까지 기다렸다가 엉덩이가 땅에 닿는 순간 즉시 칭찬하고 보상한다.

㉡ 앉는 행동과 칭찬, 보상을 연결시켜주면 앉는 행동의 빈도는 점차 증가하게 된다. 이때 보호자는 반려견이 자발적으로 앉을 때까지 기다리는 인내심과 세심한 관찰력이 필요하다.

㉢ 이후 같은 상황을 반복하여 반려견이 자주 앉는 행동을 보이면, 이때 '앉아'라는 단어를 덧붙여 주어 '앉아'라는 단어의 의미를 학습하도록 한다.

② **앉는 행동을 유도하여 앉아 교육하기**(루어링:Luring)

㉠ 간식을 이용해 반려견의 코에 냄새를 맡게 하여 흥미를 유도한다(루어링:Luring).

㉡ 반려견이 간식 냄새에 관심을 보이면, 간식을 쥔 손을 반려견의 머리 위로 천천히 수직으로 올려 자연스럽게 앉도록 유도한다.

㉢ 이후 동일한 동작을 반복하며 반려견이 행동을 익혔다고 판단되면, 손을 머리 위로 올리면서 '앉아'라는 단어를 함께 말한다.

그림 6-22 앉아(루어링: Luring)

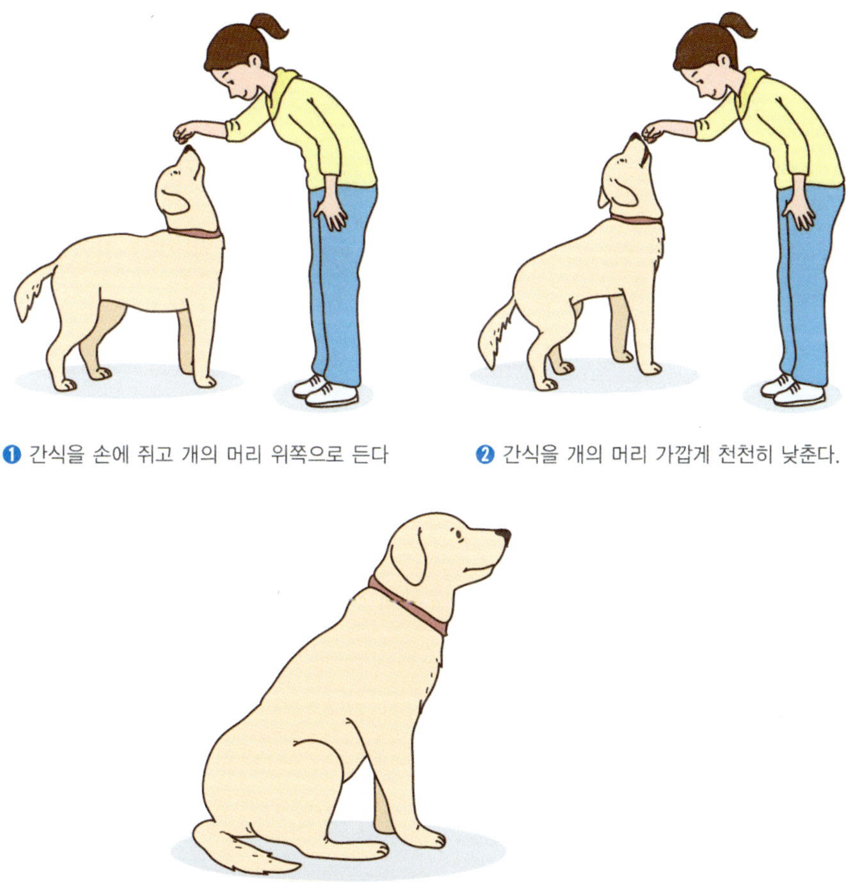

❶ 간식을 손에 쥐고 개의 머리 위쪽으로 든다

❷ 간식을 개의 머리 가깝게 천천히 낮춘다.

❸ 자세를 유지한다.

③ **목줄**(Collar)**과 리드줄**(Leash)**을 이용하여 앉아 교육하기**(몰딩: Molding)

㉠ 목줄을 이용한 교육은 반려견이 간식에 흥미를 보이지 않거나, 흥분도가 높아 집중하지 못할 때 사용할 수 있다. 하지만 이는 강압적인 느낌을 줄 수 있으며, 반려견에게 즐겁고 긍정적인 경험이 되지 않을 수 있으므로 가능하다면 교육을 미루는 것이 바람직하다.

㉡ 목줄에 리드줄을 연결한 뒤, 리드줄을 반려견의 머리 위 방향으로 부드럽게 들어 올리고 동시에 십자부(十字部, Hip)를 살짝 눌러 앉도록 유도한다. 이때 반려견이 앉으면 즉시 칭찬하고 보상을 주며, 리드줄의 긴장을 풀어준다.

㉢ 캡쳐링이나 루어링 방식과 달리, 몰딩 교육은 다소 강제적일 수 있으므로 반려견이 위축되지 않도록 칭찬을 충분히 해주며 긍정적인 분위기를 유지하는 것이 중요하다.

(2) 엎드려

'엎드려'는 반려견의 앞가슴과 비절이 바닥에 완전히 밀착된 가장 편안한 자세로, 반려견 교육에서 중요한 자세 중 하나이다. '엎드려' 또한 '앉아'와 마찬가지로 엎드린 자세를 안정적으로 유지할 수 있도록 교육해야 한다.

① **엎드리는 행동을 순간 포착하여 앉아 교육하기**(캡쳐링: Capturing)

㉠ 앉아 교육이 되어 있는 반려견이 스스로 엎드릴 때까지 기다린 후 엎드렸을 때 보상한다.

㉡ 처음 시도할 때는 반려견이 보호자의 의도를 이해하지 못해 다양한 행동을 보이고, 시간이 오래 걸릴 수 있다.

㉢ 보호자는 느긋한 마음으로 움직이지 않고 기다려야 하며, 첫 성공 시에는 과할 정도의 칭찬과 보상으로 흥미를 유도하는 것이 중요하다.

㉣ 반려견의 품종과 성향에 따라 성공까지 오랜 시간이 걸릴 수 있으므로 인내심을 가지고 기다려야 한다.

② **엎드리는 행동을 유도하여 앉아 교육하기**(루어링: Luring)

㉠ 앉아 교육과 같은 방식으로 간식을 활용해 흥미를 유도하고, 반려견이 간식에 관심을 보이면 손을 수직 방향 아래로 천천히 내려 반려견의 시선이 자연스럽게 아래를 향하도록 유도한다.

㉡ 반려견은 간식을 따라 고개를 숙이며 자연스럽게 내려가고, 이때 가슴과 비절이 바닥에 닿게 된다.

㉢ 칭찬과 보상은 가슴과 비절이 바닥에 닿는 순간에 주는 것이 중요하며, 자세 유지를 돕기 위해 간식은 가슴 가까이에서 제공하는 것이 좋다.

그림 6-23 엎드려(루어링: Luring)

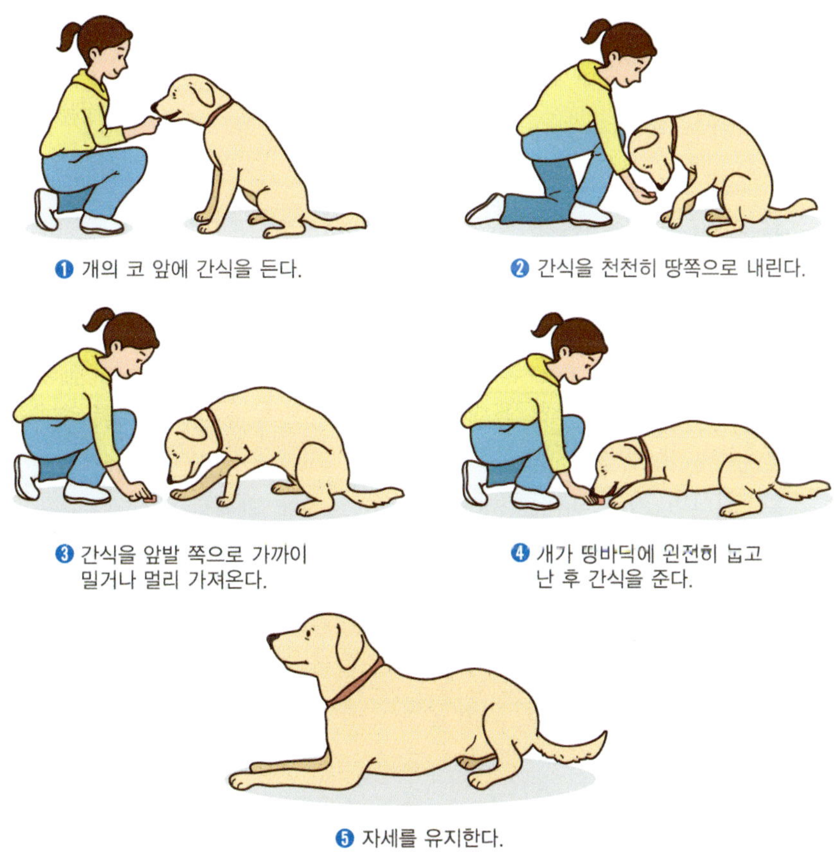

❶ 개의 코 앞에 간식을 든다.

❷ 간식을 천천히 땅쪽으로 내린다.

❸ 간식을 앞발 쪽으로 가까이 밀거나 멀리 가져온다.

❹ 개가 띵바닥에 완전히 눕고 난 후 간식을 준다.

❺ 자세를 유지한다.

③ **목줄**(Collar)**과 리드줄**(Leash)**을 이용하여 엎드려 교육하기**(몰딩: Molding)

㉠ 반려견이 간식에 흥미가 없거나, 통제가 필요할 정도로 흥분한 상태이며 집중하지 못할 경우, 목줄과 리드줄을 활용한 교육 방법을 사용할 수 있다.

㉡ 목줄에 연결된 리드줄을 아래로 천천히 내려주며 '엎드려'라는 명령어를 함께 사용하고, 가슴과 비절이 바닥에 닿았을 때 즉시 칭찬과 보상을 제공한 뒤 리드줄을 느슨하게 풀어주는 것이 중요하다.

㉢ 리드줄을 이용한 엎드려 교육은 앉아 교육보다 자극 강도가 크기 때문에, 반려견이 심리적으로 위축되지 않도록 평소보다 더 강한 칭찬과 충분한 보상을 제공하는 것이 필요하다.

(3) 기다려

① **기다려 교육하기**

㉠ '기다려'는 반려견 교육에서 꼭 필요한 기본 교육 중 하나이다.

㉡ '기다려' 교육은 흥분 요인을 제거한 조용한 실내 공간에서 시작하는 것이 효과적이다.

㉢ 반려견이 편안함을 느끼는 공간에서 '앉아'를 시킨 후, 보호자가 손바닥을 보이며 '기다려'라고 말하고 한 걸음 뒤로 물러선다.

㉣ 반려견이 자리를 지키며 기다렸다면 보호자가 다가가 보상을 제공한다.

㉤ 반려견이 잘 기다린다면 보호자는 점차 거리를 2보, 3보로 늘린다. 반려견이 움직였다면 처음 위치로 데려가 다시 교육을 반복한다.

㉥ 거리가 멀어질수록 기다리기 어려워지지만, 타이밍 좋은 보상과 칭찬은 성공적인 결과로 이어진다.

그림 6-24 기다려

❶ 개에게 '기다려'라고 말한다.

❷ 뒤로 살짝 물러선다.

❸ 자세를 유지하도록 한다.

(4) '이리 와'

① '이리 와' 교육하기

㉠ '이리 와' 교육은 '기다려' 교육만큼 중요한 기초 교육이다.

㉡ 어떤 상황에서도 반려견이 보호자에게 올 수 있도록 교육하는 것은 반려견의 안전과 직결된다. 반드시 실시해야 할 기초 교육이다.

㉢ 첫 교육은 반려견이 집중할 수 있는 조용한 실내 공간에서 시작하고, 점차

외부 공간으로 확장하는 것이 좋다.

㉣ '이리 와' 교육에서 가장 중요한 점은 반려견이 보호자에게 왔을 때 큰 행복을 느끼게 하는 것이다. 높은 톤의 칭찬, 신체 접촉, 간식 등 다양한 보상을 통해 반려견이 항상 즐겁고 행복함을 느끼도록 유도한다.

㉤ 실내에서 부르면 오는 단계까지 교육이 완료되었다면, 목줄과 긴 리드줄(10m)을 이용해 외부 교육으로 확장한다. 외부 자극에도 반응할 수 있도록 일반화 과정을 거쳐야 한다.

㉥ 외부 교육 시에는 실내 교육과 달리 목줄과 리드줄에 대한 거부감이 생길 수 있으므로, 사전에 이에 대한 적응 교육이 필요하다.

그림 6-25 이리 와

❶ 줄을 잡고 2m 정도 떨어진 거리에서 '이리 와' 라고 하며 다가올 수 있도록 한다. 이때 줄을 세게 잡아당기지 않는다.

❷ 점점 긴 줄을 사용한다.

❸ 줄이 없어도 다가올 수 있도록 한다.

ⓢ 외부에서 '이리 와'에 반응하지 않을 때에는 리드줄로 약한 신호를 주고, 반려견이 보호자에게 왔을 때는 공감하는 칭찬과 확실한 보상을 제공해야 한다. 리드줄은 자칫 반려견에게 거부감이나 두려움을 줄 수 있으므로, 자극의 강도를 최소화해 부드럽게 컨트롤하는 것이 교육 효과에 도움이 된다.

ⓞ 흥분도가 높아 집중이 어려운 반려견에게는 타겟팅(Targeting) 교육을 '이리 와' 교육과 병행하는 것이 효과적일 수 있다. 또한 '이리 와' 교육에서 유의할 점은 교육이 잘되지 않는다고 해서 반려견에게 화를 내거나 벌을 주는 것이다. 이는 보호자에게 가면 혼난다고 오해할 수 있으며, 도망간다고 소리치며 쫓아가면 놀이로 인식해 더 멀어질 수 있다.

(5) 각측보행

① 각측보행 교육하기

㉠ 각측보행은 반려견이 보호자의 왼쪽 또는 오른쪽에서 사람의 걸음 속도에 맞춰 나란히 걷는 행동을 말한다.

그림 6-26 각측보행

ⓛ 각측보행 교육이 되어 있지 않으면 반려견의 흥분을 조절하기 어렵고 보호자에게 집중하지 않아 예기치 못한 상황이 발생할 수 있다.

ⓒ 보행 중 반려견은 즐겁고 편안함을 느껴야 하며, 반려견과 보호자는 서로 집중하고 교감하는 상태를 유지해야 한다.

② 목줄 착용하기

㉠ 각측보행 교육을 시작하기 전에 반드시 목줄 착용 교육이 선행되어야 하며, 초기에는 거부감을 줄이기 위해 느슨하게 착용한 뒤 점차 반려견의 목둘레에 맞게 조절해야 한다. (착용 시 손가락 1~2개가 들어갈 정도의 여유가 필요하다.)

③ 보호자 옆에 붙이기

㉠ 각측보행 교육 전, 반려견과 충분한 교감을 나누어 교육이 즐거운 경험임을 알려준다.

㉡ 리드줄을 잡은 손의 반대 손에는 보상을 위한 간식을 준비한다.

㉢ 루어링(Luring)을 활용하여 반려견을 보호자가 원하는 쪽으로 유도하고, 옆에 붙는 행동을 반복적으로 보상하여 자연스럽게 익히도록 한다.

㉣ 보호자는 간식을 주거나 다리를 가볍게 치며 '옆에'라는 단어를 익히게 하고, 반려견이 거부감을 보일 경우 리드줄을 부드럽게 조절하여 옆에 오도록 유도한다.

㉤ 간식은 반려견의 눈높이에 두어 점프하지 않도록 하고, 리드줄은 너무 길지 않게 조절하여 보호자에게 다가올 때 뛰지 않도록 해야 한다.

그림 6-27 보호자 옆에 붙이기

❶ 간식을 개에게 보여준다.

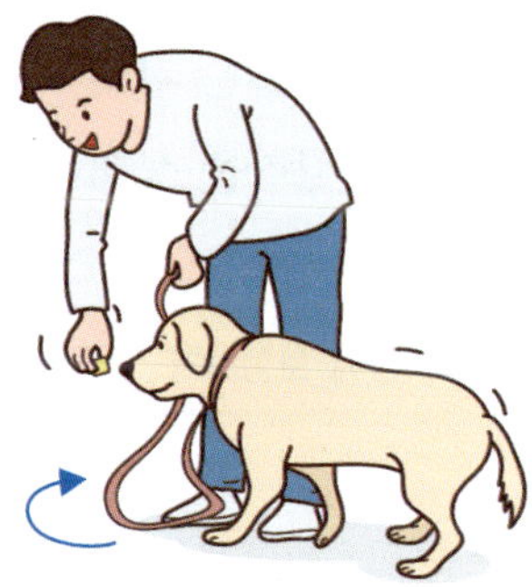

❷ 개가 왼쪽에서 오른쪽으로 원을 그리며 이동할 수 있도록 유도한다.

❸ 개가 보호자 뒤로 돌아 왼쪽 다리 옆으로 올 수 있도록 한다.

❹ 왼쪽 다리 바로 옆에 개가 붙게 되면, 보호자는 왼쪽 다리를 가볍게 치면서 '옆에'라고 말하고 보상을 준다.

④ 반려견과 함께 보행하기

㉠ 반려견과 함께 보행하려면 반려견이 보호자에게 집중할 수 있는 환경을 먼저 만들어야 한다.

㉡ 산책 시 반려견이 환경에 적응하고 긴장을 풀 수 있도록 후각 탐색과 배변 활동을 할 수 있는 시간을 충분히 제공해야 한다.

㉢ 리드줄은 팽팽하지 않고 여유 있게 늘어진 J자 또는 U자 형태를 유지해야 한다.

㉣ 반려견이 앞으로 치고 나가거나 너무 뒤처질 경우, 리드줄을 가볍게 조절하여 반려견이 인지할 수 있도록 신호를 전달한다.

㉤ 이때 리드줄 조절은 강한 자극이 아닌, 신호를 주는 정도의 미세한 자극으로 반려견이 거부감을 느끼지 않도록 조절하는 것이 중요하다.

그림 6-28 반려견과 함께 보행하기

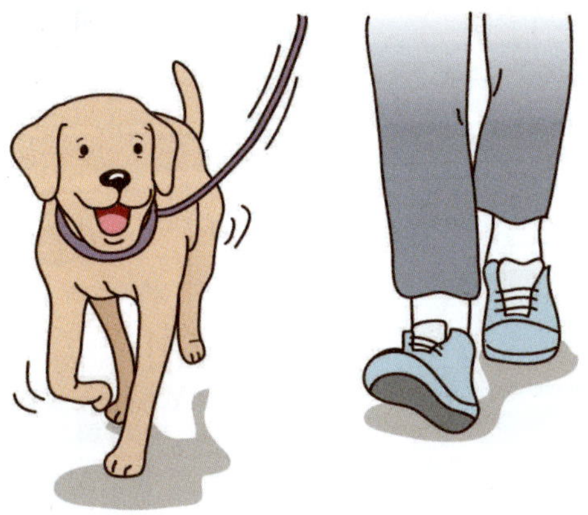

(6) BAT(Behavior Adjustment Training) 교육

① BAT 교육의 이해

㉠ BAT는 미국의 그리샤 스튜어트(Grisha Stewart)가 개발한 교육 방법이다.

㉡ 개가 자극에 다가가거나 회피할 수 있는 선택권을 갖도록 돕는 교육 방법이다.

㉢ BAT는 개가 안전과 위험을 스스로 판단하고 통제할 수 있는 능력을 길러준다.

㉣ 개가 스스로 감정을 조절하며 안정을 유지하도록 돕는 자연스러운 교육 방법이다.

㉤ 개가 과민하게 반응하는 상황에서도 억제하거나 강제로 통제하지 않는다.

㉥ 반려동물 행동지도사는 개의 행동에 최소한으로 개입하며 자율적인 선택을

유도한다.

ⓢ 반려동물 행동지도사는 개가 억압 없이 자연스럽게 상황을 해석하고 상호작용할 수 있도록 돕는다.

② BAT 교육의 설정

㉠ 아래 그림처럼 바닷가 공간을 구분하여 반려견의 상태를 확인할 수 있도록 설정한다.

- 지면에 가까운 거리와 수면에 가까운 거리에서 반려동물 행동지도사의 개입 정도가 달라진다.
- 자극물(사람, 동물, 기타 자극 유발 요인)은 반려견이 불안을 느끼지 않을 정도로 충분히 떨어진 거리에 있어야 한다.
- 자극물은 반려견이 스스로 상호작용할 수 있도록 적절한 거리에서 자연스럽게 움직이도록 한다.
- 이는 반려견이 자극물로 인한 스트레스를 최소화하도록 돕는다.
- 반려동물 행동지도사는 반려견의 자율적인 활동을 방해하지 않으며, 주변의 안전을 유지한다.
- 반려동물 행동지도사는 반려견의 반응 경계를 설정하고, 위급한 상황에서는 신속하고 적절하게 개입한다.
- 반려동물 행동지도사는 반려견이 안전하다고 느낄 수 있도록 스트레스 신호를 주의 깊게 관찰해야 한다.

그림 6-29 **개의 스트레스 수준과 해변**

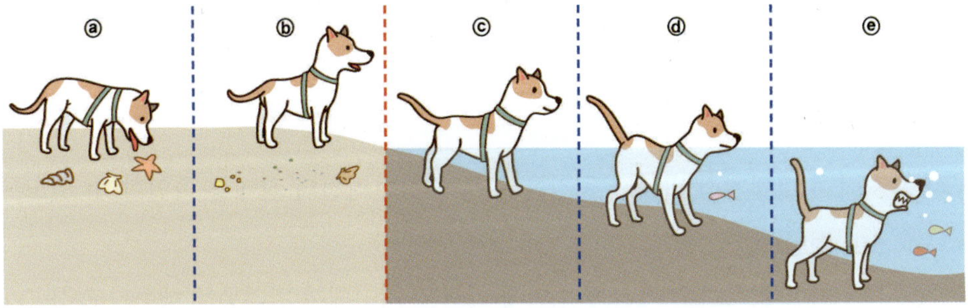

ⓐ는 가장 이상적인 상태로 개가 아주 편안한 상태이다.
ⓐ 상태에서는 반려동물 행동지도사의 개입이 전혀 이루어지지 않는다.
ⓑ는 괜찮은 상태이지만 자극물에 대한 반응을 잘 살펴봐야 한다.
ⓐ와 ⓑ 상태를 유지하면서 자극에 대한 둔감화 교육을 한다.
ⓒ 상태에서는 스스로 안정을 찾지만 ⓓ 상태로 넘어가기 쉽다.
ⓓ와 ⓔ 상태에서는 흥분이 쉽게 되고 스트레스 수준이 높다.

㉡ 교육을 위한 환경 설정

- 개는 자유롭게 움직이며 주변 사물을 확인하고 냄새를 맡으며 자극물을 자연스럽게 관찰한다.
- 반려동물 행동지도사는 줄을 느슨하게 유지하며 개의 뒤를 따라간다.
- 개가 자극물에 과도하게 집중하면 천천히 멈추거나 부를 준비를 한다.
- 개가 자유롭게 움직일 수 있도록 긴 리드줄을 사용한다.
- 개의 움직임을 따라가되, 자극물에 억지로 접근하도록 유도하지 않는다.

㉢ 개의 스트레스 상태를 바닷가의 수위에 비유하여 설명한다.

- 개의 스트레스 수준이 해변 수위로 나타난다.
- 해안가에 가까울수록 스트레스가 낮고, 물속으로 들어갈수록 스트레스가 높아진다.

㉣ 교육 방법

- 해변은 개의 스트레스 수치를 시각적으로 표현한 것이다. 이를 관찰하며 교육을 진행한다.

- 개가 자극물에 대해 호기심을 갖는 것은 괜찮지만, 개가 자극물로 인해 두려움, 좌절, 공격의 모습을 보이는지 잘 관찰한다.
- 개는 해변을 자유롭게 돌아다닐 수 있지만, 물에 들어가지 않도록 주의해야 한다. 즉, 개가 느끼는 스트레스 정도를 항상 관찰하고 개의 스트레스가 과도해지지 않도록 조절해준다.
- 자극물의 움직임과 거리를 조절하여 개의 스트레스 수준을 낮게 유지하며 물에서 벗어날 수 있도록 도와준다.
- 개가 자극물이 위협적이지 않고 탐색하고 벗어날 수 있다는 것을 스스로 배울 수 있도록 한다.
- 개가 안정되고 스트레스 수준이 낮아지면, 칭찬과 보상을 준다.
- 개가 어느 시점에서든 자극물로 향해 직선으로 다가가면 물로 들어가려는 것으로 생각해야 한다.
- 개를 해안선에서 멈추게 하여 물로 들어가는 것을 방지할 수 있다.
- 개가 진정된 상태에서 자극에 대한 반응을 관찰하여 정보를 수집한다.
- 개의 머리 움직임과 신체 중심의 상태를 확인한다.
- 자극을 받은 개가 탐색을 마치고 안정되면 자극물에서 관심을 거두고 외면하게 된다.
- 개가 진정된 후 다음 행동을 스스로 선택할 수 있는 기회를 제공한다.
- 리드줄은 항상 느슨하게 U자 형태를 유지하도록 한다.
- 개가 자극물로 향하지 않으면 반려동물 행동지도사는 리드줄을 느슨하게 하여 개의 움직임을 따라간다.
- 자극물에 대한 반응 임계치가 낮아지면 다양한 환경과 자극물로 교육을 계속 확장해나간다.

표 6-4 BAT 훈련

BAT 훈련기법(Behavior Adjustment Training)

개가 자극에 호기심을 보이는 단계		개가 자극에 직접 다가가는 단계		
-편안한 자세 -자연스러운 입과 귀 -자극을 피하지 않음 -바닥 냄새를 맡음 -편안하게 바라봄 -스쳐가는 시선 -자연스러운 환경 탐색	-주변 정보수집 -자극에 관심을 보임 -귀를 세움 -공기 냄새를 맡음 -쉽게 안정적으로 됨	-보통 정도의 흥분 상태지만 곧 차분해짐 -자극에 집중 -스스로 안정상태로 돌아오지만 2초 이상 걸림	-스스로 안정상태로 돌아올 수 없다. -경직된 얼굴과 몸 -꼬리가 서고 경직됨 -입 다묾 -숨 가쁨 -자극을 피하려 함 -간식을 거부함	-한계점을 넘어감 -과잉 반응
이상적인 상태	이 정도까지는 괜찮음	약한 징후	불러오기	벗어나기
개를 따라감 자극되는 것이 없음	해안가에 천천히 멈춘다. 안정될 때까지 기다린다.	안정된 후 "됐지?" 말로 표현하고 무게 중심을 이동한다. 개가 해안가로 다시 올 수 있도록 도와준다.	부르고 마른 땅으로 이동하고 보상을 준다.	불러내고 보상을 준다. 필요하다면, 안전하기 위해 줄을 당기거나 당기는 척을 한다.

출처: 그리샤스튜어트(2014).

Chapter

07

문제행동

Chapter

07

문제행동

1. 문제행동의 정의

과거 개의 역할을 보면 사역견(working dog)에서 애완견(pet dog)으로 변화하였고 현재는 애완견에서 반려견(companion dog)으로 변화하였다.

과거에 사역견으로써 필요했던 행동이 수렵이나 경계와 같은 행동이 현대의 반려견에게는 불필요한 행동이나 때에 따라서 보호자가 생각하기에 불편하다고 생각하는 행동으로 여겨지게 되었다.

동물의 행동은 정상행동과 이상행동 두 가지로 구분할 수 있다. 정상행동은 해당 종에서 벗어나지 않는 일반적인 행동을 밀하고 이상행동은 이 정상행동의 범주에 들어가지 않는 행동이나 정상행동의 빈도나 강도가 너무 강하거나 약한 것을 말한다. 따라서 문제행동은 보호자의 관점에서 볼 때 이상행동을 모두 문제행동이라 보기 어려울 수도 있고 정상행동이 문제행동에 포함될 수도 있다.

표 7-1 스몰독 신드롬

스몰독 신드롬(Smalldog Syndrom)

공격성, 짖음 등 보통 반려견들의 문제행동이라고 여겨지는 행동들이 몸집이 작은 소형견에게는 수정하지 않고 방치되는 현상을 말한다. 보통의 문제행동에는 심화되기 전 시그널이 보이는데 보호자들이 이 단계에서 방치하거나 귀엽다고 여겨서 문제가 심각해지기도 한다. 이러한 반려견은 보호자의 말을 듣지 않거나 다른 개에게 으르렁거리고 올라타는 모습이 보이고 보호자 위에 올라타고 손이나 발을 깨무는 모습이 보일 수 있다.

출처: copilot AI(인공지능 이미지)

2. 문제행동의 분류

1) 이상행동과 정상행동

(1) 동물이 본래 가지고 있는 행동양식(repertory)을 일탈하는 경우

- 이들은 언뜻 보기에 정상이 아니라고 판단할 수 있는 경우가 많다.

예시 궤양이 생길 때까지 발끝을 핥는 상시 장애나 환각적인 행동

(2) 동물이 본래 가지고 있는 행동양식의 범주에 있으면서도 그 많고 적음이 정상을 일탈하는 경우

- 두 행동 모두 평균과 비교하여 너무 많아도 너무 적어도 문제가 된다.

예시 성행동이나 섭식행동에서 많이 볼 수 있다.

(3) 그 많고 적음이 정상을 일탈하지 않더라도 인간사회와 협조되지 않은 경우

- 본래 개가 가지고 있는 행동인 경계성 짖음은 정상이라고 이해가 되지만 이웃에 사는 사람들에게 피해가 가고 보호자가 불편함을 느끼기에 문제라고 인식이 되고 고쳐야 할 필요성을 느끼게 되어서 문제행동으로 여겨진다.

예시 개가 집을 지키려고 짖는 행동

표 7-2 문제행동의 분류

이상행동	동물이 본래 가지고 있는 행동양식을 일탈하는 이상행동	상시장애, 자기파괴행동
	동물이 본래 가지고 있는 행동양식의 범주에는 있으나 행위의 빈도가 너무 과도하거나 적어서 정상범위를 일탈하는 행동	섭식행위, 성행위 등이 과도하거나 너무 적은 경우
정상행동	동물의 본래 가지고 있는 행동양식의 범주에는 있으나 인간사회와 잘 맞지 않는 경우	하울링, 경계성 짖음 등

2) 반려견의 문제행동 분류

(1) 공격행동

- 개에게 이유가 있는 공격행동은 정상행동이다. 나의 반려견도 언제든 공격할 수 있다는 것을 인식하는 것이 중요하다. 공격행동이라는 것은 반려견의 보호자, 타인, 다른 반려견에게 피해를 줄 수 있는 행동이기 때문에 문제행동이라고 많이 인식된다.
- 반려견의 대부분은 본격적인 공격행동이 진행되기 전에 으르렁거리는 소리를 내며 경고하는 경우가 많지만, 이런 신호 없이 공격하는 경우도 종종 있다. 하여 본격적인 공격 문제가 생기기 전 경고의 단계에서 수정하거나 어린 시기에 불편한 자극을 다양하게 경험하여 이런 문제행동이 발현되지 않게 교육하는 것이 좋다.

- 공격행동에는 위협하는 행동, 무는 행동, 할퀴는 행동, 다른 동물과 싸우는 행동이 포함된다. 이는 선천적인 기질, 후천적인 영향, 보호자와의 관계 형성 등 다양한 원인이 있는데 어떤 자극에 반려견이 이런 행동을 보이는지 파악하는 것이 중요하다. 이를 파악하기 위해서는 생활적으로 자극을 최소화하여 변수를 줄여 보는 것도 도움이 될 수 있다.

그림 7-1 **공격행동**

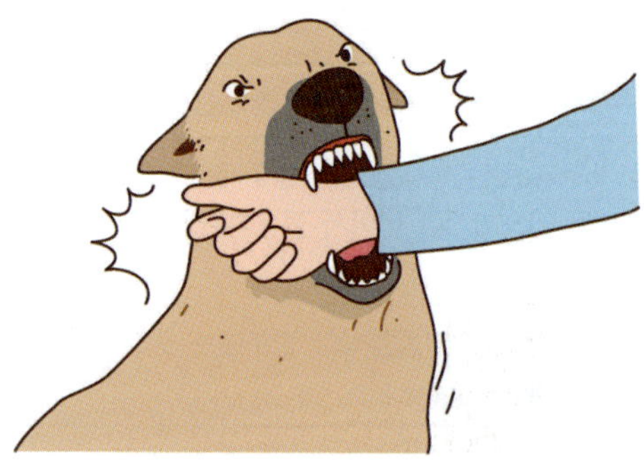

① **공격적 위협**(Offensive Threat)

- 공격적 위협은 으르렁거리기, 짖기, 이빨 드러내기, 털 세우기 등의 행동으로 나타나는 공격행동이다.
- 이러한 행동은 반려견이 자신을 보호하거나 자원을 방어하려는 경고 신호이며, 물리적 접촉으로 이어지지 않는 경우도 많다.
- 반려견의 스트레스나 불안, 환경 변화로 인해 이러한 행동이 유발되며, 보호자가 신호를 무시하거나 반려견을 강압적으로 대할 경우 적극적 공격행동으로 발전할 가능성이 있다.
- 공격적 위협은 불안정한 환경이나 불편한 상황에서 유발되므로, 반려견이 안전하다고 느끼도록 환경을 조성하고 보호자를 믿고 안정을 취할 수 있도록 하여 위협적 행동이 발현되지 않도록 교육해야 한다.

- 이러한 행동은 반복적으로 경고 신호를 무시하거나 반려견이 자극적인 상황에 자주 노출될 경우 강화될 수 있다. 반려견의 공격적 위협 행동이 두드러질 경우, 낯선 사람이나 동물과의 접촉을 피하고 안정적인 환경을 제공하는 것이 중요하다.

② **방어적 공격행동**(Protective aggression)

- 방어적 공격행동은 자신을 보호하기 위해 나타나는 공격행동으로, 도망칠 수 없는 상황에서 주로 발생한다.
- 이 행동은 두려움이나 불안, 과거 트라우마와 같은 심리적 요인에서 비롯되며, 상대방에게 무는 행동으로 이어질 가능성이 높다.
- 이 행동은 반려견의 스트레스와 두려움을 낮추는 방식으로 교육하거나 불필요한 자극을 피함으로써 예방할 수 있다.
- 방어적 공격행동은 위협적인 자극에 노출될 때 더욱 강화될 수 있으므로, 낯선 환경에 점진적으로 노출시키는 훈련을 통해 두려움을 줄이고 긍정적인 경험을 쌓는 것이 필요하다. 공격성이 높아질 경우 전문가의 도움을 받는 것이 좋다.

③ **우위성 공격행동**(Dominance-related aggression)

- 우위성 공격행동은 반려견이 지위를 확보하거나 유지하기 위해 나타나는 공격행동이다.
- 으르렁거리거나 상대를 밀어내는 자세를 취하며, 보호자나 다른 반려동물에 대한 통제력을 행사하려는 행동으로 나타날 수 있다.
- 이 행동은 반려견이 자신의 지위와 권리를 보호하려는 본능에서 비롯되며, 자원(음식, 장난감, 휴식 공간 등)과 관련된 경우가 많다.
- 우위성 공격행동은 반려견과 보호자 간의 권위 관계를 명확히 하고, 일관된 훈련과 규칙을 통해 방지할 수 있다. 반복적으로 반려견이 우위 행동을 보일 경우, 이를 무리하게 제지하지 말고 전문가의 도움을 받아 올바른 교육을 진행해야 한다.

④ **포식성 공격행동**(Predatory aggression)

- 포식성 공격행동은 주시, 침 흘리기, 몰래 다가가기, 낮은 자세 등의 포식 행동에 잇따라 일어나는 공격행동이다. 개에게 사냥감을 포식하는 것은 본능이기 때문에 이러한 공격행동을 방지하는 것은 어렵다.
- 이러한 기질은 타고나는 것이지만 다른 쪽으로 해소할 수 있도록 교육하거나 이런 행동이 발현되지 않도록 교육할 수 있다.
- 포식성 공격행동은 추적 본능이나 사냥본능에 의하여 생기는 행동이므로 반려견에게서 빨리 도망가거나 소리를 내며 달리는 행동, 빠르게 움직이는 물체를 잡아 오도록 반복하는 놀이, 사냥감을 잡고 뜯거나 뺏는 것 같은 터그놀이를 할 경우에 이런 기질이 강화될 수 있다. 모든 반려견에게 터그놀이가 나쁘다는 것은 아니지만 나의 반려견이 이러한 기질을 가지고 있고 공격적인 모습이 보인다면 자제하는 것이 좋다.

⑤ **질병에 의한 공격행동**(illness-related aggression)

- 질병에 의한 공격행동은 신체적 통증이나 질환에서 기인하는 공격행동이다. 보호자가 만지거나 접촉하려 할 때 갑작스럽게 공격적인 반응을 보일 수 있다.
- 관절염, 치통, 피부질환, 신경계 이상 등의 건강 문제가 주요 원인이며, 건강 상태가 악화될수록 공격성이 심화될 가능성이 있다. 이러한 모습이 보일 때에는 반려견의 건강을 점검하고, 적절한 치료를 통해 상태를 개선함으로써 방지할 수 있다. 공격적인 행동을 보일 때는 억지로 접근하지 말고, 수의사와 상담하여 문제를 해결하는 것이 중요하다.

표 7-3 공격행동의 분류

문제행동의 종류	문제행동의 설명	문제행동의 원인
공격적 위협 (Offensive Threat)	장난감, 음식, 공간 등 가치 있는 자원에 대한 도전에 대응할 때 보이는 위협 신호	반려견의 스트레스나 불안, 환경 변화
방어적 공격행동 (Protective aggression)	스스로 안전의 확보가 어렵다고 생각되거나 스스로 보호하기 위한 공격행동	두려움이나 불안, 과거 트라우마와 같은 심리적 요인
우위성 공격행동 (Dominance-related aggression)	개가 자신의 사회적 순위를 위협받거나 그 순위를 과시하기 위해 보이는 공격행동	반려견이 자신의 지위와 권리를 보호하려는 본능
포식성 공격행동 (Predatory aggression)	본능적인 포식 행동에 잇따라 일어나는 공격행동	추적 본능이나 사냥 본능
질병에 의한 공격행동 (illness-related aggression)	통증이나 질병적 원인 혹은 원인을 알 수 없는 특발적 자극에 의하여 발생하는 공격행동	관절염, 치통, 피부질환, 신경계 이상 등의 건강 문제

(2) 분리불안장애(Separation anxiety disorder)

- 분리불안장애이란 많은 보호자가 문제행동으로써 많이 걱정하는 것 중에 하나로 특정 인물(보호자)이 없을 때 보이는 짖음, 파괴적 행동이나 부적절한 배설, 자해와 같은 행동학적 징후나 구토, 설사, 떨림 같은 생리학적인 증상으로 나타난다.
- 분리불안장애가 있는 반려견의 경우 보호자와 떨어지려고 하는 기미가 보이면 침을 흘리거나 숨을 헐떡거리며 짖으며 보호자의 바지를 무는 행동을 하는 경우도 있고 혀가 나오거나 동공이 확장되고 억지로 배설을 짜내어 무른 변이나, 소화되지 않은 변을 보는 모습이 보이기도 한다.
- 분리불안장애의 원인은 다양하고 하나에 국한되지 않고 복합적으로 작용하기도 한다. 어렸을 때 장시간 빈집에 있거나 보호자의 생활 패턴이 불규칙한 경우, 보호자가 바뀌는 등 다양한 원인이 있다. 또한 보호자의 과도한 애정이 원인이 되는 경우도 있는데 이때에 반려견은 실내에서도 보호자를 졸졸 따라다니거나 감시할 수 있는 소파 위에서 주로 생활하기도 하며 보호자와 잠자리를 분리하지 않아 집착하는 경우도 있다.

(3) 고립장애(Isolated disorder)

- 고립장애란 특정 인물(보호자)이 아닌 외부와의 접촉이 차단된 상황에서 발생하는 반려견의 문제행동이다. 고립장애를 가진 반려견은 집에 혼자 있을 때 장시간 짖거나, 문 주변을 긁고 물건을 파괴하는 행동을 보인다. 고립 상태가 반복되면 심리적 스트레스를 받아 체중 감소나 활력 저하로 이어질 가능성도 있다.
- 고립장애의 원인으로는 사회화 부족, 외로움, 보호자의 부재에 대한 불안 등이 있다. 어렸을 때 외부 환경과 충분히 교류하지 못한 반려견은 성견이 되어서도 혼자 있는 시간을 견디기 어려워하며, 사회적 유대감의 결핍으로 이러한 행동을 보이게 된다.
- 고립장애는 환경 조성, 홀로 있기 교육, 보호자 행동의 변화를 통해 극복할 수 있는데 반려견이 혼자 있는 동안 즐길 수 있는 장난감을 제공하거나 퍼즐 피더를 통해 긍정적 자극을 주는 것이 중요하다. 보호자의 외출과 귀가 시 과도한 반응을 보이지 않도록 훈련하며, 심각한 경우 전문가의 상담을 통해 맞춤형 접근을 시도해야 한다.

(4) 공포(Phobia)

- 공포는 반려견이 특정 자극(큰 소리, 낯선 사람, 새로운 환경 등)에 대해 과도하게 반응하는 상태로 나타난다. 반려견은 떨림, 숨기, 물러서기, 공격적 위협과 같은 행동을 보일 수 있으며 심한 경우 배설하거나 구토를 하기도 한다.
- 공포를 느끼는 반려견은 꼬리를 다리 사이로 말거나, 몸을 낮추며 회피하려고 하며, 시선 접촉을 피하거나 발작적인 행동을 보일 수 있다.
- 공포의 원인은 유전적인 기질, 사회화 부족, 과거 트라우마 등이 있다. 어린 시절 부정적인 경험을 했거나 특정 상황에서 지속적으로 스트레스를 받은 반려견은 비슷한 자극에 대해 공포 반응을 보이기 쉽다.

(5) 과도한 짖음(Excessive barking)

- 과도한 짖음은 반려견이 자신의 불편함, 두려움, 흥분 등을 표현하거나 환경의 자극에 반응할 때 나타난다. 문밖에서 나는 소리, 낯선 사람의 접근, 보호자의 관심을 끌기 위한 목적 등 다양한 이유로 발생할 수 있다.
- 과도한 짖음은 주변 환경을 지속적으로 자극하며, 이로 인해 보호자와 이웃의 스트레스를 유발할 수 있다.
- 원인으로는 불안, 경계심, 흥분 과잉, 보호자의 행동에 대한 과도한 반응 등이 있다. 짖음은 본능적인 행동이지만, 이를 적절히 제어하지 않으면 고착된 행동으로 발전할 가능성이 있다.

(6) 부적절한 배설(Inappropriate elimination)

- 부적절한 배설은 반려견이 정해진 장소가 아닌 곳에서 배변, 배뇨를 하는 행동이다. 분리불안, 스트레스, 두려움, 건강 문제 등이 주요 원인이다. 특히 반려견이 소변을 반복적으로 실내 곳곳에 보거나 침대, 카펫 등 특정 장소를 선호하는 경우 행동 수정이 필요하다.
- 대개 부적절한 배설은 보호자의 부재 시에 나타나는 경우가 많으며, 반려견의 불안감과 연관될 수 있다. 또한 배변 훈련이 제대로 이루어지지 않았거나 신체적 문제가 있을 경우에도 이러한 행동이 발생할 수 있다.

(7) 파괴행동(Destructive behavior)

- 파괴행동은 반려견이 물건을 물어뜯거나 파손하는 행동으로, 분리불안, 스트레스, 에너지 과잉 등의 이유로 나타난다. 주로 보호자가 없는 시간에 발생하며, 가구나 신발, 문틀 등이 흔한 피해 대상이다. 이러한 행동은 반려견의 스트레스를 발산하려는 시도로 볼 수 있으며, 충분한 운동과 놀이 부족이 원인이 될 수도 있다.

- 파괴행동의 원인으로는 과도한 에너지, 지루함, 불안 등이 있으며, 어릴 때 적절한 훈련과 놀이 활동이 부족한 경우 성견이 되어서도 이러한 행동이 지속될 가능성이 있다.

(8) 상동장애(Stereotypy) 또는 정형행동(Stereotypical behavior)

- 상동장애는 반복적이고 목적 없는 행동(꼬리 물기, 발 핥기, 같은 경로를 계속해서 걷기 등)을 보이는 상태이다. 심리적 스트레스, 불안, 환경적 자극 부족 등이 원인으로 작용하며, 강박적으로 행동을 반복하게 된다.
- 이러한 행동은 자해로 이어질 수 있으며, 심각한 경우 신체적 손상을 초래할 수 있다.
- 상동장애는 보호자가 반려견의 일상을 충분히 채워주지 못하거나 과도한 스트레스 환경에 노출되었을 때 심화될 수도 있다.

(9) 이식증(Pica)

- 이식증은 비식용 물질(돌, 플라스틱, 천 등)을 먹으려는 행동으로, 영양 부족, 스트레스, 지루함 등이 주요 원인이다. 반려견이 비정상적인 물질을 삼킬 경우 소화기 장애나 장 폐색 등의 위험이 있을 수 있다.
- 이 행동은 어릴 때의 탐구 본능에서 시작될 수 있으며, 적절한 수정 없이 방치하면 지속될 가능성이 높다.
- 이식증은 주로 어린 강아지가 나이를 먹어감에 따라 점차 사라지는 경우가 대부분이고 이 외에도 보호자가 충분한 관심과 놀이를 제공하거나, 반려견의 식단과 건강 상태를 점검함으로써 완화될 수 있다.

표 7-4 공격행동 이외의 문제행동

문제행동의 종류	문제행동의 설명	문제행동의 원인
분리불안장애 (Separation anxiety disorder)	특정 인물(보호자)이 없을 때에만 보이는 불안행동	어렸을 때 장시간 빈집에 있거나 보호자의 생활패턴이 불규칙한 경우, 보호자가 바뀌는 등 다양한 원인
고립장애 (Isolated disorder)	특정 장소를 벗어날 때에만 보이는 불안행동	사회화 부족, 외로움, 보호자의 부재에 대한 불안
공포(Phobia)	천둥이나 큰 소리와 같은 특정 대상에 대해 일어나는 행동학적 및 생리학적 공포반응	유전적인 기질, 사회화 부족, 과거 트라우마
과도한 짖음 (Excessive barking)	불안증으로 인해 불필요하게 반복되는 포효	불안, 경계심, 흥분 과잉, 보호자의 행동에 대한 과도한 반응
부적절한 배설 (Inappropriate elimination)	부적절한 장소에서의 배설	반려견의 불안감, 신체적 이상, 교육이 제대로 이루어지지 않은 경우
파괴행동(Destructive behavior)	이갈이, 놀이, 이기(異嗜), 분리불안 등과는 무관하게 보이는 파괴행동	과도한 에너지, 지루함, 불안
상동장애(Stereotypy) 또는 정형행동 (Stereotypical behavior)	꼬리 쫓기, 꼬리 물기, 그림자 쫓기, 빛 쫓기, 허공 물기, 과도한 핥기 행동 등 이상빈도나 지속적으로 반복되는 행동	반려견의 에너지 발산이 이루어지지 않은 경우, 과도한 스트레스 환경에 노출되었을 때
이식증(Pica)	본인이나 타견의 배설물이나 작은 돌 등 일반적으로 먹이라고 생각할 수 없는 물체를 즐겨 섭식하는 행동	어릴 때의 탐구 본능에서 시작되는 경우가 많음

3) 반려묘 문제행동의 분류

(1) 공격행동(Aggression)

- 공격행동은 반려묘가 흥분하거나, 두려움을 느끼거나, 보호자와 놀면서 손이나 발을 사냥감으로 인식할 때 나타나는 행동이다. 이 행동은 어릴 때 적절한 놀이 습관을 배우지 못했거나, 스트레스가 많거나, 과도한 흥분 상태에서 발생할 수 있다.
- 고양이는 장난으로 가볍게 입질하거나, 쓰다듬기를 멈추라는 신호로 가볍게 무는 경우도 있다. 그러나 심한 공격행동은 보호자에게 신체적 피해를 주거나 고양이와의 신뢰 관계를 저해할 수 있다.
- 이러한 행동을 예방하기 위해서는 손이나 발 대신 장난감을 사용해 놀아주고, 과도하게 흥분했을 때 즉시 놀이를 멈추는 것이 중요하다. 또한, 긍정적 강화를 통해 올바른 놀이 방식을 학습시키는 것이 좋다.

(2) 과도한 울음(Excessive Meowing)

- 과도하게 우는 행동은 반려묘가 배고픔, 스트레스, 외로움, 또는 발정기와 같은 생리적 변화로 인해 보호자에게 보내는 의사소통 신호다. 특히, 보호자의 관심을 끌기 위한 습관적인 울음은 보호자에게 큰 부담이 될 수 있다.
- 발정기의 고양이는 짝을 찾기 위한 울음을 보일 수 있으며, 이는 중성화를 통해 완화될 수 있다. 반려묘가 지나치게 울 경우 건강 이상을 의심하고, 동물병원에서 검진을 받아야 한다.
- 우는 행동을 줄이려면 반려묘의 욕구를 정확히 파악하고, 적절한 시간에 보상하며, 주목하지 않는 방식으로 행동을 수정해야 한다.

(3) 스프레이 행동(Spraying)

- 스프레이 행동은 반려묘가 소변을 벽, 가구, 문 근처 등 특정 표면에 뿌리는 행동이다. 이는 주로 영역 표시, 스트레스, 불안, 또는 발정기에 의해 발생한다.
- 스프레이 행동은 새로운 고양이, 낯선 사람, 환경 변화 등으로 고양이가 자신의 영역을 위협받았다고 느낄 때 나타난다. 특히 중성화되지 않은 고양이에서 더 흔히 발생하며, 생리적 또는 심리적 요인이 복합적으로 작용할 수 있다.
- 스프레이 행동을 방지하려면 중성화 수술을 고려하고, 스트레스 요인을 제거하며, 페로몬 제품을 활용해 안정감을 제공해야 한다.

(4) 배변 문제(Inappropriate Elimination)

- 배변 문제는 반려묘가 화장실이 아닌 곳에서 소변이나 대변을 보는 행동이다. 이는 화장실의 위생 상태, 위치, 크기, 또는 스트레스와 같은 심리적 요인으로 인해 발생할 수 있다.
- 배변 문제를 가진 고양이는 화장실 사용을 꺼리며, 침대, 카펫 등 부드러운 표면에서 배변을 하는 경향을 보인다. 건강 문제(방광염, 신장 문제 등)가 원인일 수도 있으므로, 배변 문제가 지속된다면 동물병원에서 검진을 받아야 한다.
- 배변 문제를 해결하기 위해서는 화장실의 상태를 점검하고, 반려묘가 선호하는 화장실 환경을 제공하며, 스트레스 요인을 최소화해야 한다.

(5) 가구 긁기(Furniture Scratching)

- 가구 긁기는 고양이가 발톱을 관리하거나 영역을 표시하기 위해 하는 자연스러운 행동이다. 하지만 가구나 벽을 긁는 것은 보호자에게 문제가 될 수 있다. 고양이가 긁기 행동을 보이는 이유는 스트레스 해소, 발톱 관리, 또는 영역 표시 욕구 때문이다. 스크래처가 충분히 제공되지 않으면 가구를 긁는 행동이 고착화될 가능성이 높다.
- 가구 긁기 문제를 방지하려면 스크래처를 제공하고, 고양이가 긁기 좋은 장소에

배치하며, 긍정적 강화로 올바른 긁기 습관을 유도해야 한다.

(6) 지나친 그루밍(Overgrooming)

- 지나친 그루밍은 고양이가 과도하게 자신의 털을 핥거나 뽑는 행동으로, 스트레스, 불안, 또는 피부 질환이 원인이 될 수 있다. 심한 경우 털 빠짐, 피부 염증, 자해로 이어질 수 있다.
- 스트레스와 환경 변화가 주요 원인이며, 알레르기나 외부 기생충도 원인일 수 있다. 그루밍 행동이 지나치다면, 수의사의 진단을 받아야 한다.
- 지나친 그루밍을 줄이기 위해 스트레스를 해소할 수 있는 환경을 조성하고, 반려묘의 건강 상태를 점검해야 한다.

(7) 분리불안((Separation anxiety)

- 고양이의 분리불안이란 개의 분리불안보다 비교적 간과되기 쉽다. 보호자와의 강한 유대감과 애착에 문제가 생겼을 경우 가장 빈번하게 보호자의 체취가 많이 나는 곳에 배변을 하는 문제가 나타날 수 있고 이 외에도 소지품을 긁거나 씹는 행위, 과도한 그루밍 또는 울음으로 나타날 수 있다. 이러한 행위를 했을 때 고양이를 혼내게 되면 더욱 심해질 수 있다.

(8) 야행성 활동(Nighttime Activity)

- 야행성 활동은 고양이가 밤에 과도하게 활동하거나 보호자를 깨우는 행동이다. 이는 고양이의 본능적인 생활 습관에서 비롯되며, 낮 동안의 에너지 소비 부족이 원인일 수 있다. 고양이가 밤에 보호자를 깨우는 것은 관심을 끌거나 배고픔을 해결하기 위한 행동일 가능성이 높다.
- 이 문제를 해결하려면 낮 동안 충분히 에너지를 소모할 수 있도록 놀이 시간을 늘리고, 취침 전에 식사를 제공해 포만감을 느끼게 해야 한다.

표 7-5 고양이의 문제행동

문제행동의 종류	문제행동의 설명
공격행동 (Aggression)	동거묘 혹은 반려묘 보호자에게 이빨, 발톱을 세워 공격하는 행위
과도한 울음 (Excessive Meowing)	반려묘가 배고픔, 스트레스, 외로움, 또는 발정기와 같은 생리적 변화로 인해 보호자에게 보내는 의사소통 신호
스프레이 행동 (Spraying)	소변을 벽, 가구, 문 근처 등 특정 표면에 뿌리는 행동
배변 문제 (Inappropriate Elimination)	반려묘가 화장실이 아닌 곳에서 소변이나 대변을 보는 행동
가구 긁기 (Furniture Scratching)	양이가 발톱을 관리하거나 영역을 표시하기 위해 하는 자연스러운 행동
지나친 그루밍 (Overgrooming)	고양이가 과도하게 자신의 털을 핥거나 뽑는 행동
분리불안 (Separation anxiety)	보호자와의 유대관계에서 야기된 불안행동
야행성 활동 (Nighttime Activity)	고양이가 밤에 과도하게 활동하거나 보호자를 깨우는 행동

3. 문제행동의 원인

1) 환경적 요인

(1) 후천적 학습

학대나 큰 소리에 의한 놀람 등 혐오자극이 원인이 되어 사람, 동물, 사물에 대해 거부감을 표현하거나, 심한 경우 공포감을 갖는 행동이나 공격성과 같이 극간적으로 나타나는 경우로 볼 수 있다. 이럴 경우 원인에 대한 정확한 분석이 중요하다.

(2) 기본적 욕구에 대한 만족감 부족

반려견은 기본적인 동물적 본능을 가지고 있는데, 어린 시절에는 먹이와 안정이 보장된 보금자리에, 생식이 가능하게 된 이후에는 생식을 위한 행동 및 영역과 같은 소유 욕구에 관심을 갖게 된다. 이러한 무리 동물적 본능이 만족이 안 되는 경우에는 부족한 본능적 요구를 회복하기 위해 집중하며 문제행동이 생길 수 있다.

(3) 감정적 의존

무리동물인 반려견은 본능적으로 보호자에게 감정적으로 의존을 하게 되는데 이러한 의존 행동이 무시될 경우 혹은 과도하게 의존할 경우에도 문제행동을 야기할 수 있다. 소심한 성향이나 회피적 성향 혹은 사회화 부족과 같은 증상적 유사함이 보이는데 일정한 계기로 보호자가 반려견의 행위를 무시하는 행동을 했을 경우 자신을 무리에서 박탈시키는 것으로 이해할 수 있다. 이 경우 보호자에게 회피 혹은 무조건 따라다니는 행동을 보이게 된다. 보호자와 반려견은 서로에 대한 신뢰관계 형성단계부터 다시 시작하여야 한다.

2) 기질적 요인

(1) 유전적 요인

하울링 같은 짖음이나 심한 땅파기 등 특정 견종적 기질 혹은 유전적으로 나타나는 행동적 특성이 현대의 생활환경과 부합되지 않을 경우 문제행동으로 간주된다.

(2) 목적 달성을 위한 행동

반려견이 추구하는 목적을 달성하기 위한 행동이 반려견 보호자에게 불편함을 주는 경우로써 관심유발이나 자기만족, 물건에 대한 소유욕 등으로 표현되며 생물학적 요구에 의한 문제행동은 다른 문제행동에 비하여 수정에 시간과 노력이 더 많이 필요한 편이다.

3) 병적인 요인

고령성 인지장애, 상동행동과 같이 특정 부위에 대한 고충이나 유전적 질병, 건강 이상 등으로 보호자의 행동에 거부감이나 공격성을 표현하는 것으로 문제행동이 발생되기 이전에 반려견의 건강관리 측면에서의 예방이 가능하다.

4. 문제행동 수정과정

1) 문제행동 파악

우선 반려견의 문제행동을 파악하기 위해서는 다양한 요소들을 파악해야 한다. 왜냐하면 반려견의 신체 언어 하나만으로는 반려견의 감정과 의도를 파악할 수 없기 때문에 반려견의 상황이나 맥락 전체를 파악하여 정확한 원인을 유추할 수 있어야 한다. 문제행동 원인을 살펴보기 위해 다음과 같은 사항을 고려하도록 해야 한다.

2) 문제행동의 관리방법

(1) 행동수정요법(Behavior Modification)

동물의 문제행동을 개의 부적절한 행동을 감소시키고 바람직한 행동을 강화하는 데 중점을 둔다. 적절한 행동으로 수정하기 위한 용법으로써 습관화와 고전적 조건화, 조작적 조건화 등의 이론을 바탕으로 진행한다. 개에게 문제행동을 하지 않을 타당한 이유를 만들어 준다. 스스로 생각하여 대체할 행동을 알려주는 것이 좋다.

(2) 환경관리요법(Environmental Management)

개의 문제행동을 예방하거나 완화하기 위해 환경을 조정하거나 변화시키는 것을 의미한다. 개의 문제행동에 수정을 위해서는 환경적 관리가 필요한데 거주하는 공간뿐만 아니라 생활환경 전반적인 환경의 관리가 동반되어야 문제행동 발생과 수정에 용이하다. 환경관리요법에는 개가 문제행동을 일으키는 자극을 차단하거나, 바람직한 행동을 촉진하는 환경을 제공하는 것을 포함한다.

(3) 약물요법, 의학적 관리(Medication Management)

① 약물요법이 명백하게 필요한 경우는 아래와 같다.

② 심각한 불안증이나 두려움이 보일 때, 심각한 공격적 행동이 보일 경우

③ 행동수정요법 중인 반려동물이 학습된 과제에서 심각하게 진전이 없어서 수의사의 판단하에 약물요법의 필요성이 대두되는 경우

3) 문제행동 원인분석

(1) 반려견의 생활환경을 파악한다.

반려견이 혼자 있는 시간은 얼마나 되는지, 가족 구성원에 따른 애정도는 과도하거나 부족하지 않은지, 억압되어 있지는 않는지, 산책 등 활동이 충분한지 등의 환경을 파악해야 한다.

(2) 보호자의 생활 패턴을 확인한다.

보호자의 외출 빈도와 시간이 어느 정도인지, 귀가시간은 언제인지, 반려견과 함께 보내는 생활은 어떠한지, 가족 구성원은 어떻게 되는지 등을 파악한다.

(3) 문제행동의 발생 시기를 파악한다.

처음 보호자가 파악하는 문제행동이 언제 시작되었는지 시기를 알아보고 반려견의 과거력을 확인한다.

(4) 문제행동의 발생 타이밍과 보상 타이밍을 파악한다.

문제행동이 발생할 때에는 언제인지, 이에 따른 보호자의 대처는 어떠한지 파악한다.

(5) 문제행동의 지속시간과 빈도수 등 행동패턴을 파악한다.

1회에 문제행동이 어느 정도 지속되는가, 중간에 멈추는가, 문제행동 발생 시의 모습은 어떠한 모습인지, 문제행동의 패턴은 어떠한지 파악한다.

(6) 트리거(문제행동 발생 매개체)가 무엇인지 파악한다. (장소적, 환경적 등)

트리거가 무엇인지, 그리고 실내에서 발생하는 것인지 실외에서 발생하는 것인지, 누구와 함께 있을 때에 이런 행동이 발생하는 것인지 파악한다.

문제행동은 위의 항목들을 모두 고려하며 원인을 분석해야 하며 아래와 같은 질문지를 활용하거나 문제행동이 담긴 영상을 보는 것도 원인 분석에 도움이 된다.

표 7-6 문제행동 질의응답을 위한 질문지 Ⅰ

문제행동 질문지			
담당자	홍 길 동	○○○○년 ○○월 ○○일	
반려견 이름		반려견 성별	
반려견 나이		중성화 여부	○ / ×
반려견 품종			
보호자의 생활패턴	보호자 구성원 / 보호자의 활동시간 / 보호자의 반려견과의 활동반경 등		
반려견의 생활환경	반려견의 활동반경 / 실내생활인지 실외생활인지 / 아파트인지 단독주택인지 등		
행동수정을 하고자 한 계기가 된 사건			
문제행동에 이어서 나타나는 행동	불안 / 경계 / 인정욕구 등		
문제행동의 경과	최초의 발생 시기 / 빈도 / 정도의 변화 등		
최근 일어난 사건의 상세			
문제행동이 일어나지 않는 비슷한 상황			
문제행동의 주요증상			
보호자가 희망하는 최종목표			

표 7-7 문제행동 질의응답을 위한 질문지 II

<table>
<tr><td colspan="4">문제행동에 대한 설문 양식</td></tr>
<tr><td>담당자</td><td>홍 길 동</td><td colspan="2">○○○○년 ○○월 ○○일</td></tr>
<tr><td>반려견 이름</td><td></td><td>예방 접종 여부</td><td></td></tr>
<tr><td>반려견 나이/성별</td><td></td><td>중성화 여부</td><td>○ / ×</td></tr>
<tr><td>문제행동 설명</td><td colspan="3"></td></tr>
<tr><td colspan="4">1. 처음 반려견을 데려왔을 때의 나이?</td></tr>
<tr><td colspan="4">2. 입양(분양)을 하게 된 경로?</td></tr>
<tr><td colspan="4">3. 반려견이 쉬는 곳은 어디인가?</td></tr>
<tr><td colspan="4">4. 급식 형태와 급식 습관은 어떠한가?</td></tr>
<tr><td colspan="4">5. 주 보호자는 누구인가?</td></tr>
<tr><td colspan="4">6. 가족 구성원은?</td></tr>
<tr><td colspan="4">7. 반려견이 홀로 지내는 시간은 어느 정도인가?</td></tr>
<tr><td colspan="4">8. 주 몇 회 산책 나가고 어느 정도 하는가?</td></tr>
<tr><td colspan="4">9. 처음 문제행동이 발생된 시기는 언제인가?</td></tr>
<tr><td colspan="4">10. 문제행동이 주로 나타나는 장소는 어디인가?</td></tr>
<tr><td colspan="4">11. 문제행동이 나타날 때 주로 누가 곁에 있는가?</td></tr>
<tr><td colspan="4">12. 문제행동이 나타나지 않을 때는 언제인가?</td></tr>
<tr><td colspan="4">13. 문제행동이 나타나기 전조 증상이 있는가?</td></tr>
<tr><td colspan="4">14. 문제행동이 일어나기 바로 전 상황은?</td></tr>
<tr><td colspan="4">15. 문제행동이 나타나면 보호자는 어떻게 대응하는가?</td></tr>
<tr><td colspan="4">16. 문제행동이 나타나면 다른 가족들은 무엇을 하는가?</td></tr>
</table>

표 7-8 문제행동 세부 항목 체크 양식

문제행동 세부 항목 체크 양식		
1. 사회성 항목		
1) 특정 장소(카페, 병원) 등에 가면 평소보다 눈에 띄게 보호자에게 의지하려는 경향을 보이거나 사람, 다른 개에게 경계를 많이 하는 편이다.	○	×
2) 산책을 나가면 짖는 빈도수가 실내에 있을 때 보다 눈에 띄게 많은 편이다.	○	×
3) 낯선 사람이 다가오거나 만지려 들면 경계하거나 공격성을 드러낼 때가 자주 있다.	○	×
2, 사회성 우선순위 항목		
1) 밥이나 간식을 먹을 때 먹을 것에 손을 대거나 건드리면 가족이라도 공격성을 보일 때가 자주 있다.	○	×
2) 가족 중 특정인에게만 혹은 가족 모두에게 공격성을 나타내는 편이다.	○	×
3) 벨소리나 외부 소음에 짖을 때 조용히 하라고 해도 통제가 잘 되지 않는다	○	×
4) 산책을 나가면 흥분을 하게 되어 계속해서 줄을 끌어당기면서 걷는 편이다.	○	×
5) 산책 나가서 줄을 풀어주면 불렀을 때 잘 오지 않는 편이다.	○	×
6) 평소 소파, 침대, 의자 등에 자주 뛰어오르는 편이고, 점프하여 사람을 밀치는 행동도 자주 한다.	○	×
3. 분리불안 관련 항목		
1) 실내에 함께 있다가 방안에 반려견 혼자 두고 문을 닫으면 30초 이내 짖거나 낑낑거린다.	○	×
2) 애견카페, 애견 운동장 등에 가서도 반려견이 다른 개들과 잘 어울리지 못하고 보호자만 따라다니는 경향이 있고 보호자가 시야에서 사라지면 계속해서 찾는 행동을 한다.	○	×
3) 반려견을 남겨두고 외출한 뒤 귀가하면 배변 실수를 하거나, 집안 물건을 어지럽히는 경우가 있다.	○	×
4. 생활 환경 및 스트레스 관련 항목		
1) 보호자가 규칙적인 시간에 외출을 하고 규칙적인 시간에 귀가를 하는 편이다.	○	×
2) 반려견의 실외 활동 횟수가 일주일에 2회 이하다.	○	×
3) 반려견이 자기 몸을 자주 긁거나, 하품하거나, 목적 없이 이리저리 움직이는 등 반복적인 행동을 한다.	○	×
4) 사료는 제한 급식이 아닌 자율 급식으로 하고 있다.	○	×
5) 장난감 또는 먹다 남은 음식을 바닥에 그냥 두고 한다.	○	×
6) 반려견 집이 있지만 잘 들어가지 않고 소파나 침대 등을 자주 사용한다.	○	×

표 7-9 문제행동 질의응답을 위한 질문지 III(산책 교육)

문제행동 상담기록

보호자 내용

분류 **방문교육/위탁교육** **상담 날짜**

이름				전화번호			
주소				재방문일			
반려동물							
종	Canine			이름, 나이, 품종			
성별		줄 길이		사회성 정도	상	중	하
산책 횟수				중성화			
심장사상충 / 외부기생충				특이사항			

의뢰 내용:

교육 내용:

교육 준비물:

교육 체크 리스트(산책 교육)

1. 방문 전 2~3일에 전화나 문자로 유의사항 알려주기(사료급여는 제한급여로 사료량은 평소보다 70% 정도만, 간식은 금지)
2. 견종, 크기, 성별, 나이, 중성화 유무, 외부 접종 유무
3. 산책주기: 얼마나 자주 산책을 하는가
4. 목줄 사용하는가 하네스를 사용하는가? 줄을 사용하지 않는가?
5. 알러지 유무, 간식을 좋아하는가? 사료만 먹는가? (자율배식인가? 제한급여인가?)
6. 친화력 정도(사람한테, 다른 반려견한테, 다른 동물한테)
7. 산책교육 나가서: 강아지들 발걸음 리듬체크(경쾌한가? 무거운가? 아픈 곳이 없는가?)
8. 개가 교육 중 어디에 자극을 받는가? (둔감화 교육이 필요한가?)
9. 개가 어디에 에너지를 쏟는가? (냄새로 쏟는가? 활동으로 쏟는가?)
10. 개가 지치는가?
11. 개가 산책을 즐거워하는가? 긴장을 했는가?
12. 보호자들의 행동이 개에게 어떤 영향을 미치는가?
13. 교육 마무리(당부의 말, 해야 하는 과제)
14. 2~3일 한번 연락하여 과제 체크하기(다음 교육의 효율성을 위해서)

표 7-10 문제행동 질의응답을 위한 질문지 Ⅳ(실내 교육)

문제행동 상담기록

보호자 내용

분류 **방문교육/위탁교육** **상담 날짜**

이름			전화번호			
주소			재방문일			
반려동물						
종	Canine		이름, 나이, 품종			
성별		줄 길이	사회성 정도	상	중	하
산책횟수			중성화			
심장사상충 / 외부기생충			특이사항			

의뢰 내용:

교육 내용:

교육 준비물:

교육 체크 리스트(산책 교육)

1. 개가 어느 상황에서 입질을 하려고 하는가?
2. 소유욕을 보이는가?
3. 보호자가 반려견에게 어떤 행동을 하는가?
4. 반려견은 누가 데리고 왔는가?
5. 또 다른 반려견이 온 이후로 환경변화가 생겼는가?
6. 지키는 행동인가? 저지하는 행동인가?
7. 반려견이 예민하다고 했는데? 왜 예민하다고 생각하는가?
8. 산책은 얼마나하는가?
9. 에너지는 적당히 풀어주는가?
10. 공격성은 공포와 두려움에서 오는 것인가?
11. 집안 구조는? 반려견이 편히 쉬는 공간이 있는가?
12. 초인종 소리에 민감한가?(둔감화)
13. 집에 들어오는 사람에 대한 반응은?
14. 발을 물 때(앞을 무는가? 뒤를 무는가?)
15. 배변실수를 하는가?
16. 어떨 때 흥분하는가? 흥분을 유발하는 행동이 있는가?
17. 입질이 있는가?(놀이인가? 화를 내는 것인가? 등)
18. 보호자가 반려견에게 어떻게 행동하는가?
19. 어린 아이들과 함께 사는가?
20. 삶에 규칙이 있는가?

4) 문제행동 목표 기준 수립

(1) 행동관찰일지를 참고하여 목표 기준을 어느 정도까지 좋아지는 것으로 할 것인지에 대해 보호자와 협의하여 희망하는 목표수준을 수립한다.

- 반려견들마다 각각의 연령, 품종 등을 고려하여 무리가 되지 않는 범위에서 목표를 설립하는 것이 중요하다.
- 보호자가 주요 문제행동이라고 느끼는 행동을 보호자의 생활에 맞게 교육하는 것이 필요하다.

(2) 상황, 반려견, 장소 등 변수가 될 수 있는 요인에 따라 일반화 과정을 포함시킨다.

- 습득과 유창의 과정을 거쳤더라도 다양한 상황에서도 일관적으로 같은 행동을 보일 수 있도록 교육을 하는 것이 중요하다.
- 일반화의 과정을 거치지 않으면 반려견에게 낯선 상황에서 교육의 성과가 나오지 않을 수 있다.

(3) 수정 가능한 목표를 단계적으로 수립한다.

처음부터 무리한 목표보다는 반려견이 따라올 수 있는 단계를 세분화함으로써 교육을 받는 과정이 보호자와 반려견이 즐겁게 따라 할 수 있도록 도와줄 수 있다.

5) 교육 방법을 결정

(1) 반려견 학습 원리를 고려하여 알맞은 교육 방법을 설정한다.

반려견의 성향과 문제행동, 보호자의 상황 등 종합적으로 분석하여 해당 반려견에게 맞는 교육법을 설정해야 한다.

표 7-11 반려견 문제행동의 수정 방법

교육	고전적 조건화	역조건화, 습관화(홍수법, 둔감화)
	조작적 조건화	긍정강화, 부정강화, 긍정처벌, 부정처벌
	학습이론	직접처벌, 원격처벌, 사회처벌
기타	약물요법	
	의학적 요법	중성화 등

(2) 교육 방법 결정에 고려해야 히는 사항

- 문제행동의 원인, 대상견의 생활환경, 반려견 보호자의 의지 등을 확인한다.
- 반려견 종, 개체의 크기와 나이, 보호자의 생활 패턴 등 주변 요소들을 고려한다.
- 문제행동 파악 질문지를 바탕으로 보호자에게 교육 방법을 설명한다.
- 보호자와 상의하에 교육의 방식을 결정한다.
- 교육과정 중이나 교육 후 보호자에 대상 교육도 진행됨을 알려준다.

6) 문제행동 수정교육하기

(1) 교감활동을 한다.

- 반려견과의 친밀도는 교육의 성패에 크게 영향을 준다.
- 문제행동 유형이 같아도, 견종, 개체, 반려견의 히스토리에 따라 첫 만남의 방법과 교감하는 방법이 다르다.
- 보상물을 미리 준비하여 관심을 이끌어 내거나 경계심을 풀어줄 수 있는 보상물을 통한 교감활동이나 좋아하는 놀이나 공 등 놀이를 이용한 교감활동을 할 수 있다.

(2) 문제행동을 수정한다.

문제행동 수정 시에는 보호자와의 생활환경과 반려견의 생활환경, 반려견의 히스토리, 견종, 개체마다 문제행동의 원인에 차이가 날 수 있으므로 문제행동 수정 방법 시 차이가 있을 수 있다는 점을 인지하고 실시한다.

7) 문제행동 수정 결과 평가

- 문제행동 수정의 목표 기준과 비교하여 평가하며 환경의 변화에도 일관되게 행동을 할 수 있는지를 평가할 수 있다.
- 반려견의 변화된 생활환경과 보호자의 변화된 생활패턴, 반려견의 행동에 반응하는 보호자의 태도, 반려견의 변화된 행동을 유형별 목표 기준과 비교하며 위의 항목들을 평가할 수 있다.

표 7-12 문제행동 수정 평가지

<table>
<tr><td colspan="3">문제행동 수정 평가지

문제행동 유형　　　　반려견 이름/　　　　나이 / 종</td></tr>
<tr><td colspan="2">문제행동 목표 기준</td><td></td></tr>
<tr><td colspan="2">문제행동 원인</td><td></td></tr>
<tr><td colspan="2">행동 수정 기간</td><td></td></tr>
<tr><td rowspan="5">행동수정 방법</td><td>원인에 대한 적절한 조치</td><td></td></tr>
<tr><td>반려견의 생활방식 변화</td><td></td></tr>
<tr><td>불안해소를 위한 사회화</td><td></td></tr>
<tr><td>보호자의 의지와 태도변화</td><td></td></tr>
<tr><td>보호자 교육</td><td></td></tr>
<tr><td>행동 수정 결과</td><td colspan="2"></td></tr>
<tr><td>특이사항</td><td colspan="2"></td></tr>
</table>

8) 보호자 교육

반려동물 행동수정교육에 있어서 반려견과 생활 전반을 함께하는 보호자의 역할이 매우 중요하다. 보호자의 노력이 동반하지 않는다면 반려견의 생활은 기존으로 돌아가서 문제행동을 반복 할 수 있기 때문이다. 그러므로 행동수정사는 반려견의 행동수정교육에 있어서 보호자교육에 보호자에게 알기 쉽게 이해시켜 함께할 수 있도록 노력을 기울여야 할 것이다.

(1) 보호자 교육의 의미

- 보호자란 반려견을 직접적으로 관리 및 책임을 지며 함께 사는 생활을 하는 사람을 말한다.
- 보호자의 범주는 가족과 반려견의 생활 장소에서 함께 생활하는 사람까지 포함한다.
- 보호자교육은 보호자가 문제행동 수정을 위해 반려견의 교육뿐 아니라 본인 스스로 잘못된 행동과 생활방식을 인식하고 개선하기 위해 노력하여 반려견과 함께하는 삶을 변화시킬 수 있는 주체가 될 수 있도록 돕는 과정이다.
- 보호자가 반려견 교육의 주체가 됨으로써 반려견과 보호자, 보호자 가족 간이 함께 할 수 있도록 노력하는 과정이다.

(2) 보호자 교육의 원칙

보호자 교육의 주 교육 대상자는 반려견의 보호자임을 알아야 한다. 숙련된 행동수정사가 반려견을 훈련하더라도 보호자가 문제를 야기하였던 생활양식으로 복귀한다면 반려견의 문제행동도 함께 복귀하기 쉽다. 따라서 보호자 교육은 일방적인 전달방식이 아닌 보호자가 주체가 되어서 참여하는 식으로 이루어져야 한다. 문제행동 수정과 연계하여 보호자 교육도 지속 할 수 있도록 해야 한다. 보호자 교육을 통해 보호자와 반려견이 좋은 유대감을 가질 수 있도록 반려견의 신체적, 심리적 변화를 반영해야 한다.

(3) 보호자 교육의 목표

① 반려견이 보호자 및 가족들과의 관계개선 방안을 찾고 유대감을 형성하도록 한다.
② 보호자가 반려견에게 책임감을 가지고 함께 긍정적인 관계를 형성할 수 있도록 해야 한다.
③ 반려견의 문제행동 수정에 보호자가 참여하도록 기회를 제공한다.
④ 반려견 전문가의 방침을 이해하고 전문가와 유대감을 갖는다.
⑤ 반려견과 보호자, 전문가가 협력하여 문제행동을 보이는 반려견과 보호자가 함께할 수 있는 방안을 찾는다.

(4) 보호자 교육의 내용

반려동물행동지도사의 교육으로 인하여 반려견의 문제행동이 해결되었을지라도 보호자의 도움이 없다면 원상복귀될 수도 있고 또 다른 복합적인 문제행동이 발생할 수 있다. 하여 지속 가능한 교육을 위하여 보호자는 문제행동을 가진 반려견의 문제행동 수정을 긍정적으로 해소할 수 있도록 하는 방법을 알아야 한다. 또한 보호자에게도 반려견에게 하는 행동에 대해서 필요성을 이해시켜 주어 반려견을 대하는 방식을 변화한 방식을 지속할 수 있도록 해야 한다. 이를 통해 반려견과 보호자가 관계를 형성하고 올바르게 의사소통하는 방법을 배울 수 있게 된다. 반려견의 문제행동에는 보호자가 반려견을 '개'로서 인정하는 게 아닌 인간의 잣대로 소통하려 하다 보니 의사전달에 오류가 생기고 반려견에게 불안감을 야기할 수 있다. 마지막으로 반려견의 복지와 스트레스 관리 방법을 알아야 한다. 반려견 보호자의 교육을 통해 아래와 같은 이점이 있을 수 있다.

① 가정에서의 유익

반려견 보호자의 교육을 통해 반려견 행동에 대한 이해를 통하여 생활 전반에 걸쳐 반려견으로 인한 가정 구성원 간의 마찰이 줄어들어 반려인과 반려견의 삶의 질이 향상될 수 있고 반려견 문제행동으로 인한 유기 문제도 줄일 수 있다.

② 사회적인 유익

주변에 좋은 인식을 줌으로써 반려견과 반려견 보호자가 공공의 인정을 받게 될 수 있고 올바른 반려문화의 확산이 기대되며 반려견이 출입할 수 있는 장소도 확산될 수 있는 발판을 마련할 수 있게 된다.

표 7-13 보호자 교육 지도의 원리

개별화의 원리	학습자의 능력, 수준, 특성 등 개인차를 고려하여 내용과 진도를 학습자에게 맞추어 지도한다.
목적의 원리	교수자는 학습자가 이해할 수 있도록 적절한 목표를 제시하고 이해시키기 위해 지도하여 학습자는 학습의 자발적이고 적극적으로 학습에 참여하도록 한다.
자발성의 원리	학습자는 학습을 자발적으로 참여하고 스스로가 주체라고 인식할 수 있도록 지도한다.
직접경험의 원리	학습자에게 강의 위주의 설명보다 직접적인 체험을 통해서 학습내용을 습득하여 학습의 효과를 얻을 수 있도록 한다.
사회화의 원리	학습내용이 학습자의 일상생활과 관련지어 효과적으로 인식할 수 있도록 지도한다.
자연성의 원리	학습자에게 부담을 주지 않고 자유로운 분위기에서 진행할 수 있도록 한다.

표 7-14 회차별 성과 기록지

<table>
<tr><td>담당자</td><td>홍 길 동</td><td colspan="2">○○○○년 ○○월 ○○일</td></tr>
<tr><td>반려견 이름</td><td></td><td>반려견 나이/성별</td><td></td></tr>
<tr><td>문제행동</td><td colspan="3"></td></tr>
<tr><td>교육 방법</td><td colspan="3"></td></tr>
</table>

<table>
<tr><td rowspan="2">회차</td><td>교육 내용</td><td>학습 상황</td></tr>
<tr><td>상담 내용</td><td>코칭 학습</td></tr>
<tr><td rowspan="2">1</td><td></td><td></td></tr>
<tr><td></td><td></td></tr>
<tr><td rowspan="2">2</td><td></td><td></td></tr>
<tr><td></td><td></td></tr>
<tr><td rowspan="2">3</td><td></td><td></td></tr>
<tr><td></td><td></td></tr>
<tr><td rowspan="2">4</td><td></td><td></td></tr>
<tr><td></td><td></td></tr>
<tr><td rowspan="2">5</td><td></td><td></td></tr>
<tr><td></td><td></td></tr>
</table>

Chapter

08

반려견 문제행동 사례

Chapter

08 반려견 문제행동 사례

문제행동을 보이는 반려견의 경우 보호자의 일관된 교육태도가 중요하다. 특히 보호자의 감정에 따라 반려견을 대하는 것을 지양해야 한다. 반려견을 대하는 방식이 감정적이게 되면 보호자와의 신뢰도 구축에서 문제가 있을 수 있고 반대로 보호자의 감정에만 너무 몰두하여 반려견이 불안할 수 있는 원인이 될 수 있다. 또한 반려견이 쉴 수 있는 휴식공간을 지정해주는 것이 필요하다. 안락하게 쉴 수 있는 휴식공간(Shelter)가 없는 경우 보호자에게 과도한 집착 혹은 예민함이 두드러질 수 있고 휴식공간에서의 적응 후에는 보호자가 없이도 휴식을 취할 수 있다. 마지막으로 보호자와 반려견의 규칙 형성을 하는 것을 필요하다. 일정한 규칙이 있게 되면 반려견이 보호자가 아닌 규칙에 따라 행동하게 되고 스스로 보상을 얻는 방법을 알게 되므로 교육에의 지속력이 좋아져 다양한 상황에서도 당황하지 않고 일관적으로 행동할 수 있게 된다.

반려견들의 문제행동은 같은 문제행동으로 보일지라도 배경에 따라 행동의 양상과 원인이 다르다. 하여 해결방법도 같은 문제행동일지라도 다르게 진행될 수 있다. 더욱이 실제의 반려견 문제행동 교정을 진행할 때에는 하나의 문제가 나타나기보다는 다양한 문제가 복합적으로 나타나서 분석하기 쉽지가 않을 수 있다. 이러한 문제행동이 일어났을 때를 실제 하기 위한 반려견 문제행동의 사례를 살펴보도록 하자.

1. 산책 문제

1) 산책 교육의 중요성

(1) 산책이란 무엇인가?

① 산책은 보호자와 반려견이 서로 교감하는 시간이다.

㉠ 햇볕이 좋은 날 함께 볕을 즐기면서 서로 교감하는 활동이다.

㉡ 밖에 나가서 함께 같이 걸으면서 교감하는 활동이다.

㉢ 비가 내리는 날 같이 빗소리를 들으며 교감하는 활동이다.

② 보호자와 반려견이 교감하는 모든 활동을 산책이라 할 수 있다.

(2) 산책의 필요성

① 산책은 반려견이 에너지를 해소하기 가장 쉬운 활동이다.

② 반려견은 에너지는 두 가지로 구분된다.

㉠ 하나는 육체적 에너지이며

㉡ 다른 하나는 정신적 에너지이다.

③ 산책은 이 두 가지 에너지를 해소하기에 가장 적절한 활동이다.

④ 보호자와 반려견이 함께 걷고 달리면서 육체적 에너지를 풀 수 있다.

⑤ 또한 산책은 반려견에게 후각 활동(노즈워크)을 할 수 있는 시간을 준다.

㉠ 이 활동은 반려견 뇌에 자극을 줄 수 있다.

㉡ 새로운 다양한 냄새를 맡아서 뇌에 자극을 주는 것이다.

㉢ 이는 반려견에게 정신적 만족감을 줄 수 있다.

⑥ 즉, 정신적 에너지를 풀 수 있도록 한다.

⑦ 대다수 보호자는 반려견에게 육체적 에너지만 풀어주는 산책을 한다.

⑧ 반려견 에너지 발산 욕구 충족을 위해서는 정신적, 육체적 에너지를 풀어주는 산책이 필요하다.

(3) 산책을 위한 규칙

① 보호자와 반려견이 산책할 때 규칙은 필요하다.

㉠ 산책은 보호자와 반려견이 교감하는 시간이다.

㉡ 반려견만 신나서 보호자가 반려견에게 끌려간다면 보호자에게 산책은 노동이 된다.

㉢ 보호자가 본인의 뜻대로만 반려견을 끌고 간다면 이는 반려견에게 산책은 노동이 된다.

② 산책에는 규칙이 필요하다.

표 8-1 산책 규칙의 예

예를 들어,
보호자와 반려견이 산책하고 있을 때 생각해 볼 수 있는 규칙은 여러 가지가 있다.

① 보호자를 쳐다보고 집중할 때 보상을 주는 것
② 반려견이 줄을 당기지 않을 때마다 보상을 주는 것
③ 산책하다 다른 반려견을 보고 아무런 반응을 보이지 않았을 때 보상을 주는 것
④ 보호자와 반려견이 어느 정도 발맞춰 잘 걸었을 때 마킹할 수 있도록 해주는 것
⑤ 횡단보도 앞에서 앉으면 보상을 주는 것
⑥ 횡단보도 건널 때 뛰지 않으면 보상을 주는 것

산책이 즐거운 활동이 되려면, 보호자와 반려견 사이의 산책 규칙은 꼭 필요하다.

(4) 산책할 때 보상은 필요한가?

① 산책 때 간식은 꼭 필요하다.

㉠ 개가 어떤 행동을 하기 원한다면 그에 알맞은 보상이 필요하다.

㉡ 개의 행동에는 목적이 필요하다. 보상이 그 목적이다.

㉢ 보호자들은 개들이 알아서 옆에서 잘 따라 걸을 것이라고 생각한다.

- 개는 보호자 옆에서 걷는 행동을 배운 경험이 없다.
- 개에게 옆에서 걸어가야 하는 이유를 알려줘야 한다.

- 이유와 방법, 그에 따른 보상이 반드시 필요하다.

㉣ 옆에서 잘 따라갈 수 있는 목적을 만들어 줘야 한다.

- 개가 쳐다볼 때마다 간식을 주게 되면 개는 줄을 당기지 않는다.
- 간식을 먹기 위해서 옆으로 오기 때문이다.

② 간식은 몇 가지가 필요한가?

간식은 3종류 이상이 필요하다.

- 옆에서 잘 따라올 때 계속 줄 수 있는 칭찬용 간식
- 산책을 하다 개의 시선을 끌어야 할 때 사용할 스틱과 같은 뜯어 먹을 수 있는 져키류
- 이식(異食)을 하려고 할 때 입 안에 것을 버릴 수 있는 정도로 가장 냄새나고 맛있어 하는 간식

③ 지금 하고 싶어 하는 것을 보상으로 줘야 한다.

㉠ 일상에서 하고 싶어 하는 것을 보상으로 주는 것이 제일 좋은 보상이다.

㉡ 개가 산책을 나가고 싶어 하는데, 산책을 나가지 않고 있다면 이 상황에서 가장 큰 보상은 간식보단 산책을 나가는 것이다.

㉢ 개가 마킹을 하고 싶어 한다. 마찬가지로 마킹을 할 수 있도록 하는 것이 가장 큰 보상이 된다.

(5) 산책 관련 문제행동 교육 순서

① 상담

② 원인분석

③ 교육방법설정

④ 실행

⑤ 피드백

⑥ 보호자 교육

2) 산책 문제

(1) 산책 준비가 힘들어요!

① 상담: 보호자와 상담을 통해서 반려견 문제행동을 알아본다.

㉠ 반려견에게 하네스를 착용해 주고 싶은데, 반려견이 도망 다녀 잡히지 않아요!

㉡ 반려견에게 하네스만 보여주면 침대 밑으로 숨어요!

㉢ 산책할 때는 매우 즐거워해요!

② 원인분석: 반려견 문제행동은 한 가지만 나타날 때도 있고 복합적으로 나타날 수도 있다.

㉠ 먼저 반려견 건강상 이상 소견이 있는지 문의한다.

- 등 쪽에 아픈 곳이 있는가?
- 가슴 쪽에 통증이 있는가?
- 통증을 유발하는 질병이 있는가?
- 알러지가 있는가?
- 최근에 수술한 적이 있는가?

㉡ 반려견에게 건강상 이상이 생겼을 때 보호자의 행동에 대한 거부감이나, 공격성을 나타날 수 있다.

- 반려견 몸에 건강상 이상이 있다면 몸에 줄만 닿아도 통증이 발생할 수 있다.
- 이런 경우 통증을 피해 보호자로부터 멀리 떨어지려고 한다.

㉢ 보호자가 반려견에게 하네스 착용하는 모습을 관찰한다.

- 보호자가 반려견을 따라가는 행동을 하는가?
- 반려견은 보호자를 쳐다보고 도망가고 쳐다보고 도망가는가?
- 보호자를 보고 반려견이 긴장하는가?
- 보호자는 반려견에게 하네스 착용을 하기 위해 어떤 행동을 하는가?
- 반려견 털이 하네스 버클에 끼는가?

- 하네스 버클 결합 소리가 큰가?
- 목줄을 사용하지 않고 하네스를 착용하는 이유는 무엇인가?

ⓡ 보호자 행동이 반려견에게 강한 자극이 되어 문제행동을 유발할 수 있다.

③ 교육 방법 설정

ⓖ 건강상 이상 소견이 있는 경우는 질병 치료가 우선시된다.

- 질병이 치료되어 통증이 사라지면 도망가는 행동이 사라질 수도 있다.
- 통증이 사라져도 행동이 똑같다면 행동수정 교육을 한다.
- 역조건형성과 둔감화 교육을 통해 행동수정 교육을 한다.

표 8-2 역조건형성과 둔감화를 이용한 교육

반려견은 하네스에 대해 부정적 경험을 했다.
하네스 = 고통

개 입장) '하네스를 착용했을 때 아팠어! 하네스를 채워지면 또 아플 거야!'

역조건형성과 둔감화를 통해 부정적 감정을 긍정적 감정으로 바꾸고,
반려견이 이해할 수 있는 정도 내에서 교육 단계를 설정한다. (shaping 기법)
반려견마다 감당할 수 있는 교육 정도가 다르니 단계를 세분화해서 교육한다.

보호자는 반려견이 하네스에 대한 긍정적 경험을 할 수 있도록 한다.

「5장, 기법을 분류하는 방법」 참고
1. 나는 반려견이 하네스 착용을 좋아하면 좋겠어.
2. 거부감 없이 하네스 착용하는 행동을 강화한다.
3. 간식을 주면서 하네스에 대한 거부감을 줄여준다.
4. 하네스는 착용하면 좋아하는 간식이 생긴다.
5. 하네스는 착용하면 좋아하는 산책을 나간다.

① 보호자가 반려견이 스스로 하네스 가까이 올 수 있도록 환경을 만든다
- 반려견과 하네스의 거리를 측정한다.
- 하네스 주변에 간식을 뿌려놓는다.
- 반려견이 하네스 주변 가까이 오는데 긴장하지 않는 모습을 보일 때까지 교육한다.
- 하네스에 대한 거부반응이 심할 경우는 하네스 대신 목줄을 사용하여 교육한다.

② 하네스에 간식을 뿌려놓는다.
- 반려견 스스로 하네스에 대한 거부감을 줄일 수 있도록 한다.

- 반려견이 하네스 위에서 간식을 먹을 수 있을 때까지 진행한다.

③ 반려견에게 하네스 일부분을 살짝 가져다 댄다.
- 하네스 일부를 반려견에 몸에 대면서 동시에 간식을 함께 준다.
- 하네스는 머리나 머리 윗부분이 아닌 다른 부위에 댄다.
- 거부감이 있는 경우 눈에 보이지 않았을 때 거부감을 덜 보이기도 한다.
- 하네스에 접촉에 대한 거부감이 사라질 때까지 한다.

④ 하네스를 한발씩 착용시킨다.
- 구멍 하나에 한쪽을 넣는다. 구멍에 발을 넣을 때마다 간식을 준다.
- 거부감이 없다면 다른 구멍 하나에 남은 한쪽 발을 넣는다.

⑤ 발을 넣는 것에 거부감이 없다면 이제는 하네스로 몸 전체를 감싸본다.
- 이때 하네스 버클은 채우지 않고, 하네스를 몸에 감싸고 바로 풀어준다.
- 몸을 감싸면서 바로 간식을 바로 준다.
- 계속 반복하면서 몸에 감싸는 시간을 서서히 늘린다.

⑥ 하네스가 몸에 채워지는 것이 익숙해지면 버클을 채운다.
- 교육이 진행되는 동안에는 버클 채우면서 간식을 준다.
- 버클 채우면서 바로 간식을 바로 준다.
- 하네스 착용이 어느 정도 적응이 되면 간식 주는 횟수를 줄인다.
- 간식 대신 대체 가능한 보상(말로 하는 칭찬, 스킨십 등)으로 간식 줄인 횟수만큼 채워준다.
- 간헐적 간식 보상으로 간식에 대한 가치를 높여서 반려견이 계속하여 교육에 참여할 수 있도록 한다.

⑦ 반려견이 하네스를 착용하면 보상으로 산책 나간다.

※ 주의사항

① 교육 단계는 반려견 입장에서 설정한다.
② 교육 중 반려견이 차단 신호 혹은 진정 신호를 보낸다면, 잠시 쉬었다가 다시 한다.
③ 기분 전환 후 자세를 다시 잡고 시작한다.
④ 교육은 5~7분 사이로 한다.
⑤ 짧게 여러 번 한다.
⑥ 혐오자극이 되지 않도록 부드러운 목소리로 교육한다.
⑦ 반려견에게는 즐거운 놀이가 교육이 될 수 있도록 한다.

자극이 나타났다.	→	개가 정말 좋아하는 보상을 받는다.	→	점차 덜 무섭다 좋은 일이 생긴다고 예상한다.	→	더 이상 거부하지 않는다.
자극에 대한 부정적 감정을 가지고 있다.		무서운 것과 보상에 대해 연관을 짓는다. (감당할 수 있는 수준 유지)		시간이 지날수록 부정적 감정이 긍정적 감정으로 변한다.		더 이상 거부할 이유가 없다.

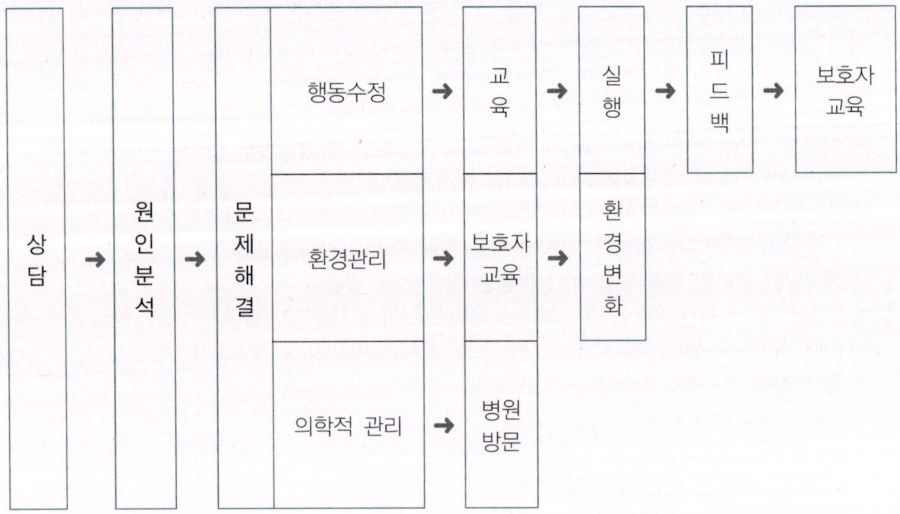

상담	하네스를 보면 도망간다.
↓	↓
원인분석	하네스에 대한 부정적 경험
↓	↓
문제행동 목표수립 교육방법결정	하네스에 대한 부정적 감정을 긍정적 감정으로 변화
↓	↓
교육	역조건형성(고전적, 조작적)과 둔감화 교육
↓	↓
피드백	하네스 착용에 거부감이 없는가?
↓	↓
보호자교육	하네스를 보면 도망가는 이유에 대한 설명과 하네스 착용법 교육

㉡ 보호자 행동이 대부분 반려견 문제행동을 유발한다. 보호자 행동 하나하나를 유심히 관찰해야 한다.

- 보호자가 반려견을 따라가는 행동을 하는가?

• 반려견은 보호자를 쳐다보고 도망가고 쳐다보고 도망가는가?

표 8-3 하네스를 든 보호자를 보고 도망가는 반려견 교육

보호자가 하네스를 가지고 반려견을 쫓아가는데, 반려견은 보호자를 쳐다보면서 도망가고, 어느 정도 가서 또 쳐다보고 도망간다.

보호자 행동) '야! 이리 와! 도망가지 마!' 소리 지르며 반려견을 따라간다.
개 행동) '재미있는 놀이 시작이다!' 생각하고 도망간다.
① 보호자가 반려견을 따라가는 행동은 놀이로 전환되었다.
② 보호자와 반려견 사이에는 재미있는 추격 놀이가 생겼다.
③ 추격 놀이는 일부 반려견들에게서는 아주 재미있는 놀이이다.
- 하네스를 잡는 행동은 반려견에게는 놀이 시작을 알려주는 신호로 바뀌었다.
④ 대다수 보호자는 반려견을 따라갈 때 이름을 부르거나 소리친다.
⑤ 보호자가 보여주는 다양한 행동 반응은 반려견에게 칭찬 및 긍정 보상이다.

조작적 역조건형성 통해 추격 놀이를 '이리 와'로 바꾸고,
반려견이 이해할 수 있는 정도 내에서 교육 단계를 설정한다. (shaping 기법)
반려견마다 감당할 수 있는 교육 정도가 다르니 단계를 세분화해서 교육한다.

「5장, 기법을 분류하는 방법」 참고
1. 나는 반려견이 내 앞으로 왔으면 좋겠어.
2. 도망치지 않고 앞으로 행동을 강화한다.
3. 앞으로 오게 하려고 좋아하는 간식을 사용한다.

① 하네스를 들고 반려견을 따라가지 않는다.
- 반응이 없으면 반려견은 도망가지 않는다.
② 하네스를 들면서 반려견이 도망가기 전에 보호자 발밑에 간식을 뿌린다.
- 개는 먹거나 도망가거나 둘 중 한 가지를 선택한다.
③ 하네스를 들었는데 반려견이 도망간다고 하여 소리를 지르거나 이름을 부르는 행동을 하지 않는다.
- 도망가는 상황에서 보호자의 반응은 반려견에게 응원과 칭찬이다.
④ 하네스를 들었는데 도망가지 않고 보호자 옆에 있으면 큰 반응 보이며 칭찬한다.
- 처음에는 바로바로 보상을 준다.
- 시간을 점차 늘려 보상을 준다.
⑤ 하네스를 들었는데 더 이상 도망가지 않는다.
- 어느 정도 적응이 되면 간식 주는 횟수를 줄인다.
- 간식 대신 대체 가능한 보상(말로 하는 칭찬, 스킨십 등)으로 간식 줄인 횟수만큼 채워준다.
- 간헐적 간식 보상으로 간식에 대한 가치를 높여서 반려견이 계속하여 교육에 참여할 수 있도록 한다.

※ 주의사항

① 교육 단계는 반려견 입장에서 설정한다.
② 교육 중 반려견이 차단 신호 혹은 진정 신호를 보낸다면, 잠시 쉬었다가 다시 한다.
③ 기분 전환 후 자세를 다시 잡고 시작한다.
④ 교육은 5~7분 사이로 한다.
⑤ 짧게 여러 번 한다.
⑥ 혐오자극이 되지 않도록 부드러운 목소리로 교육한다.
⑦ 반려견에게는 즐거운 놀이가 교육이 될 수 있도록 한다.

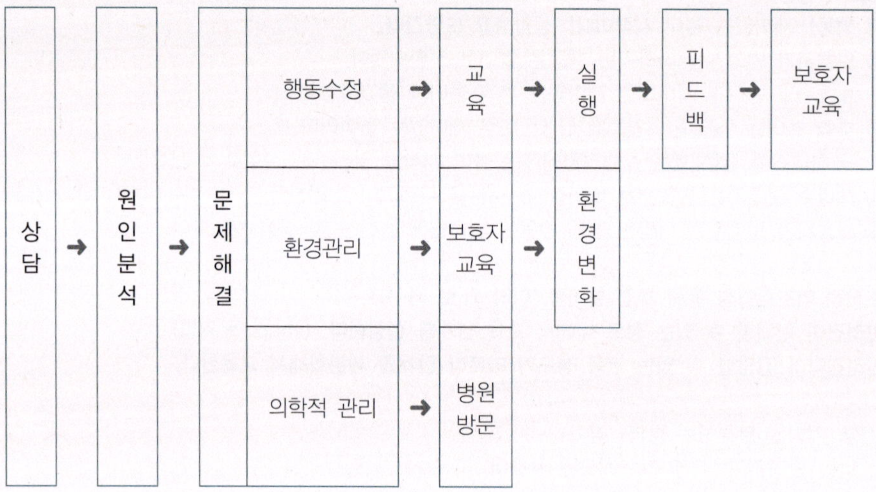

상담	하네스를 든 보호자를 보면 도망간다.
원인분석	하네스를 들면 몸을 잡히는거란 경험
문제행동 목표수립 교육방법결정	하네스 착용에 대한 부정적 감정을 긍정적 감정으로 변화
교육	역조건형성(고전적, 조작적)과 둔감화 교육
피드백	하네스에 거부감이 없는가?
보호자교육	하네스를 보면 도망가는 이유에 대한 설명과 하네스 착용법 교육

- 보호자를 보고 반려견이 긴장하는가?
- 보호자는 반려견에게 하네스 착용을 하기 위해 어떤 행동을 하는가?

표 8-4 하네스 착용시의 보호자 교육

보호자가 하네스를 가지고 있는데 반려견이 긴장하는 모습이라면 보호자의 평소 모습을 살펴봐야 한다.

보호자 행동) 큰소리치며 '야! 이리 와!' 고압적인 태도를 보인다.
개 행동) '산책은 재미있지만, 보호자가 무서워 다가가지 못하겠어!' 생각하고 도망간다.
① 보호자의 태도가 혐오자극이 되었다.
- 혐오자극은 반려견 입장에서 고려되어야 한다.
- 사람끼리 평소 대화하는 목소리 크기도 반려견에게는 상황에 따라 혐오자극이 될 수 있다.
- 보호자가 무심코 하는 큰 행동이 반려견에게 부정적 감정을 생기게 한다.

보호자의 태도와 행동을 바꾸어 부정적 감정을 긍정적 감정을 바꾸고
반려견이 이해 할 수 있는 정도 내에서 교육 단계를 설정한다. (shaping 기법)
반려견마다 감당할 수 있는 교육 정도가 다르니 단계를 세분화해서 교육한다.

「5장, 기법을 분류하는 방법」 참고
1. 나는 반려견이 내 앞으로 왔으면 좋겠어.
2. 도망치지 않고 앞으로 행동을 강화한다.
3. 앞으로 오게 하려고 좋아하는 간식을 사용한다.

① 보호자의 목소리 톤을 바꾼다.
- 보호자의 낮고 단호한 말투와 목소리는 반려견에게 거절의 의미를 내포하고 있다.
- 보호자의 높고 상냥한 말투와 목소리는 반려견에게 칭찬의 의미를 내포하고 있다.
- 부드럽고 상냥한 말투와 목소리는 반려견에게 긍정적 감정을 이끌어낼 수 있다.

② 무심코 하는 딱딱하고 무거운 말투와 목소리에 변화를 준다.
③ 보호자가 반려견을 부르고 기다려준다.
- 반려견이 생각할 시간을 충분히 주어야 한다.
- 반려견은 지금 상황에 무엇을 해야 할지 곰곰이 생각 중이다.
- 충분히 시간 간격이 있어야 한다.

④ 반려견이 다가오면 반드시 보상을 준다.
- 반려견이 왔는데 아무런 반응이 없다면 반려견은 더 이상 오지 않는다.
- 오면 반드시 보상을 줘서 행동을 칭찬해 준다.

⑤ 반려견이 올 수 있는 상황에서만 부른다.
- 반려견이 올 수 없는 상황에서 불러도 반려견은 올 수 없다.
- 주변 상황을 확인한 후 올 수 있는 상황에서만 부른다.

⑥ 반려견이 보호자 앞으로 오는 행동이 습관이 되도록 한다.
- 습관이 되어 보호자가 부를 때마다 반려견이 올 수 있도록 한다.
- 어느 정도 적응이 되면 간식 주는 횟수를 줄인다.
- 간식 대신 대체 가능한 보상(말로 하는 칭찬, 스킨십 등)으로 간식 줄인 횟수만큼 채워준다.

- 간헐적 간식 보상으로 간식에 대한 가치를 높여서 반려견이 계속하여 교육에 참여할 수 있도록 한다.

※ 주의사항

① 교육 단계는 반려견 입장에서 설정한다.
② 교육 중 반려견이 차단 신호 혹은 진정 신호를 보낸다면, 잠시 쉬었다가 다시 한다.
③ 기분 전환 후 자세를 다시 잡고 시작한다.
④ 교육은 5~7분 사이로 한다.
⑤ 짧게 여러 번 한다.
⑥ 혐오자극이 되지 않도록 부드러운 목소리로 교육한다.
⑦ 반려견에게는 즐거운 놀이가 교육이 될 수 있도록 한다.

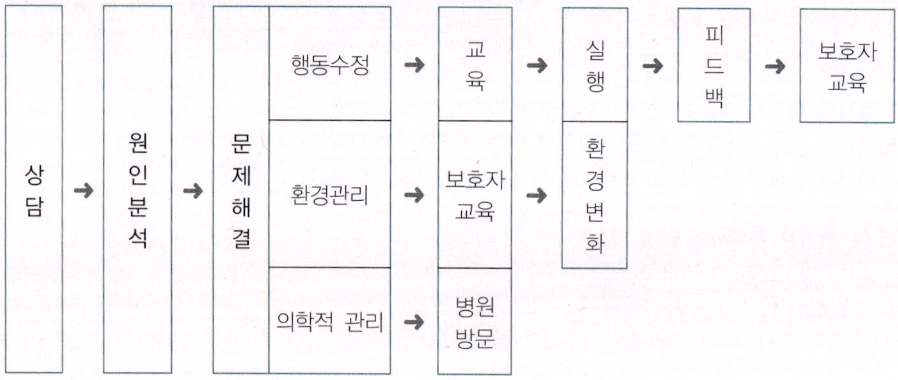

상담	하네스를 든 보호자를 보면 긴장한다.
원인분석	하네스를 들면 보호자의 태도가 고압적으로 변화하는 경험
문제행동 목표수립 교육방법결정	보호자 앞에 오는 것에 대한 부정적 감정을 긍정적 감정으로 변화
교육	역조건형성(고전적, 조작적)과 둔감화 교육
피드백	보호자 앞에 있는 것에 거부감이 없는가?
보호자교육	하네스를 보면 긴장하는 이유에 대한 설명과 하네스 착용법 교육

- 반려견 털이 하네스 버클에 끼는가?
- 하네스 버클 결합 소리가 큰가?
- 목줄을 사용하지 않고 하네스를 착용하는 이유는 무엇인가?

표 8-5 **하네스에 대한 긍정적 인식 형성하기**

반려견은 하네스에 대해 부정적 경험을 했다.
하네스 = 털이 뜯기는 고통(질병으로 인한 고통과 유사)
하네스 = 버클 채우는 큰 소리가 무서워
개 입장) '하네스를 착용했을 때 큰소리가 났어! 큰소리가 너무 무서워!'

역조건형성과 둔감화를 통해 부정적 감정을 긍정적 감정으로 바꾸고,
반려견이 이해 할 수 있는 정도 내에서 교육 단계를 설정한다. (shaping 기법)
반려견마다 감당할 수 있는 교육 정도가 다르니 단계를 세분화해서 교육한다.

보호자는 반려견이 하네스에 대한 긍정적 경험을 할 수 있도록 한다.

「5장, 기법을 분류하는 방법」 참고
1. 나는 반려견이 하네스 착용을 좋아하면 좋겠어.
2. 거부감 없이 하네스 착용하는 행동을 강화한다.
3. 간식을 주면서 하네스에 대한 거부감을 줄여준다.
4. 하네스는 착용하면 좋아하는 간식이 생긴다.
5. 버클 결합 소리에 대한 둔감화 교육을 한다.
6. 하네스는 착용하면 좋아하는 산책을 나간다.

① 보호자가 반려견이 스스로 하네스 가까이 올 수 있도록 환경을 만든다
  - 반려견과 하네스의 거리를 측정한다.
  - 하네스 주변에 간식을 뿌려놓는다.
  - 반려견이 하네스 주변 가까이 오는데 긴장하지 않는 모습을 보일 때까지 교육한다.
  - 하네스에 대한 거부반응이 심할 경우는 하네스 대신 목줄을 사용하여 교육한다.

② 하네스에 간식을 뿌려놓는다.
  - 반려견 스스로 하네스에 대한 거부감을 줄일 수 있도록 한다.
  - 반려견이 하네스 위에서 간식을 먹을 수 있을 때까지 진행한다.

③ 반려견에게 하네스 일부분을 살짝 가져다 댄다.
  - 하네스 일부를 반려견에 몸에 대면서 동시에 간식을 함께 준다.
  - 하네스는 머리나 머리 윗부분이 아닌 다른 부위에 댄다.
  - 거부감이 있는 경우 눈에 보이지 않았을 때 거부감을 덜 보이기도 한다.
  - 하네스에 접촉에 대한 거부감이 사라질 때까지 한다.

④ 하네스를 한발씩 착용시킨다.
- 구멍 하나에 한쪽을 넣는다. 구멍에 발을 넣을 때마다 간식을 준다.
- 거부감이 없다면 다른 구멍 하나에 남은 한쪽 발을 넣는다.

⑤ 발을 넣는 것에 거부감이 없다면 이제는 하네스로 몸 전체를 감싸본다.
- 이때 하네스 버클은 채우지 않고, 하네스를 몸에 감싸고 바로 풀어준다.
- 몸을 감싸면서 바로 간식을 바로 준다.
- 계속 반복하면서 몸에 감싸는 시간을 서서히 늘린다.

⑥ 하네스가 몸에 채워지는 것이 익숙해지면 버클을 채운다.
- 이때 하네스는 버클 아래로 천이 덧대어진 하네스를 사용한다.
- 버클이 털이 직접 닿지 않아 털을 뜯기는 것을 예방할 수 있다.
- 교육이 진행되는 동안에는 버클 채우면서 간식을 준다.
- 버클은 아주 천천히 채우며 '탁' 소리가 거의 나지 않도록 주의하면서 한다.
- 버클 결합 부위에 손가락을 사용하여 버클 결합이 천천히 진행되도록 한다.
- 버클을 채우면서 바로 간식을 바로 준다.
- 하네스 착용이 어느 정도 적응이 되면 간식 주는 횟수를 줄인다.
- 간식 대신 대체 가능한 보상(말로 하는 칭찬, 스킨십 등)으로 간식 줄인 횟수만큼 채워준다.
- 간헐적 간식 보상으로 간식에 대한 가치를 높여서 반려견이 계속하여 교육에 참여할 수 있도록 한다.

⑦ 버클 결합 소리에 민감한 반응이 보인다면 소리에 대한 둔감화 교육을 따로 진행한다.
- 버클 결합 소리를 녹음한다.
- 거의 들릴 듯 말 듯 한 크기로 반려견에게 들려주며 반응을 살펴본다.
- 소리를 듣고도 반응이 없을 때 간식과 같은 보상을 준다.
- 소리를 서서히 키우면서 반려견 반응을 살펴본다.
- 소리에 대한 반응이 보여 간식을 먹지 않을 때는 소리를 낮추어서 다시 시작한다.
- 서서히 적응할 수 있도록 한다.

⑧ 반려견이 하네스를 착용하면 보상으로 산책 나간다.

※ 주의사항

① 교육 단계는 반려견 입장에서 설정한다.
② 교육 중 반려견이 차단 신호 혹은 진정 신호를 보낸다면, 잠시 쉬었다가 다시 한다.
③ 기분 전환 후 자세를 다시 잡고 시작한다.
④ 교육은 5~7분 사이로 한다.
⑤ 짧게 여러 번 한다.
⑥ 혐오자극이 되지 않도록 부드러운 목소리로 교육한다.
⑦ 반려견에게는 즐거운 놀이가 교육이 될 수 있도록 한다.

상담	하네스를 보면 도망간다.
↓	↓
원인분석	하네스를 들면 무서운 일이 생긴다는 경험(소음/고통)
↓	↓
문제행동 목표수립 교육방법결정	하네스 착용에 대한 부정적 감정을 긍정적 감정으로 변화
↓	↓
교육	역조건형성(고전적, 조작적)과 둔감화 교육
↓	↓
피드백	하네스 착용에 거부감이 없는가?
↓	↓
보호자교육	하네스를 보면 도망가는 이유에 대한 설명과 하네스 착용법 교육

④ 실행

㉠ 반려견과 교감 활동을 통해 친밀도를 향상시킨다.

- 놀이, 산책, 간식, 스킨십 등 반려견 특성에 알맞은 교감 활동을 찾는다
- 문제행동 유형이 같아도 교감 방법이 다르다.
- 반려견 스스로 참여할 수 있도록 분위기를 만든다.

㉡ 문제행동에 대한 교육을 진행한다.

- 문제행동 목표 수준으로 교육 내용을 단계적으로 세분화하여 진행한다.
- 학습원리를 고려한 알맞은 교육 방법을 설정한다.

⑤ 피드백

㉠ 문제행동 교육에 대한 목표 기준과 비교 평가한다.

㉡ 문제행동 교육 평가지를 사용하여 평가한다.

⑥ 보호자 교육

㉠ 보호자 교육 지도 원리에 맞춰서 개별지도를 한다.

㉡ 교육 방법 설정 및 실행 내용을 기반으로 보호자에게 지도한다.

(2) 산책만 나가면 줄을 당겨 힘들어요!

① 상담: 보호자와 상담을 통해서 반려견 문제행동을 알아본다.

㉠ 산책만 나가면 너무 당겨서 손목 무릎이 아파요!

㉡ 앞서가요!

㉢ 불러도 안 와요!

㉣ 똑바로 안 가고 마음대로 가요

② 원인분석: 반려견 문제행동은 한가지 만 나타날 때도 있고 복합적으로 나타날 수도 있다.

㉠ 산책 횟수를 확인한다.

- 매일 산책을 하는가?

- 일주일에 몇 번 하는가?
- 거의 못하는가?

㉡ 산책 시간을 확인한다.

- 견종별, 건강별, 나이별 풀어야 하는 에너지가 차이가 난다.
- 충분한 산책이 이루어지는지 확인한다.

㉢ 보호자가 반려견과 산책하는 모습을 관찰한다.

- 목줄을 사용하는가? 하네스를 사용하는가?
- 줄을 사용하는가? 자동줄을 사용하는가?
- 개들의 발걸음 리듬 확인(경쾌한가? 무거운가? 아픈 곳은 없는가?)
- 개가 산책 중 무엇으로부터 자극을 받는가?
- 개가 어디에 에너지를 쏟는가? (냄새 맡는 것, 활동 등)
- 개가 지치는가?
- 개가 산책을 즐거워하는가? 긴장하는가?
- 보호자의 행동이 개에게 어떤 영향을 미치는가?
- 보호자가 줄을 잡아당기는가?

㉣ 보호자 행동이 반려견에게 강한 자극이 되어 문제행동을 유발할 수 있다.

③ 교육 방법 설정

㉠ 산책 횟수와 시간을 확인한다.

- 반려견들은 산책을 통해 스트레스와 에너지를 풀 수 있다.
- 오랜만에 산책을 나온 반려견은 욕구 불만인 상황이다.
- 산책을 다녀왔더라도 활동이 부족하다면 반려견은 욕구 불만인 상태이다.

표 8-6 건강한 산책루틴 형성하기

반려견이 오랜만에 산책을 나왔다.

반려견은 스트레스가 많이 쌓이고, 욕구 불만인 상태다. 오랜만에 나온 밖의 환경이 너무나 흥미롭다.

산책 = 에너지를 풀 수 있는 활동

보호자는 반려견과 매일 산책을 하여 환경에 대한 적응 및 호기심을 충족시켜 주어야 한다.

1. 매일 산책을 나오는가?
2. 산책하는 시간은 적정한가?
3. 건강은 양호한가?
4. 활동량은 적당한가?
5. 산책 코스는 변화가 있는가?
6. 다양한 자극이 있는 곳인가?

① 반려견 입장에서 생각해보면
- 오랜만에 나온 산책로에는 호기심 거리가 많다.
- 후각 활동으로 새로운 다양한 정보를 얻을 수 있다.
- 마킹 구역에서는 내 정보를 남겨야 한다.
- 언제 또 산책 나올지 모르는 상황이기에 지금 상황을 최대한 누려야 한다.
- 집에서 맡을 수 없는 강렬한 냄새가 난다.
- 갑자기 많은 자극이 한 번에 노출된다.

② 자극이 한 번에 몰려오는 상황이라면
- 반려견은 그 자극을 수용하기에 버거울 수 있다.
- 소리 자극에 사회화가 잘 되었던 반려견이라도 그 환경이 단절된다면 무서워할 수 있다.

③ 나의 정보를 남겨야 한다면
- 반려견에게 있어서 마킹은 정보 전달 및 소셜네트워킹이다.
- 나의 정보도 남겨야 하고 다른 개의 정보도 얻어야 한다.
- 마킹을 가능한 곳에 최대한 많이 남겨야 한다.
- 언제 산책을 나올지 모르니 지금 최대한 남겨야 한다.

반려견이 매일 산책한다면, 호기심 또는 자극으로 인한 행동은 줄어들게 된다.

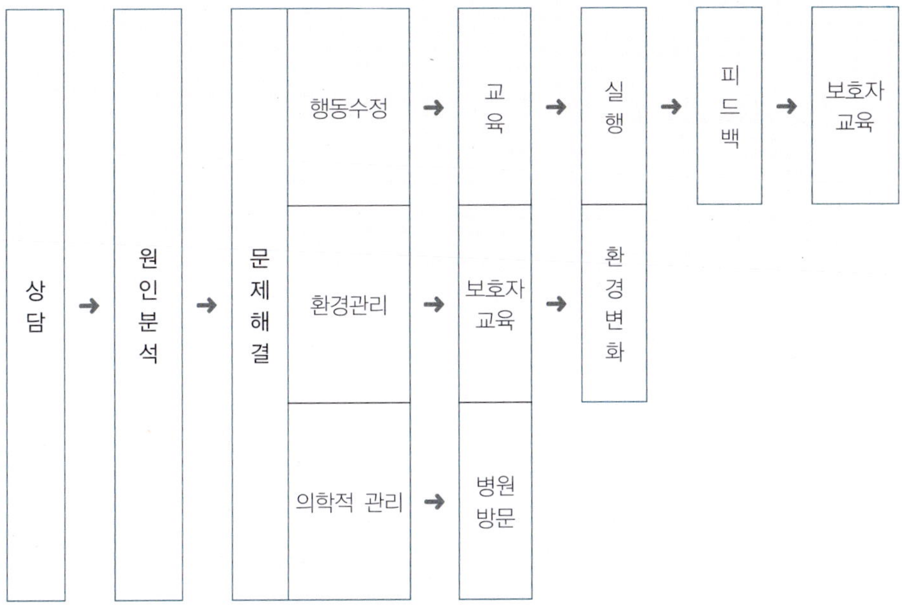

상담	산책할 때 줄을 많이 당긴다.
↓	↓
원인분석	산책을 자주 나오지 못해 에너지가 많이 쌓인 상태
↓	↓
문제행동 목표수립 교육방법결정	건강한 산책 패턴 수립
↓	↓
교육	역조건형성(고전적, 조작적)과 둔감화 교육
↓	↓
피드백	산책 시 리드줄을 당기지 않는가?
↓	↓
보호자교육	리드줄을 당기는 이유에 대한 설명과 신책 교육

ⓛ 보호자 행동이 대부분 반려견 문제행동을 유발한다. 보호자 행동 하나하나를 유심히 관찰해야 한다.

- 목줄을 사용하는가? 하네스를 사용하는가?
- 줄을 사용하는가? 자동줄을 사용하는가?
- 개들의 발걸음 리듬 확인(경쾌한가? 무거운가? 아픈 곳은 없는가?)
- 개가 산책 중 무엇으로부터 자극을 받는가?
- 개가 어디에 에너지를 쏟는가? (냄새 맡는 것, 활동 등)
- 개가 지치는가?
- 개가 산책을 즐거워하는가? 긴장하는가?
- 보호자의 행동이 개에게 어떤 영향을 미치는가?
- 보호자가 줄을 잡아당기는가?

표 8-7 산책 규칙 형성하기

반려견이 오랜만에 산책을 나왔다.
보호자는 반려견이 지저분한 곳에 가는 행동을 하면 혼내면서 수시로 줄을 잡아당긴다.
보호자는 산책을 하면서 전화 통화나 정보 검색을 수시로 한다.
보호자는 줄이 팽팽하다고 반려견 줄을 잡아당긴다.

반려견은 산책을 하면서 다양한 부정적 경험을 했다.
줄을 잡아당기는 행동과 혼남 = 고통
보호자의 일관성 없는 행동 = 개의 임의적 판단

개 입장) '보호자와 교감도 없고, 혼나기만 하네! 내 맘대로 해야지'

역조건형성과 둔감화를 통해 부정적 감정을 긍정적 감정으로 바꾸고,
반려견이 이해할 수 있는 정도 내에서 교육 단계를 설정한다. (shaping 기법)
반려견마다 감당할 수 있는 교육 정도가 다르니 단계를 세분화해서 교육한다.

보호자는 반려견이 산책에 대해 긍정적 경험을 할 수 있도록 한다.

「5장, 기법을 분류하는 방법」 참고
1. 반려견과 산책에 대한 규칙을 만든다.
2. 나는 반려견이 내 옆에서 함께 가는 것이 더 좋아.
3. 옆으로 오는 행동을 강화시킨다.

4. 옆으로 다가오게 하기 위해 간식을 준다.

① 반려견과 산책에 대한 규칙을 만든다.
- 옆에 오면 간식을 준다.
- 나를 쳐다보면 간식을 준다.
- 줄을 당기지 않으면 간식을 준다.
- 마킹은 보호자와 발맞춰 잘 걸으면 50m마다 허용한다.
- 100m 걷고 100m 뛴다. 등

② 보호자는 반려견과 산책하면서 반려견에게 집중한다.
- 산책로에는 다양한 자극물이 있다.
- 반려견에게 부정적 자극이 될 수 있는 것이 있다면 사전에 차단할 수 있도록 한다.
- 산책하면서 앞, 뒤, 양옆을 살피면서 걷거나 뛴다.

③ 반려견이 보호자에게 집중한다면 보상을 준다.
- 반려견이 산책하면서 자주 뒤돌아보면서 보호자를 바라본다면 간식을 준다.
- 반려견이 간식을 먹기 위해 가까이 온다면 줄을 당기지 않는다.
- 간식을 주면서 칭찬을 함께 한다.

④ 반려견이 줄을 당기지 않고 산책한다면 보상을 준다.
- 반려견이 줄을 당기지 않는다면 간식을 준다.
- 반려견에게 줄을 당기지 않으면 보상이 생긴다는 것을 알려주는 것이다.
- 반려견은 보호자 옆으로 가거나 줄을 당기지 않을 때마다 간식이 생기기 때문에 줄을 당기지 않게 된다.

⑤ 마킹도 보상으로 허용한다.
- 마킹 포인트를 미리 보호자가 알아둔다.
- 산책하면서 보호자와 잘 걷게 되면 그에 대한 보상으로 마킹할 수 있도록 한다.
- 마킹 포인트가 아닌 곳에서 마킹을 허용해주면 마킹을 안 할 가능성이 높다.

⑥ 습관이 될 때까지 한다.
- 산책 나오면 보호자를 계속 바라보면서 걷는 것이 습관이 되도록 한다.
- 습관이 되면 간식 주는 횟수를 줄인다.
- 간식 대신 대체 가능한 보상(말로 하는 칭찬, 스킨십 등)으로 간식 줄인 횟수만큼 채워준다.
- 간헐적 간식 보상으로 간식에 대한 가치를 높여서 반려견이 계속하여 교육에 참여할 수 있도록 한다.

※ 주의사항
① 교육 단계는 반려견 입장에서 설정한다.
② 교육 중 반려견이 차단 신호 혹은 진정 신호를 보낸다면, 잠시 쉬었다가 다시 한다.
③ 기분 전환 후 자세를 다시 잡고 시작한다.
④ 교육은 5~7분 사이로 한다.
⑤ 짧게 여러 번 한다.
⑥ 혐오자극이 되지 않도록 부드러운 목소리로 교육한다.
⑦ 반려견에게는 즐거운 놀이가 교육이 될 수 있도록 한다.

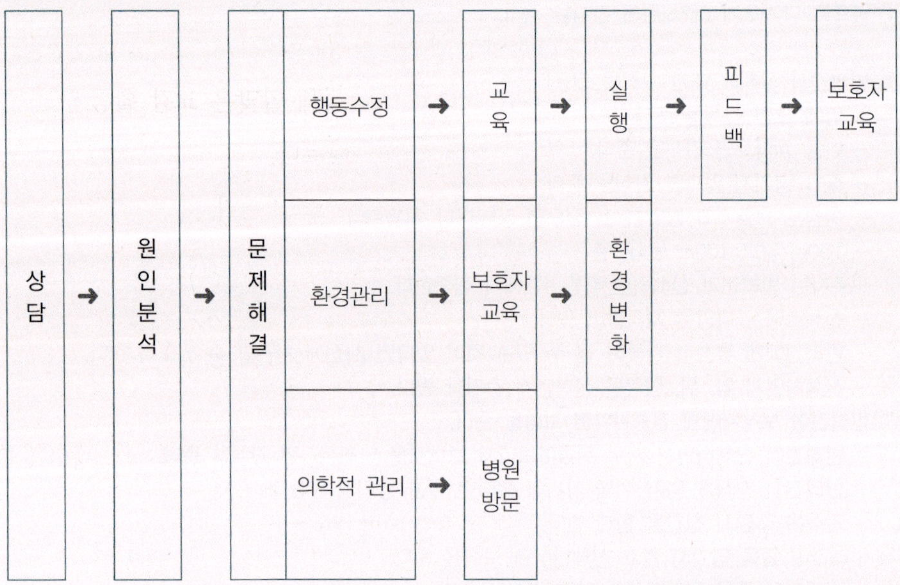

상담	산책할 때 줄을 많이 당긴다.
원인분석	보호자와의 산책 규칙이 무너진 상태
문제행동 목표수립 교육방법결정	건강한 산책 규칙 수립
교육	역조건형성(고전적, 조작적)과 둔감화 교육
피드백	산책 시 보호자에게 집중하는가?
보호자교육	리드줄을 당기는 이유에 대한 설명과 신책 교육

④ 실행

㉠ 반려견과 교감 활동을 통해 친밀도를 향상시킨다.

- 놀이, 산책, 간식, 스킨십 등 반려견 특성에 알맞은 교감 활동을 찾는다
- 문제행동 유형이 같아도 교감 방법이 다르다.
- 반려견 스스로 참여할 수 있도록 분위기를 만든다.

㉡ 문제행동에 대한 교육을 진행한다.

- 문제행동 목표 수준으로 교육 내용을 단계적으로 세분화하여 진행한다.
- 학습 원리를 고려한 알맞은 교육 방법을 설정한다.

⑤ 피드백

㉠ 문제행동 교육에 대한 목표 기준과 비교 평가한다.

㉡ 문제행동 교육 평가지를 사용하여 평가한다.

⑥ 보호자 교육

㉠ 보호자 교육 지도 원리에 맞춰서 개별지도를 한다.

㉡ 교육 방법 설정 및 실행 내용을 기반으로 보호자에게 지도한다.

2. 배변 문제

1) 배변 교육의 중요성

(1) 반려견의 배변 습성

① 배변은 건강한 반려견이 배뇨 및 배설을 하는 활동이다.

② 반려견은 본능적으로 스스로의 영역을 깨끗하게 하고자 하는 습성이 있다.

③ 하여 보금자리와 떨어진 곳에서 배변하려고 한다.

(2) 배변 장소 선택의 중요 요소

① **표면적인 선호**(Surface preference)

㉠ 표면적인 느낌은 자견의 화장실 선택에 있어서 가장 중요한 요소이다.

㉡ 발바닥에 닿는 촉감으로 배변장소를 구분한다.

㉢ 반려견은 본능적으로 다공성 물질에서 배변, 배뇨의 욕구를 느낀다.

② **장소적인 선호**(Location preference)

㉠ 먹고 자는 곳과 먼 곳을 선호한다.

㉡ 과거에 배변을 했던 곳을 선호한다.

㉢ 배변이 잘 치워져 있는 청결한 곳을 선호한다.

(3) 배변 교육 시 주의사항

① 배변과 배뇨를 잘했을 때, 즉시 칭찬 및 보상을 해주는 것이 좋다.

② 깜짝 놀랄 만큼 큰 소리를 내게 되면 외려 잘못된 효과를 줄 수 있으니 주의해야 한다.

③ 배뇨와 배변이 끝날 때까지 기다렸다가 보상할 수 있도록 항상 화장실 주변에 보상을 준비해 놓으면 좋다.

(4) 배변 문제행동 교육 순서

① 상담

② 원인분석

③ 교육방법설정

④ 실행

⑤ 피드백

⑥ 보호자 교육

2) 배변 문제

(1) 잘못된 장소에서의 배변을 해요

① 상담: 보호자와 상담을 통해서 반려견 문제행동을 알아본다.

㉠ 반려견이 이불, 화장실 매트 등 잘못된 곳에 배변해요!

㉡ 평소에는 잘하는데 보호자만 없으면 잘못된 장소에 배변해요!

㉢ 배변을 끄트머리에서 해서 조준을 실패해요!

② 원인분석: 반려견의 문제행동의 원인은 한 가지만 나타날 때도 있고 복합적으로 나타날 수도 있다.

㉠ 먼저 언제부터 이런 행동을 했는지 문의한다.

- 자견 시기부터 했는가?
- 어느 날 갑자기 했으면 의심 가는 일이 있는가?

표 8-8 반려견의 희뇨

희뇨(喜尿)란

- 반려견이 감정이 격양되었을 경우 방광 근육이 이완되어 소변이 흘러나오는 현상이다.
- 희뇨는 어린 반려견에게 많이 보일 수 있는데 이는 신체적 성장이 완전하지 못하기 때문이라 대개 커가면서 서서히 좋아진다.
- 성견의 경우에도 분리불안이 있어 극도로 불안하거나 무섭고 두려운 상황에 맞닥뜨린 경우와 같이 감정의 고조가 극심할 경우에도 나타날 수 있다.
- 성견임에도 희뇨를 자주 보는 반려견이라면 평소에 보호자가 차분하게 대하여 감정기복이 심해지지 않도록 주의한다.

㉡ 자주 실수하는 특정 장소/시기가 있는지 알아본다.

- 장소의 질감이 특이한가?
- 실수하는 장소에 반복적으로 배변하는가?
- 배변장소가 특정 인물과 관계된 장소인가?
- 특정 인물이 있을 때/없을 때 행동하는가?

㉢ 배변 전, 후의 반려견의 반응을 관찰한다.

- 배변이 묽은가?
- 주눅이 들어 있거나 불안해하는가?
- 배변을 보호자가 보지 않을 때만 하는가?

㉣ 배변 장소의 위치와 청결도를 본다.

- 다견 가정의 경우 배변 패드를 큰 패드 하나로 사용하는가?
- 배변 후 바로 정리하지 않는가?
- 배변 장소의 위치가 반려견이 선호하지 않는 장소인가?
- 배변 실수한 곳에서 계속 배변 냄새가 나는가?

③ **교육방법설정**

㉠ 언제부터 문제행동이 발생했는지 알아본다.

- 자견 시기라면 배변 올바른 습관을 기를 수 있도록 해야 한다.

표 8-9 자견의 배변 교육

자견은 모견에게서 자연스럽게 배변습관을 기르게 되지만 이른 시기에 모견과 떨어지게 된 경우에는 보호자가 배변에 대한 교육을 하게 된다.

① 배변패드를 여러 군데 깔아 배변하는 곳임을 인지시켜준다.
- 반려견은 발바닥 촉감으로 배변 장소를 인지한다.
- 주변에 반려견이 배변 패드와 헷갈릴 만한 장애물을 치워준다(발매트, 미끄럼방지 매트, 담요 등)
- 장소는 자견의 주 생활반경과 조금 떨어진 곳이 좋다.
- 장애물이 없는 곳이나 방 한가운데보다는 모퉁이나 모서리 근처가 좋다.

② 배변을 패드에 성공했을 때에 칭찬과 보상을 해준다.
- 칭찬을 해줄 때에는 하이톤의 음성이 좋지만 너무 큰 소리는 반려견이 놀랄 수 있으므로 소리를 조절한다.
- 배변이 끝나는 즉시 성공했다는 것을 인식할 수 있도록 바로 칭찬해준다.
- 바로 보상을 해줄 수 있도록 화장실 주변에 보상물을 미리 준비해 두었다가 바로 보상한다.
- 반려견의 배변 패턴을 파악한다.
- 배변교육에 있어 성공타이밍을 찾는 것이 중요하기 때문이다.

③ 배변패드를 반려견이 선호하는 장소로 점점 좁혀준다.
- 여러 곳 중에서 자견이 아늑하게 생각하는 곳이 있다.
- 자견이 실수할 수 있지만 혼내기보다는 성공을 경험시켜주어 성공하는 빈도를 늘리도록 도와준다.
- 배변 실수가 반복된다면 보호자에게는 냄새가 나지 않더라도 반려견에게는 냄새가 배어 그 장소가

화장실로 인식될 수 있다.
- 이럴 경우 소변분해제품을 사용하여 냄새를 제거해주는 것이 중요하다.

※ 주의사항
① 배변을 실수했다고 하더라도 **절대로 혼내서는 안 된다.**
② 배뇨 실수를 반복해서 하는 장소에는 Urine off(소변분해제품)를 이용해 치워준다.
③ 배변 실수하는 현장을 목격했다고 하더라도 처벌하게 되면 배변실수가 아닌 배변행위 자체가 보호자가 싫어한다고 생각할 수 있다.

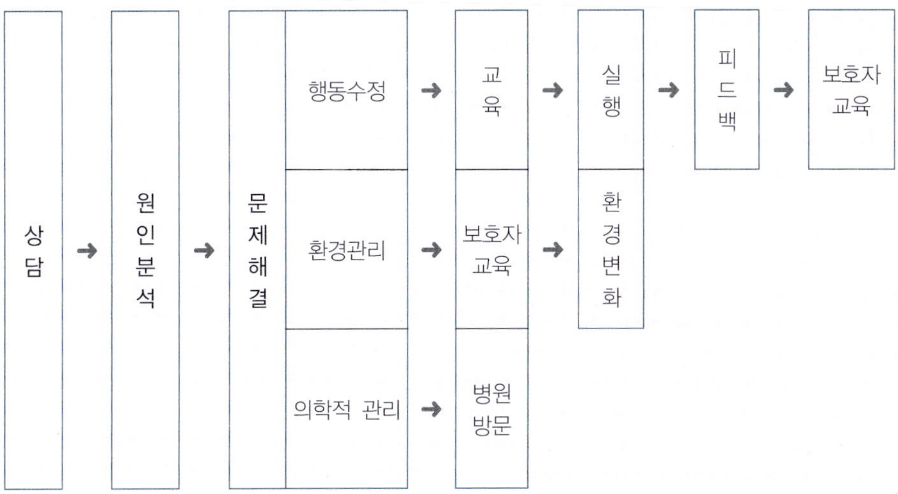

상담	배변 장소가 아닌 곳에서 배변을 한다.
원인분석	배변교육을 받지 못한 상태
무제행동 목표수립 교육방법결정	건강한 배변 습관 형성
교육	역조건형성(고전적, 조작적)
피드백	배변을 올바른 장소에 하는가?
보호자교육	배변 실수를 하는 이유에 대한 설명과 배변 교육

ⓛ 자주 실수하는 특정 장소/시기가 있는 경우 반려견에게 실수를 유발하게하는 트리거가 있는 경우가 있다.

- 특정 장소를 반려견이 아늑하다고 생각하여 배변실수를 할 수 있다.
- 해당 장소의 질감적 특성이 반려견에게 배변 패드와 혼동을 줄 수 있다.
- 어느 순간부터 배변실수를 한다면 트리거가 되는 사건이 있을 수 있다.

표 8-10 잘못된 배변 교육으로 인한 사례

9살 동동이는 커튼 뒤에서 늘 배변을 한다.
어릴 때에는 커튼 뒤에서 배변을 하지 않았는데 어느 순간부터 커튼 뒤에서 한다.
동동이는 어릴 적 배변 실수를 한 적이 있었는데 보호자에게 많이 혼이 났다고 한다.

물론 보호자는 동동이가 배변을 **'잘못된 장소'**에 했기 때문에 혼을 냈지만
동동이는 **'배변행위'**를 했기 때문에 보호자가 화를 낸다고 받아들였다.
그 결과 동동이는 배변행위 자체를 하지 않을 수는 없기 때문에 늘 숨어서 배변을 하게 되었다.

이와 같이 배변 교육에 있어서 보호자는 그럴 의도를 가지고 있지 않더라도 반려견의 입장에서는 다르게 받아들일 수 있고 트라우마로 남게 될 수 있다.
동동이의 경우가 아니더라도 이런 트라우마로 반려견은 배변행위 자체를 감추기 위해 식분(배변을 먹어 치우는 행위)을 하거나 구석에 배변을 하고 묻어두기도 한다.

배변 교육의 키포인트는 보호자에게 달려있다.

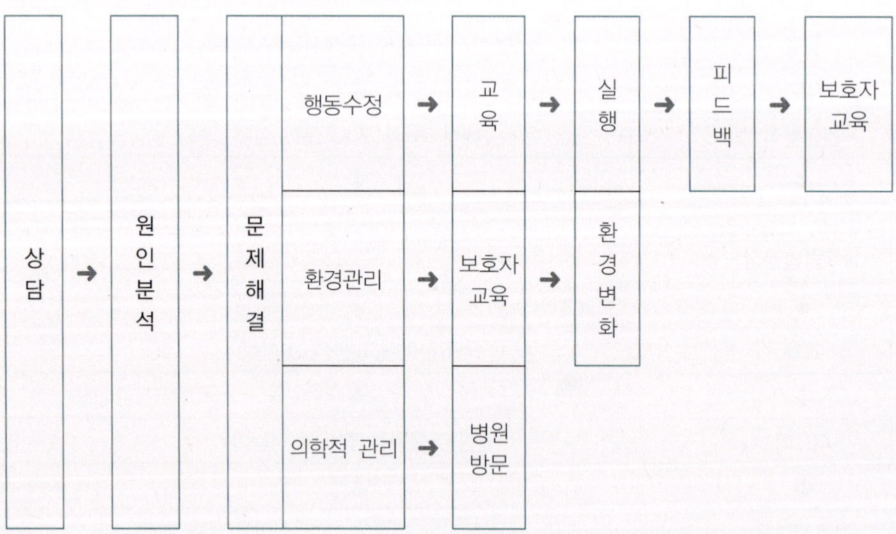

상담	배변 장소가 아닌 곳에서 배변을 한다.
↓	↓
원인분석	잘못된 배변 교육으로 인한 트라우마
↓	↓
문제행동 목표수립 교육방법결정	건강한 배변 습관 형성
↓	↓
교육	역조건형성(고전적, 조작적)과 둔감화 교육
↓	↓
피드백	배변을 올바른 장소에 하는가?
↓	↓
보호자교육	배변 실수를 하는 이유에 대한 설명과 배변 교육

㉢ 배변 전, 후 반려견의 반응을 보면 배변에 대한 인식을 알 수 있다.

- 긴장하는 경우 본능적으로 배변을 짜내 기분을 전환하는데 이 때에 배변이 묽은 경우가 있다.
- 배변에 대한 잘못된 인식을 가지고 있는 경우 보호자의 눈치를 보거나 특정 인물이 없을 경우에 몰래 한다.
- 잘못된 장소에 배변을 하고 칭찬을 바랄 때에는 반려견에게는 그 장소가 배변장소로 인식되었을 가능성이 크다.

㉣ 배변장소의 위치가 부적절하거나 청결하지 않을 경우 실수가 반복된다.

- 반려견의 성향에 따라 한번 배변하고 나면 자리가 남아 있더라도 같은 패드에 배변을 하지 않으려 할 수 있다.
- 반려견이 배변 장소가 더럽다고 인식하면 새로운 배변 장소를 만들 수 있다.
- 큰 배변패드 1장보다 작은 배변패드를 여러 개 겹치지 않게 깔아놓으면 반려견은 배변장소가 여러 개라고 인식할 수 있다.

표 8-11 배변장소의 경계 설정하기

배변 교육이 되어 있는건 같은데 조준이 아쉬워요!
앞발만 올려서 항상 배변패드 끄트머리에 해요!

앞발이 패드에 닿았기 때문에 배변장소라고 착각하는 경우가 있다.

이럴 때에는 아래 사진처럼 울타리를 사용하여 공간감을 줄 수 있다.
반려견의 몸이 전부 들어갈 수 있도록 하거나 배변판을 이용하여 높이감을 주어 배변장소와 아닌 곳의 경계를 설정한다.

출처: 네이버블로그
https://blog.naver.com/miniyuki_/223560467196

④ 실행

㉠ 반려견과 교감 활동을 통해 스스로 올바른 행동으로의 방향성을 잡아준다.

- 놀이, 산책, 간식, 스킨십 등 반려견 특성에 알맞은 교감 활동을 찾는다
- 반려견의 성향에 따라 교감 방법이 다르다.
- 반려견이 스스로 방향성을 잡을 수 있도록 교감을 통해 성취욕구를 자극한다.

㉡ 문제행동에 대한 교육을 진행한다.

- 문제행동 목표 수준으로 교육 내용을 단계적으로 세분화하여 진행한다.
- 학습 원리를 고려한 알맞은 교육 방법을 설정한다.

⑤ **피드백**

㉠ 문제행동 교육에 대한 목표 기준과 비교 평가한다.

㉡ 문제행동 교육 평가지를 사용하여 평가한다.

⑥ **보호자 교육**

㉠ 보호자 교육 지도 원리에 맞춰서 개별지도를 한다.

㉡ 교육 방법 설정 및 실행 내용을 기반으로 보호자에게 지도한다.

(2) 배변을 먹어요

① **상담**: 보호자와 상담을 통해서 반려견 문제행동을 알아본다.

㉠ 반려견이 자기의 배변을 먹어요!

㉡ 동거묘/타견의 배변을 먹어요!

② **원인분석**: 반려견 문제행동의 원인은 한 가지만 나타날 때도 있고 복합적으로 나타날 수도 있다.

㉠ 먼저 언제부터 이런 행동을 했는지 문의한다.

- 자견 시기부터 했는가?
- 동거묘/타견에게 식습관적 변화가 생겼는가?
- 어느 날 갑자기 했으면 의심 가는 일이 있는가?

㉡ 성장배경이 어떠했는지 문의한다.

- 모견과 생후 2개월 이전 떨어질 상황이었는가?
- 성장환경에서 좁은 공간에 오래 갇혀있었는가?
- 성장환경이 청결하지 못하였는가?
- 성장과정에서 음식의 섭취가 부족하였는가?

㉢ 거주 공간이 어떠한가?

- 거주 공간의 크기는 어떠한가?
- 배변장소는 청결하게 유지되는가?

표 8-12 반려견의 식분증

식분(Coprophagia)은 이란 동물이 자신이나 다른 동물의 배설물을 먹는 것을 말한다.
반려견의 식분증은 이식증(Pica)의 하위 영역이라고 볼 수 있다.
다만 다른 것은 먹지 않으나 분변만 먹는 경우가 있다.

반려견은 모견이 자견의 배뇨 작용을 위해 용변을 도와주면서 자연스럽게 식분을 하기도 하고, 야생에서는 천적에게 흔적을 들키지 않기 위하여 생존적인 요소로 식분을 하기도 한다. 하여 반려견은 식분에 대한 거부감이 본능적으로 적을 수 있다.

〈반려견 식분증의 원인〉

① 영양분 보충
- 생존을 위하여 영양소가 부족한 에너지를 보충해야 할 경우
- 음식물이 제대로 소화되지 않아 분변에 섞여 나온 경우
- 음식물을 충분히 섭취하지 못하였을 경우

② 청결유지
- 자견시기 모견과 일찍 떨어졌을 때 스스로 배변을 치워야 할 경우
- 주 생활공간과 배변장소가 분리되지 않을 경우
- 배변장소가 청결하게 관리 되지 않을 경우

③ 놀이
- 혼자 있는 시간이 많고 놀잇감이 없어 에너지가 발산이 안 되는 경우
- 자견 시기 놀거리가 부족한 채 좁은 공간에 오래 있는 경우

④ 스트레스 또는 불안
- 환경 변화, 보호자의 관심이 부족한 경우
- 천적으로부터 흔적을 감추기 위한 경우
- 엄격한 배변훈련의 반작용
- 오랜 시간 산책을 나가지 못해 스트레스가 과하게 쌓인 경우

⑤ 고양이의 분변
- 고양이의 분변은 반려견이 좋아하는 냄새가 나는데 몸에 묻히거나 먹는 경우도 있다.

⑥ 습관적 행동
- 어릴 적 잘못된 습관이 형성되어 성견이 된 뒤에도 지속되는 경우
- 대변을 먹을 기회가 많았던 경우

⑦ 질병적 요인
- 기생충에 감염되었거나 췌장염. 췌장기능부전 등 영양분 흡수가 제대로 이루어지지 않는 경우
- 당뇨나 갑상선 질환 등의 만성질환으로 인한 식욕증가

상담	본인 혹은 타견/타묘의 배변을 먹어요.
↓	↓
원인분석	다양한 원인으로 인한 식분
↓	↓
문제행동 목표수립 교육방법결정	배변에의 관심 없애기
↓	↓
교육	역조건형성(고전적, 조작적)과 둔감화 교육
↓	↓
피드백	식분을 하지 않는가?
↓	↓
보호자교육	식분을 하는 이유에 대한 설명과 식분 방지 교육

③ 교육방법설정

㉠ 건강상 이상 소견이 있는 경우는 질병 치료가 우선시 된다.

- 질병이 사라져도 행동이 똑같다면 행동수정 교육을 한다.
- 반려견에게 영양적 공급을 원활히 해준다.

㉡ 청결한 환경을 유지하고 스트레스의 발산을 도와준다.

- 반려견이 스트레스받거나 불안해하는 요소가 있는가?
- 배변 장소가 부족하거나 청결하게 유지되고 있는가?
- 반려견의 놀이 시간이 충분한가?
- 반려견의 산책은 아침/저녁 정기적으로 이뤄지는가?

㉢ 반려견의 배변 패턴을 파악한다.

- 일정한 시간에 배변을 하는가?
- 배변을 보호자가 없을 때만 하는가?
- 야외에서도 배변을 하는가?
- 보호자가 없는 시간이 긴가?
- 동거견/동거묘와 함께 있는가?

④ 실행

㉠ 반려견이 분변에 좋은 이미지를 가지게 하는 것을 제거한다.

- 따뜻하고 말랑한 분변은 반려견에게 매력적으로 다가올 수 있다.
- 섬유질 함량이 높은 사료로 교체하여 분변이 푸석푸석해지면 매력적인 요소가 떨어진다.
- 배변 즉시 산책을 다녀오게 되면 차갑고 딱딱해져 매력적인 요소가 감소한다.
- 반려견이 분변에 몰두하기보다는 에너지 발산 등 환기를 시켜준다.

㉡ 문제행동에 대한 교육을 진행한다.

- 문제행동 목표 수준으로 교육 내용을 단계적으로 세분화하여 진행한다.
- 학습 원리를 고려한 알맞은 교육 방법을 설정한다.

⑤ 피드백

㉠ 문제행동 교육에 대한 목표 기준과 비교 평가한다.

㉡ 문제행동 교육 평가지를 사용하여 평가한다.

⑥ 보호자 교육

㉠ 보호자 교육 지도 원리에 맞춰서 개별지도를 한다.

㉡ 교육 방법 설정 및 실행 내용을 기반으로 보호자에게 지도한다.

3. 짖음 문제

1) 의사소통

(1) 짖음

① 개가 짖는 이유는 다양하다.

㉠ 지금 상황이 불안해서 이를 상대방에게 알리고자 하는 행동이다.

㉡ 두려움과 공포를 느끼고 있는데 더 이상 피할 수가 없어서 하는 행동이다.

㉢ 현재 상황을 알리고자 하는 행동이다.

㉣ 무엇을 할 줄 몰라서 하는 행동이다.

㉤ 위의 사항 이외에도 짖는 이유는 다양하다.

표 8-13 짖음의 종류

짖음의 종류
① 경보성 짖음 ② 관심추구형 짖음 ③ 인사성 짖음 ④ 강박성 짖음 ⑤ 사회적 모방 짖음 ⑥ 좌절형 짖음 ⑦ 질병, 부상으로 인한 고통이 수반된 짖음 ⑧ 분리불안형 짖음

② 반려견은 왜 더 짖게 되었을까?

㉠ 대부분 보호자의 무관심에서 비롯된다.

- 보호자에게 짖었을 때 큰 관심을 얻게 된다.
- 짖으면 관심을 받게 된다는 것을 학습하게 된다.
- 반려견은 관심을 받기 위해 짖게 된다.

㉡ 더 이상 피할 수가 없어서 현재 상황을 알리고자 짖게 되었다.

- 혼자 있는 것에 대한 교육을 받지 못하여 두려움을 느끼게 된다.
- 사회화 교육이 덜 되었을 경우 외부 자극 수용이 어려움을 겪게 된다.
- 이때 반려견은 불안과 공포를 느끼게 되는데 보호자에게 현재 상황을 알려 이 상황에서 벗어나고자 한다.

(2) 짖음 문제행동 교육 순서

① 상담

② 원인분석

③ 교육방법설정

④ 실행

⑤ 피드백

⑥ 보호자 교육

2) 짖음 문제

(1) 산책하면서 다른 개만 보면 짖고 달려들어요!

① 상담: 보호자와 상담을 통해서 반려견 문제행동을 알아본다.

㉠ 산책만 나가면 개만 짖으면 달려들어요!

㉡ 사람만 보면 달려들어요!

② 원인분석: 반려견 문제행동은 한가지 만 나타날 때도 있고 복합적으로 나타날 수도 있다.

㉠ 보호자에게 반려견의 사회성 정도를 질의한다.

- 어릴 적에 퍼피 클래스를 다녀본 적이 있는가?
- 산책 이외 다른 장소에서 다른 개들과는 잘 어울리는가? (애견 카페, 운동장 등)
- 사회로부터 단절된 경우가 있는가? (집에서만 생활했다. 집 밖에 나가본 적이 없다. 등)
- 사물 및 환경 풍부화 교육이 잘 이루어졌는가?

㉡ 보호자가 반려견과 산책하는 모습을 관찰한다.

- 개가 산책을 즐거워하는가? 긴장하는가?
- 보호자의 행동이 개에게 어떤 영향을 미치는가?
- 보호자가 줄을 잡아당기는가?
- 자극물이 어느 정도 가까이 왔을 때 짖거나 달려드는가?

㉢ 보호자 행동이 반려견에게 강한 자극이 되어 문제행동을 유발한다.

③ 교육 방법 설정

㉠ 사회성 정도에 따라 반려견의 행동이 달라진다.

- 다른 개들과 잘 어울리는 것을 배운 반려견이라면 문제를 일으킬 경우는 드물다.
- 사회부터 단절된 경우라면 제대로 된 교육을 받지 못했기 때문에 문제행동이 나타날 수 있다.

표 8-14 역조건형성과 둔감화를 이용한 타견 사회화교육

반려견은 다른 개에 대해 부정적 경험을 했다.
다른 개 = 공포와 두려움

개 입장) '다른 개가 너무 무서워!'

역조건형성과 둔감화를 통해 부정적 감정을 긍정적 감정으로 바꾸고,
반려견이 이해 할 수 있는 정도 내에서 교육 단계를 설정한다. (shaping 기법)
반려견마다 감당할 수 있는 교육 정도가 다르니 단계를 세분화해서 교육한다.

보호자는 반려견이 다른 개에 대한 긍정적 경험을 할 수 있도록 한다.

「5장, 기법을 분류하는 방법」 참고
1. 나는 반려견이 다른 개를 좋아하면 좋겠어.
2. 다른 개가 다가오는 행동을 강화한다.
3. 간식을 주면서 다른 개에 대한 거부감을 줄여준다.

① 보호자가 반려견이 적응할 수 환경을 만든다
  - 반려견과 자극물의 거리를 측정한다.
  - 충분한 거리를 벌리고 교육을 진행한다.
  - 두려움과 공포심이 발생되면 반려견은 쉽게 흥분하게 된다.
  - 흥분된 반려견에게는 보상이 통하지 않게 된다.
② 반려견에게 다른 개가 보일 듯 말 듯한 거리에서 교육을 시작한다.
  - 반려견이 다른 개를 보고 짖지 않는다면 간식을 준다.
③ 거리를 서서히 좁힌다.
  - 반려견마다 허용되는 거리가 다르고 그 자극의 세기가 다르다.
  - 어떤 반려견의 경우 한 걸음을 다가와도 괜찮지만 어떤 반려견은 참지 못할 수 있다.
  - 1mm 정도씩 천천히 다가온다.
④ 거부감이 있는 경우 다시 거리를 벌린다.
  - 거부감을 보이면 다시 거리를 벌리고 천천히 진행한다.
  - 분위기 전환을 위해 다른 장소로 옮겨 본다.
⑤ 천천히 거리를 좁히는 교육을 반복한다.
⑥ 어느 정도 적응이 되면, 자극물을 늘린다.

※ 주의사항
① 교육 단계는 반려견 입장에서 설정한다.
② 교육 중 반려견이 차단 신호 혹은 진정 신호를 보낸다면, 잠시 쉬었다가 다시 한다.
③ 기분 전환 후 자세를 다시 잡고 시작한다.
④ 교육은 5~7분 사이로 한다.
⑤ 짧게 여러 번 한다.
⑥ 혐오자극이 되지 않도록 부드러운 목소리로 교육한다.

⑦ 반려견에게는 즐거운 놀이가 교육이 될 수 있도록 한다.

상담	산책 시 타견을 보고 짖는다.
↓	↓
원인분석	타견에 대한 부정적 경험
↓	↓
문제행동 목표수립 교육방법결정	타견에 대한 부정적 감정을 긍정적 감정으로 변화
↓	↓
교육	역조건형성(고선석, 소작직)과 타견 시회회 교육
↓	↓
피드백	타견이 다가올 때 두려움이 없는가?
↓	↓
보호자교육	타견을 보면 짖는 이유에 대한 설명과 산책 교육

ⓒ 보호자 행동이 대부분 반려견 문제행동을 유발한다. 보호자 행동 하나하나를 유심히 관찰해야 한다.

- 특히 반려견이 산책하는 경우를 제외하고는 다른 개들과 잘 지낸다면 이것은 보호자의 잘못된 산책 방법 때문에 야기된 문제행동이다.
- 산책하면서 보호자가 반려견에게 지속적인 혐오자극을 주기 때문이다.
- 보호자 행동이 바뀌면 문제행동은 사라진다.

표 8-15 짖음행동을 유발하는 보호자교육

보호자가 반려견과 함께 산책하고 있다.
반려견이 지나가던 다른 개에게 달려든다.
이 때 대부분 보호자들은 "안 돼!"라고 외치며 산책 줄을 잡아당기게 된다.

보호자의 입장) '큰일 날 뻔했네!'
개 입장) '아이쿠, 아파'

보호자의 생각) '난 잘못된 행동을 막고 올바른 행동을 가르쳤어!'
개 입장) '개만 만나면 혼나네, 개는 나한테 고통을 주는 존재야!'

반려견은 다른 개에 대해 부정적 경험을 했다.
다른 개 = 고통

개 입장) '다른 개와 사람은 나에게 고통만 줘!'

역조건형성과 둔감화를 통해 부정적 감정을 긍정적 감정으로 바꾸고,
반려견이 이해할 수 있는 정도 내에서 교육 단계를 설정한다. (shaping 기법)
반려견마다 감당할 수 있는 교육 정도가 다르니 단계를 세분화해서 교육한다.

보호자는 반려견이 자극물에 대한 긍정적 경험을 할 수 있도록 한다.
보호자는 절대 줄을 잡아당기지 않도록 해야 한다.

「5장, 기법을 분류하는 방법」 참고
1. 나는 반려견이 자극물를 좋아하면 좋겠어.
2. 자극물이 다가오는 행동을 강화한다.
3. 간식을 주면서 자극물에 대한 거부감을 줄여준다.

다른 개를 무서워하지 않게 하는 교육과 내용은 비슷하지만, 자극물에 대한 부정적 감정이 깊어진 상태다. 자극물을 직접 맞닥뜨리게 하지 않고, 계속 피하게 하면서 교육하는 것이 중요하다.

① 보호자가 반려견이 적응할 수 환경을 만든다
- 반려견과 자극물의 거리를 측정한다.
- 충분한 거리를 벌리고 교육을 진행한다.
- 두려움과 공포심이 발생되면 반려견은 쉽게 흥분하게 된다.
- 흥분된 반려견에게는 보상이 통하지 않게 된다.

② 반려견에게 자극물이 보일 듯 말 듯한 거리에서 교육을 시작한다.
- 반려견이 자극물 보고 짖지 않는다면 간식을 준다.

③ 자극물이 계속 다가오면 피해서 돌아간다.
- 오던 길을 되돌아간다.
- 옆에 샛길이 있다면 샛길로 이동한다.
- 좁은 길이라면 자극물을 등지게 하고 보호자에게 반려견을 집중시킨다.

③ 거리를 서서히 좁힌다.
- 반려견마다 허용되는 거리가 다르고 그 자극의 세기가 다르다.
- 어떤 반려견의 경우 한 걸음을 다가와도 괜찮지만 어떤 반려견은 참지 못할 수 있다.
- 1mm 정도씩 천천히 다가온다.

④ 거부감이 있는 경우 다시 거리를 벌린다.
- 거부감을 보이면 다시 거리를 벌리고 천천히 진행한다.
- 분위기 전환을 위해 다른 장소로 옮겨 본다.

⑤ 천천히 거리를 좁히는 교육을 반복한다.
- 거리가 가까워지면 반려견이 자극물 등지게 하여 보이지 않도록 한다.
- 반려견에게 자극물이 보이지 않게 하여 두려움과 공포감을 줄여준다.

⑥ 어느 정도 적응이 되면, 자극물을 늘린다.

자극이 나타났다.	→	개가 정말 좋아하는 보상을 받는다.	→	점차 덜 무섭다 좋은 일이 생긴다고 예상한다.	→	더 이상 짖지 않는다.
자극에 대한 부정적 감정을 가지고 있다.		무서운 것과 보상에 대해 연관을 짓는다. (감당할 수 있는 수준 유지)		시간이 지날수록 부정적 감정이 긍정적 감정으로 변한다.		더 이상 짖을 이유가 없다.

※ 주의사항

① 교육 단계는 반려견 입장에서 설정한다.

② 교육 중 반려견이 차단 신호 혹은 진정 신호를 보낸다면, 잠시 쉬었다가 다시 한다.

③ 기분 전환 후 자세를 다시 잡고 시작한다.

④ 교육은 5~7분 사이로 한다.

⑤ 짧게 여러 번 한다.
⑥ 혐오자극이 되지 않도록 부드러운 목소리로 교육한다.
⑦ 반려견에게는 즐거운 놀이가 교육이 될 수 있도록 한다.

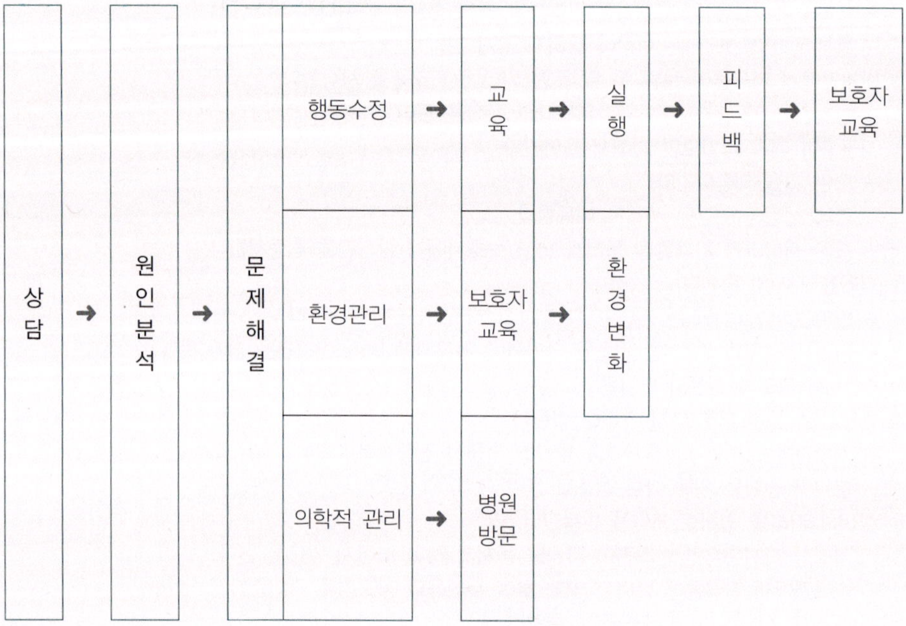

상담	산책 시 타견을 보고 짖는다.
원인분석	타견을 봤을 때 보호자가 행한 부정적 경험
문제행동 목표수립 교육방법결정	타견을 봤을 때 보호자의 행동에 대한 부정적 감정을 긍정적 감정으로 변화
교육	역조건형성(고전적, 조작적)과 둔감화 교육
피드백	타견이 다가올 때 짖지 않는가?
보호자교육	타견을 보면 짖는 이유에 대한 설명과 보호자 산책 교육

④ 실행

㉠ 반려견과 거리를 벌린다.

- 반려견 스스로 참여할 수 있도록 분위기를 만든다.

㉡ 문제행동에 대한 교육을 진행한다.

- 문제행동 목표 수준으로 교육 내용을 단계적으로 세분화하여 진행한다.
- 학습 원리를 고려한 알맞은 교육 방법을 설정한다.

⑤ 피드백

㉠ 문제행동 교육에 대한 목표 기준과 비교 평가한다.

㉡ 문제행동 교육 평가지를 사용하여 평가한다.

⑥ 보호자 교육

㉠ 보호자 교육 지도 원리에 맞춰서 개별지도를 한다.

㉡ 교육 방법 설정 및 실행 내용을 기반으로 보호자에게 지도한다.

(2) 벨소리만 나면 짖어요!

① 상담: 보호자와 상담을 통해서 반려견 문제행동을 알아본다.

㉠ 벨소리만 나면 짖어요!

② 원인분석: 반려견 문제행동은 한가지 만 나타날 때도 있고 복합적으로 나타날 수도 있다.

㉠ 환경적 요인을 분석한다.

- 집안 환경은 어떠한가?
- 반려견이 쉬는 장소는 어딘가?
- 반려견만을 위한 장소가 따로 구분되어 있는가?
- 중문이 있는가?
- 백색 소음을 들려주는가?
- 현관과 반려견이 쉬는 장소 어느 정도 거리가 있는가?

- 반려견이 쉬면서 문을 항상 주시하고 있는가?

㉡ 짖는 상황을 알아본다.

- 벨소리만 나면 짖는가?
- 언제부터 짖기 시작했는가?
- 특이적인 상황에서만 짖는가?

③ 교육 방법 설정

㉠ 환경 관리로도 문제 해결이 가능하다.

- 반려견이 어디에서 어떻게 지내는지 그리고 자극으로부터는 얼마나 거리가 있는지 파악 후 환경 관리를 해주면 짖는 문제가 완화된다.

표 8-16 환경관리를 통한 불안요소 제거

반려견을 위한 집안 환경이 이루어지지 못한 경우, 반려견이 불안해할 수 있다.

1. 반려견이 쉬는 공간이 따로 있는가?
2. 반려견은 문 앞에서 긴장을 하지 않는가?
3. 백색 소음을 들려주는가?
4. 자극으로부터 거리는 멀리 있는가?

① 방석, 크레이트, 집 등 반려견만을 위한 공간을 준비한다.
- 반려견만이 사용하는 공간이 따로 있어야 한다.
- 보호자와 함께 사용하는 쇼파, 침대, 거실 등은 반려견만을 위한 공간이 아니다.
- 안락하게 방해받지 않고 편안하게 쉴 수 있는 공간이 있어야 한다.

② 이 공간은 문과 가깝거나 마주 보지 않도록 한다.
- 사람 왕래가 잦고 자극이 쉽게 노출되는 공간은 반려견이 편하게 쉴 수 없다.
- 현관 근처나 현관을 마주 보는 장소라면 반려견은 항상 언제 문이 열릴지 긴장 속에 편안하게 쉴 수 없다.

③ 문 앞에서 기다리는 반려견은 계속 불안한 상황이다.
- 밖에서 나는 다양한 자극에 대해 반려견은 불안하다.
- 중문이 있다면 외부 자극을 줄여주기에 도움이 된다.

④ 최대한 자극으로부터 멀리 있도록 한다.
- 외부 자극에 대해서는 자극이 줄여들 수 있도록 최대한 먼 곳에 자리잡도록 한다.
- 이때 백색 소음을 사용하는 것도 좋다.
- 백색 소음이 외부 자극을 상쇄할 수 있다.
- 언제 산책을 나올지 모르니 지금 최대한 남겨야 한다.

반려견을 위한 환경이 조성되면, 외부 자극에 대해 덜 민감한 모습을 보이게 된다.

상담	벨소리가 나면 짖는다.
↓	↓
원인분석	반려견을 위한 집안환경이 이루어지지 않음
↓	↓
문제행동 목표수립 교육방법결정	벨소리에 대한 부정적 감정을 긍정적 감정으로 변화
↓	↓
교육	역조건형성(고전적, 조작적)과 둔감화 교육
↓	↓
피드백	벨소리가 들릴 때 더 편안하게 쉴 수 있는가?
↓	↓
보호자교육	벨소리가 들리면 짖는 이유에 대한 설명과 집안 환경조성

㉡ 소리에 대한 풍부화 교육이 제때 이루어지지 못한 경우 소리에 민감한 반응이 보이게 된다.

- 대다수 강아지는 6~8개월 때부터 짖기 시작한다.
- 보호자들은 2~6개월 강아지가 짖지 않는다고 하여 소리에 대한 풍부화 교육을 소홀히 한 경우 해당된다.

표 8-17 역조건형성과 둔감화를 통한 소리자극 사회화교육

벨소리가 울리면 큰 물건이나 사람이 들어온다.
반려견에게 집 안으로 들어오는 사람과 물건은 크게 느껴진다. 경험해 보지 못한 자극에 대해 공포와 두려움을 느끼게 되었다.

반려견은 소리에 대해 부정적 경험을 했다.
벨소리 = 공포와 두려움

개 입장) '벨소리가 너무 무서워!'

역조건형성과 둔감화를 통해 부정적 감정을 긍정적 감정으로 바꾸고,
반려견이 이해할 수 있는 정도 내에서 교육 단계를 설정한다. (shaping 기법)
반려견마다 감당할 수 있는 교육 정도가 다르니 단계를 세분화해서 교육한다.

보호자는 벨소리에 대한 긍정적 경험을 할 수 있도록 한다.

「5장, 기법을 분류하는 방법」 참고
1. 나는 반려견이 벨소리를 좋아하면 좋겠어.
2. 짖지 않는 행동을 강화한다.
3. 벨소리가 들리면 간식을 준다.

벨소리가 울리면 방석 위에 올라가도록 하는 교육도 가능하다.

① 벨소리를 녹음한다.
- 집에서 사용하는 벨소리를 녹음한다.
② 벨소리를 아주 작게 시작해 들려준다.
- 반려견이 반응을 보이는지 관찰하면서 벨소리를 작게 들려준다.
- 반려견이 벨소리에 대한 반응이 없으면 간식을 준다.
③ 벨소리 크기를 서서히 키운다.
- 반려견이 반응이 없으면 벨소리를 점점 키운다.
- 벨소리에 대한 거부반응이 있으면 벨소리를 줄여 다시 교육을 진행한다.

④ 집에서 들리는 벨소리 크기까지 교육한다.
⑤ 벨을 직접 누르면서 교육한다.
- 2인 1조로 교육을 진행한다.
- 집 안에 있는 보호자는 반려견에게 짖기 전에 간식을 줄 준비를 하고
- 집 밖에 있는 보호자는 집 안에 보호자의 신호에 따라 벨을 누른다.

⑥ 벨소리가 들리기 전에 집 안에 있는 보호자는 바닥에 간식을 뿌려준다.
- 벨소리를 들으면서 반려견은 간식을 먹는다.

⑦ 벨소리 들릴 때마다 반려견에게 간식을 준다.
- 벨소리에 반응하여 짖게 되면 잠시 교육을 멈춘다.
- 짖는 상황에서 간식을 주게 되면 짖는 행동을 강화시키게 된다.

⑧ 습관이 될 때까지 한다.
- 벨소리가 울리면 보호자를 계속 바라보면서 걷는 것이 습관이 되도록 한다.
- 습관이 되면 간식 주는 횟수를 줄인다.
- 간식 대신 대체 가능한 보상(말로 하는 칭찬, 스킨십 등)으로 간식 줄인 횟수만큼 채워준다.
- 간헐적 간식 보상으로 간식에 대한 가치를 높여서 반려견이 계속하여 교육에 참여할 수 있도록 한다.

※ 주의사항
① 교육 단계는 반려견 입장에서 설정한다.
② 교육 중 반려견이 차단 신호 혹은 진정 신호를 보낸다면, 잠시 쉬었다가 다시 한다.
③ 기분 전환 후 자세를 다시 잡고 시작한다.
④ 교육은 5~7분 사이로 한다.
⑤ 짧게 여러 번 한다.
⑥ 혐오자극이 되지 않도록 부드러운 목소리로 교육한다.
⑦ 반려견에게는 즐거운 놀이가 교육이 될 수 있도록 한다.

벨소리가 들린다.	→	개가 정말 좋아하는 보상을 받는다.	→	점차 덜 무섭다 좋은 일이 생긴다고 예상한다.	→	더 이상 짖지 않는다.
자극에 대한 부정적 감정을 가지고 있다.		무서운 것과 보상에 대해 연관을 짓는다. (감당할 수 있는 수준 유지)		시간이 지날수록 부정적 감정이 긍정적 감정으로 변한다.		더 이상 짖을 이유가 없다.

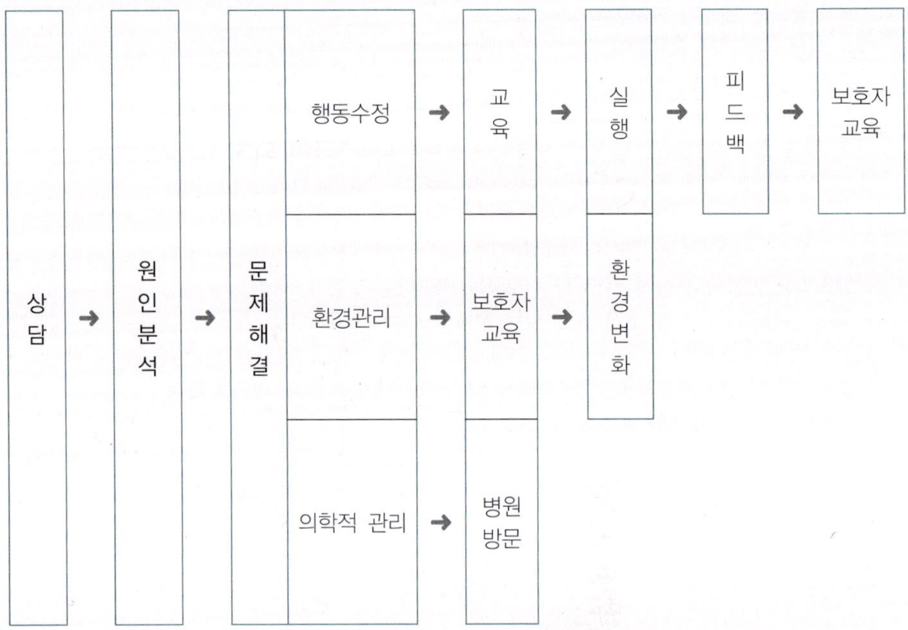

상담	벨소리가 나면 짖는다.
↓	↓
원인분석	벨소리가 들리면 반려견이 무서워하는 일이 생김
↓	↓
문제행동 목표수립 교육방법결정	벨소리에 대한 부정적 감정을 긍정적 감정으로 변화
↓	↓
교육	역조건형성(고전적, 조작적)과 둔감화 교육
↓	↓
피드백	벨소리가 들릴 때 편안하게 쉴 수 있는가?
↓	↓
보호자교육	벨소리가 들리면 짖는 이유에 대한 설명과 벨소리 둔감화 교육

④ 실행

㉠ 반려견이 벨이 울렸을 때 안전하게 있을 수 있는 곳(방석, 크레이트 등)을 만들어 준다.

- 반려견 스스로 생각하여 벨소리가 혐오자극이 되지 않도록 혐오요소를 제거해준다.
- 나쁜 기억을 좋은 기억으로 덮어주어 짖을 필요성을 없애준다.

㉡ 문제행동에 대한 교육을 진행한다.

- 문제행동 목표 수준으로 교육 내용을 단계적으로 세분화하여 진행한다.
- 학습 원리를 고려한 알맞은 교육 방법을 설정한다.

⑤ 피드백

㉠ 문제행동 교육에 대한 목표 기준과 비교 평가한다.

㉡ 문제행동 교육 평가지를 사용하여 평가한다.

⑥ 보호자 교육

㉠ 보호자 교육 지도 원리에 맞춰서 개별지도를 한다.

㉡ 교육 방법 설정 및 실행 내용을 기반으로 보호자에게 지도한다.

Chapter

09

반려묘 문제행동 사례

Chapter

09
반려묘 문제행동 사례

1. 배변 문제

1) 문제행동의 원인: 질병

① 반려묘는 반려견보다 아픔을 더 잘 참고 잘 견딘다.

㉠ 상처로 인한 통증과 가려움으로 인한 문제행동이 발생한다.

- 상처가 아물고 있으면 가려움이 발생한다.
- 반려묘는 가려움을 해결하기 위해 긁는 행동을 한다.
- 상처가 다시 긁히며 2차 감염 등의 문제가 발생한다.
- 감염으로 생긴 부종에서 통증이 발생하여 보호자를 공격하기도 한다.

㉡ 질병에서 발생한 통증 때문에 문제행동이 발생한다.

- 요도 결석 등과 같은 질병으로 인해 소변보기가 어렵다.
- 관절 통증으로 인해 앉기가 어려운 경우, 자세 잡기가 어려워 소변보기가 어렵다.
- 화장실이 아닌 다른 장소에서 소변을 지리기도 한다.

- 통증으로 인해 보호자를 공격하기도 한다.

㉢ 노화에 따른 인지 기능 장애로 문제행동이 발생한다.

- 인지 기능 장애로 기억력 저하나, 장소 및 공간 위치를 파악하지 못하기도 한다.
- 먹을 것을 달라고 계속 우는 행동을 종종 한다.
- 화장실 위치를 찾지 못하고 화장실 밖에서 배변한다.
- 뒤로 가지 못한다.

2) 스트레스

① 만성 스트레스

㉠ 스스로 조절하기 어려운 갑작스런 변화로 스트레스가 발생한다.

㉡ 스트레스가 계속 반복되면 스트레스 상태가 오랫동안 지속되어 만성 스트레스로 발전한다.

㉢ 만성 스트레스가 되면 일상으로 돌아오는 회복 탄력성이 떨어진다.

㉣ 만성 스트레스가 되면 작은 변화에도 민감하게 반응한다.

㉤ 스트레스는 질병을 초래한다.

㉥ 보호자 또는 다른 반려묘를 공격하는 문제행동이 발생한다.

② 보호자의 스트레스

㉠ 보호자가 스트레스를 느끼게 되면 반려묘도 스트레스를 받게 된다.

㉡ 보호자의 감정 변화에 따라 반려묘의 스트레스 정도도 바뀐다.

③ 스트레스의 주요 요인

㉠ 환경적 요인

㉡ 사회적 요인

㉢ 질병

표 9-1 스트레스의 중요 요인

① 환경적 요인
- 이사나 가구 위치 변경 등 주거 환경이 바뀌었다.
- 생활하는데 급격한 온도 차가 발생하였다.
- 심한 소음 발생, 스크래처, 사료, 향수 · 세제 냄새 등 생활 환경이 불만족하다.
- 학습된 무기력으로 아무것도 할 수 없다.

② 사회적 요인
- 반려묘들 사이에 관계가 좋지 않다.
- 길고양이 접근이 용이하다.
- 보호자가 무관심하다.
- 보호자와 관련된 생활 분위기가 적응하기 힘들다.
- 가족 구성이 변화되었다.

③ 질병

3) 불충분한 사회화

① 행동 발달 과정에서 각 시기에 알맞은 사회화 이루어지지 못하면 문제행동이 발생한다.

② 생후 12주까지 어미 반려묘와 동배 반려묘들과 함께 어울려 지내면, 정서적으로 안정되어 사람과도 잘 어울릴 수 있다.

4) 환경과 유전 요인

① 환경

㉠ 반려묘의 욕구가 채워지지 않는 환경이라면 문제행동이 발생한다.

㉡ 학습된 무기력으로 항상 불만족에 있는 상황에도 문제행동이 발생한다.

② 유전 요인

㉠ 반려묘 종에 따라서 문제행동 양상이 다르다.

- 페르시안 반려묘는 화장실 외 장소에 배변 실수를 자주 한다.

- 샴이나 아비시니안 반려묘는 다른 반려묘에 비해 사회성이 부족하다. 작은 자극에도 공격적인 모습을 쉽게 보인다.
- 샴과 버미즈 반려묘는 이식증이 다른 반려묘에 비해 더 많다.

③ 환경과 유전 모두 반려묘 문제행동에 큰 영향을 미친다.

5) 문제행동 교육 순서

① 상담

② 원인분석

③ 교육방법설정

④ 실행

⑤ 피드백

⑥ 보호자 교육

6) 자주 화장실이 아닌 곳에 배변을 해요!

① 상담: 보호자와 상담을 통해서 반려묘 문제행동을 알아본다.

㉠ 화장실 밖에 소변을 봐요.

㉡ 반려묘 한 마리를 더 입양한 날부터 실수가 잦아졌어요!

② 원인분석: 반려묘 문제행동은 한가지 만 나타날 때도 있고 복합적으로 나타날 수도 있다.

㉠ 보호자에게 반려묘의 사회성 정도를 질의한다.

- 반려묘의 성별은 어떤가? 동성인가? 이성인가?
- 반려묘 나이는?
- 합사 전 어떤 단계를 거쳤는가?
- 캣타워에서 어느 위치에 있는가?

㉡ 보호자가 반려묘와의 생활 환경을 관찰한다.

- 공간 배치는 어떤가?
- 화장실은 어디에 있는가?
- 화장실은 몇 개가 있는가?
- 화장실은 크기 및 모래는 어떤가?
- 반려묘가 생활하는 장소는 어디인가?
- 먼저 있던 반려묘가 숨을 공간은 있는가?
- 서열은 정리가 되었는가?
- 반려묘가 쉬는 장소는 어디인가?
- 놀이 시간은 충분한가?
- 사료나 식습관에 대한 변화는 없었는가?
- 스크래처는 충분한가?

㉢ 보호자 행동이 반려묘에게 강한 자극이 되어 문제행동을 유발한다.

③ 교육 방법 설정

㉠ 질병 관리가 되면 문제행동은 사라진다.

- 비뇨기계 질병으로 인해 문제행동이 발생한다.
- 요로결석, 방광염, 요도염, 특발성 방광염 등 세심한 관찰과 주기적인 진료를 통해 문제행동을 해결할 수 있다.

표 9-2 주기적 진료를 통한 질병 관리

반려묘는 스트레스에 매우 취약하다.
1. 화장실 위치는 불안한가?
2. 보호자와 교감을 충분히 있는가?
3. 쉬는 공간은 소음과 자극으로부터 멀리 있는가?
4. 반려묘가 혼자 격리되어 있는가?

① 반려묘 스트레스 관리가 중요하다.
- 환경적 요인으로 발생하는 스트레스가 만성 스트레스가 되지 않도록 관리한다.
- 반려묘는 보호자와 교감하면서 정서적 유대감을 느낀다.
- 혼자 격리되어 있다면, 정서적 유대감을 느끼지 못한다. 스트레스가 극에 달할 수 있다.

② 반려묘 화장실을 자주 살펴본다.
- 반려묘 화장실 크기 적당한가?
- 반려묘가 선호하는 모래인가?
- 화장실 위치는 자극이 많이 있는가?
- 반려묘 배설물 양을 확인한다.
- 반려묘 울음소리를 확인한다.
- 반려묘 행동 양상을 관찰한다.

③ 반려묘가 화장실 앞에 자주 배변 실수한다.
- 반려묘가 화장실에 들어가서 몇 분 만에 나오는가 확인한다.
- 평소보다 시간이 길어지거나 줄어들었는지 확인한다.
- 반려묘가 화장실을 다녀오면 배설물 양을 확인한다.
- 반려묘가 화장실 안에서 자세가 불편한지 확인한다.
- 배설물에 피가 섞여 나오는지 확인한다.
- 반려묘가 용변을 보면서 우는지 확인한다.
- 평소와 다른 울음소리인지 확인한다.
- 반려묘가 배설하면서 통증이 발생하면 평소와 다르게 높은 소리로 울 수 있다.

④ 동물병원 주기적 진료를 통해 주기적 관리한다.

상담 → 원인분석 → 문제해결 | 의학적관리 → 병원방문

상담: 화장실이 아닌 곳에 배변한다.
↓
원인분석: 질병으로 인한 행동이다.
↓
의학적 관리: 지속적인 질병 관리를 한다.

㉡ 반려묘를 위한 환경이 조성되어도 문제행동은 사라진다.
- 화장실이 있는 환경이 불만족스럽다.
- 화장실을 싫어한다.
- 스트레스를 받고 있다.
- 보호자의 관리가 없다.
- 환경 및 유전 요인과 관련 있다.

표 9-3 환경관리를 통한 불안요소 제거

반려묘를 위한 집안 환경이 이루어지지 못한 경우, 반려묘가 불안해할 수 있다.

1. 캣타워, 터널, 반려묘 방석 등 사람과 교류하는 곳에 있는가?
2. 반려묘 방이 따로 있는가?
3. 잘 때 함께 자는가? 분리해서 자는가?
4. 혼자만의 공간이 따로 있는가? 쉬는 공간이 따로 있는가?
5. 놀이 시간은 충분한가?
6. 스크래처는 충분히 있는가?

① 반려묘는 사람과 정서적 교감을 통해서 안정감을 찾는다.
- 반려묘가 쉬는 공간은 사람이 교감할 수 있는 장소여야 한다.
- 방에서 따로 격리된 반려묘는 사람과의 교감과 보호자의 관심을 받기 위해 문제행동을 하게 된다.
- 반려묘가 놀이를 충분히 할 수 있도록 공간이 충분해야 한다.
- 탐색 → 뒤쫓기 → 추적하기 → 덮치기 → 포획하기 → 처리하기 → 휴식하기
- 놀이 시간이 충분한지 확인한다.
- 반대로, 보호자의 과도한 관심은 반려묘 문제행동을 유발할 수 있다.
- 반려묘에게 과도한 스킨십과 행동 제한은 스트레스를 유발한다.

② 반려묘에게 수직적 공간을 제공한다.
- 캣타워, 캣워크 등 수직적 공간을 많이 제공한다.
- 반려묘는 수직적 개념의 동물이기에 수직적 공간이 필요하다.
- 다묘의 경우 같은 공간을 공유할 수도 있지만, 공간 소유에 대해 서열을 주장할 수 있다. 이런 경우, 다양한 공간을 배치하여 서로 마주치지 않도록 한다.

③ 반려묘가 혼자 쉴 수 있는 공간이 있어야 한다.
- 먼저 있던 반려묘가 성묘이고 나중에 온 반려묘가 자묘인 경우, 자묘는 호기심과 욕구 충족을 위해 성묘를 귀찮게 할 수 있다.
- 계속된 자묘의 자극은 성묘에게 스트레스를 유발할 수 있다.
- 성묘는 이런 자묘를 피해 숨을 수 있는 공간이 필요하다.
- 자묘가 올라갈 수 없는 높은 장소를 선택하는 것이 좋다.
- 반대로, 성묘가 자묘에게 지나친 관심을 보일 수 있다.
- 이 경우, 자묘가 숨을 수 있는 공간을 마련한다.
- 자묘는 높은 장소로 가기 어려우니, 자묘의 공간 입구 크기를 작게 만들어 성묘 접근을 막는다.

④ 반려묘 화장실을 확인한다.
- 반려묘 화장실 크기를 확인한다.
- 반려묘 화장실 크기는 적어도 한 바퀴를 돌 수 있는 정도의 크기가 필요하다.
- 화장실 개수는 반려묘 수보다 한 개가 더 필요하다.
- 반려묘가 선호하는 소재와 양의 모래가 필요하다.
- 화장실 위치는 사람 왕래가 적은 곳이며, 밥그릇과 잠자리 근처는 피한다.
- 물건이 어지럽게 널려진 곳에 화장실은 불안하다.

- 공간이 전부 공개된 거실 가운데나, 다른 반려묘가 배설하는 동안 살펴볼 수 있는 공간은 피한다.
- 밀폐된 화장실은 피한다.
- 밀폐된 공간을 사용할 경우, 환기가 어려워 배설물 냄새가 심하게 난다.
- 이런 경우, 반려묘가 화장실 청소가 안 된 것으로 생각할 수 있다.
- 보호자가 반려묘를 관찰하기 위해서는 밀폐된 화장실보단 개방된 화장실 사용이 좋다.
- 청소는 하루에 2번 이상 하여 배설물을 자주 비워주며, 전체적인 화장실 청소는 한 달에 1번 이상으로 한다.

⑤ 스트레스 관리를 해준다.
- 스트레스는 긴장과 불안의 원인이 된다.
- 계속된 스트레스를 질병을 유발할 수 있다.
- 백색 소음과 음악을 통해 외부 자극을 상쇄한다.
- 환경적 요인, 사회적 요인으로 발생한 스트레스를 줄여준다.

반려묘를 위한 환경이 조성되면, 환경으로 인한 배변 문제가 해결된다.

상담 → 원인분석 → 문제해결 | 환경관리 → 보호자교육 → 환경변화

상담	화장실이 아닌 곳에 배변한다.
↓	↓
원인분석	부적절한 환경 관리로 발생했다.
↓	↓
환경관리	반려묘가 생활하는 전반적인 공간을 재구성한다.
↓	↓
보호자교육	보호자에게 반려묘 환경과 관련된 교육을 진행한다.
↓	↓
환경변화	문제가 해결된다.

㉢ 배변 교육을 통해 문제행동을 해결한다.

- 화장실 사용법을 배우지 못했다.
- 화장실을 싫어한다.

표 9-4 배변 교육을 통한 문제해결

반려묘가 화장실 사용에 대해 교육받지 못한 경우, 교육받았으나 어떤 특정한 사건으로 화장실 사용을 거부하는 경우 문제행동이 발생한다.

1. 과거 질병이 있었는가?
2. 정해진 화장실에서 배변하는 것을 배우지 못하였나?
3. 화장실 아닌 곳에서 배설하는 것이 학습되었나?
4. 화장실을 사용할 때 외부 자극이 있었는가?

반려묘는 화장실 사용에 대해 부정적 경험을 했다.
화장실 = 통증

반려묘 입장) '화장실에 들어가면 또 아플 거야!'

역조건형성과 둔감화를 통해 부정적 감정을 긍정적 감정으로 바꾸고,
반려묘가 이해할 수 있는 정도 내에서 교육 단계를 설정한다. (shaping 기법)
반려묘마다 감당할 수 있는 교육 정도가 다르니 단계를 세분화해서 교육한다.

보호자는 화장실에 대한 긍정적 경험을 할 수 있도록 한다.

「5장, 기법을 분류하는 방법」 참고
1. 나는 반려묘가 화장실을 좋아하면 좋겠어.
2. 화장실 가는 행동을 강화한다.
3. 화장실에 들어갔다 나오면 간식을 준다.

① 반려묘가 교육할 수 있는 공간을 만든다.
  - 반려묘가 다니기 쉽고 한쪽이 벽면이고 한쪽은 트인 장소에서 한다.
② 화장실 안으로 반려묘가 들어갈 수 있도록 간식으로 유도한다.
  - 반려묘가 화장실 안으로 들어갈 수 있도록 루어링한다.
  - 이때 사용하는 보상물은 반려묘가 좋아하는 간식으로 루어링한다.
  - 반려묘가 화장실 안으로 들어오면 스킨십이나 칭찬을 한다.
③ 반려묘가 화장실 밖으로 나오면 보상을 해준다.
  - 반려묘가 화장실 밖으로 나오면 간식을 준다.
  - 루어링에 사용했던 보상물을 준다.
④ 반복하여 반려묘가 화장실에 대한 거부감이 줄여준다.
⑤ 반려묘가 화장실에 대한 거부감이 줄어들면, 화장실 안에 있는 시간을 늘린다.
  - 반려묘가 화장실 안으로 들어오면 시간을 지연하여 스킨십이나 칭찬을 한다.
  - 반려묘가 화장실 안에 머무는 시간을 늘린다.
  - 반려묘가 화장실 밖으로 나오면 보상해 준다.
⑥ 반려묘가 화장실에서 배변하면 칭찬한다.
  - 화장실이 편안해지면 반려묘는 화장실에서 배변 활동을 한다.

- 반려묘가 화장실 배변하고 나오면 칭찬과 보상을 한다.

⑦ 습관이 될 때까지 한다.
- 화장실 가는 것을 습관이 되도록 한다.
- 습관이 되면 간식 주는 횟수를 줄인다.
- 간식 대신 대체 가능한 보상(말로 하는 칭찬, 스킨십 등)으로 간식 줄인 횟수만큼 채워준다.
- 간헐적 간식 보상으로 간식에 대한 가치를 높여서 반려묘가 계속하여 교육에 참여할 수 있도록 한다.

※ 주의사항

① 교육 단계는 반려묘 입장에서 설정한다.
② 교육 중 반려묘가 자리를 피하거나 도망치면, 잠시 쉬었다가 다시 한다.
③ 기분 전환 후 자세를 다시 잡고 시작한다.
④ 교육은 5~7분 사이로 한다.
⑤ 짧게 여러 번 한다.
⑥ 혐오자극이 되지 않도록 부드러운 목소리로 교육한다.
⑦ 반려묘에게는 즐거운 놀이가 교육이 될 수 있도록 한다.

상담 → 원인분석 → 문제해결 | 행동수정 → 교육 → 실행 → 피드백 → 보호자교육

상담	화장실이 아닌 곳에 배변한다.
↓	↓
원인분석	화장실 사용에 대한 교육이 부족하다.
↓	↓
문제행동 목표수립 교육방법결정	화장실 사용에 대한 부정적 감정을 긍정적 감정으로 변화 화장실에서 배변할 수 있도록 한다.
↓	↓
교육	역조건형성(고전적, 조작적)과 둔감화 교육한다.
↓	↓
피드백	화장실 사용에 거부감은 없는가? 잘 사용하는가?
↓	↓
보호자교육	화장실에 대한 긍정적 경험과 보상에 대한 교육을 진행한다.

④ 실행

㉠ 반려묘가 화장실에 대한 거부감을 줄여준다.

- 반려묘 스스로 생각하여 화장실이 고통이 아닌 편안한 장소로 인식 할 수 있도록 교육한다.
- 나쁜 기억을 좋은 기억으로 덮어주어 화장실에 대한 거부감을 줄여준다,

㉡ 문제행동에 대한 교육을 진행한다.

- 문제행동 목표 수준으로 교육 내용을 단계적으로 세분화하여 진행한다.
- 학습 원리를 고려한 알맞은 교육 방법을 설정한다.

⑤ 피드백

㉠ 문제행동 교육에 대한 목표 기준과 비교 평가한다.

㉡ 문제행동 교육 평가지를 사용하여 평가한다.

⑥ 보호자 교육

㉠ 보호자 교육 지도 원리에 맞춰서 반려묘 지도를 한다.

㉡ 교육 방법 설정 및 실행 내용을 기반으로 보호자에게 지도한다.

2. 이동 문제

1) 동물병원에 가려고 하면 도망가요!

① 상담: 보호자와 상담을 통해서 반려묘 문제행동을 알아본다.

㉠ 동물병원에 가려고 이동장만 꺼내면 도망가요.

㉡ 구석에 숨어서 안 나와요!

② **원인분석**: 반려묘 문제행동은 한가지 만 나타날 때도 있고 복합적으로 나타날 수도 있다.

㉠ 보호자에게 이동장 사용 용도에 질의한다.

- 언제부터 이동장을 사용하였는가?
- 이동장 사용 목적이 무엇인가?
- 이동장은 반려묘가 스스로 들어갔는가?
- 이동장은 평소에도 사용하는가?
- 이동장을 가지고 어디에 갔었는가?

③ **교육 방법 설정**

㉠ 이동장 적응 교육하여 반려묘에게 이동장 사용에 대한 불쾌감을 줄여준다.

- 스트레스 요인 1: 반려묘 이동장이 나타났다. 공포와 부정적 기억이 있다.
- 스트레스 요인 2: 보호자에게 붙잡혔다. 공포, 좌절, 통증에 대한 기억이 있다.
- 스트레스 요인 3: 이동장에 갇혔다. 도주나 도피를 할 수 없다. 공포와 좌절을 느낀다.
- 스트레스 요인 4: 자동차로 이동했다. 소음과 냄새로 불쾌한 경험을 했다. 불안을 가중시킨다.
- 스트레스 요인 5: 동물병원에 도착했다. 다른 동물과 냄새가 공포를 유발한다.
- 스트레스 요인 6: 진료를 한다. 원하지 않는 고통과 통증이 발생한다.

㉡ 각 스트레스 요인에 대해 단계별로 교육한다.

표 9-5 이동장 교육을 통한 문제 해결

반려묘가 이동장에 대한 스트레스 유발 요인에 대해 살펴본다.

1. 이동장을 어떻게 사용하였는가?
2. 이동장 사용이 한정적으로 정해져 있는가?
3. 이동장 사용과 함께 다른 스트레스 요인은 없었는가?

반려묘는 이동장 사용에 대해 부정적 경험을 했다.
이동장 = 통증, 공포, 좌절, 통제력 상실
이동장 = 동물병원 = 공포, 통증, 좌절

반려묘 입장) '이동장에 들어가면 또 엄청 힘들 거야!'

역조건형성과 둔감화를 통해 부정적 감정을 긍정적 감정으로 바꾸고,
반려묘가 이해할 수 있는 정도 내에서 교육 단계를 설정한다. (shaping 기법)
반려묘마다 감당할 수 있는 교육 정도가 다르니 단계를 세분화해서 교육한다.

보호자는 이동장에 대한 긍정적 경험을 할 수 있도록 한다.

「5장, 기법을 분류하는 방법」 참고
1. 나는 반려묘가 이동장을 좋아하면 좋겠어.
2. 이동장에 들어가는 행동을 강화한다.
3. 이동장에 들어가면 간식을 준다.

① 반려묘가 교육할 수 있는 공간을 만든다.
 - 반려묘가 다니기 쉽고 한쪽이 벽면이고 한쪽은 트인 장소에서 한다.
② 반려묘 이동장 문을 열어서 시작한다.
 - 보통 반려묘 이동장은 위쪽 개방되어 열리는 것을 사용한다.
③ 반려묘가 이동장에 호기심을 갖도록 유도한다.
 - 이동장을 자연스럽게 사용할 수 있도록 이동장 주변에서 사냥놀이나 교감 활동을 한다.
 - 반려묘가 사냥놀이 중에 자연스럽게 이동장 주변을 이동할 수 있게 한다.
④ 반려묘가 이동장에 대한 거부감이 줄어들었다면 이동장을 활용한 교육을 한다.
 - 이동장 안에 좋아하는 간식을 둔다.
 - 밥도 이동장 안에서 먹을 수 있도록 둔다.
 - 반려묘 스스로 이동장에 접근할 수 있도록 도와준다.
⑤ 반려묘가 이동장에 대한 거부감이 줄어들면, 이동장 안에 있는 시간을 늘린다.
 - 반려묘가 이동장 안으로 들어오면 보상을 준다.
 - 반려묘에게 장소에 대한 선택권과 통제권을 준다.
 - 반려묘가 이동장 안에 있을 때 놀이를 해준다.
 - 반려묘가 이동장을 편안하게 생각될 때까지 해준다.
⑥ 반려묘가 이동장을 편안한 장소로 인식될 수 있게 도와준다.
 - 반려묘가 좋아하는 담요, 방석, 장난감 등을 넣어준다.
 - 이동장에 익숙한 체취가 배일 수 있도록 한다.
 - 이동장에 머무는 것이 생활이 될 수 있도록 한다.

⑦ 습관이 될 때까지 한다.
- 이동장에서 생활하는 것이 편안한 일상이 될 수 있을 때까지 한다.
- 평소에 쉬는 공간으로 사용한다.

⑧ 위쪽 문 닫는 연습을 한다.
- 이동장 사용이 편안해졌으면 위쪽 문을 닫는다.
- 이때 문은 닫고 바로 열어준다.
- 문을 열고, 닫을 때마다 보상을 준다.
- 이동장 갇히는 공간으로 인식되지 않도록 조심한다.
- 대신 앞쪽 문은 열어둔다.
- 항상 이동장에 대해 반려묘에게 선택권과 통제권을 준다.

⑨ 위쪽 문 닫는 시간을 늘린다.
- 문 닫히는 것에 대해 불안과 초조함이 보이지 않는다면 시간을 늘린다.
- 1초, 2초, 5초, 10초 등 시간을 천천히 늘린다.

⑩ 앞쪽 문을 닫고 위쪽 문을 닫는다.
- 반려묘가 이동장에 적응이 되었다면, 앞쪽 문을 닫고 위쪽 문 닫는 연습을 한다.
- 1초, 2초, 5초, 10초 등 시간을 천천히 늘린다.

⑪ 평소에도 쉬는 공간으로 이동장을 사용한다.
- 반려묘가 평소에도 이동장을 잘 사용하면 보상을 한다.
- 간식 대신 대체 가능한 보상(말로 하는 칭찬, 스킨십 등)으로 간식 줄인 횟수 만큼 채워준다.
- 간헐적 간식 보상으로 간식에 대한 가치를 높여서 반려묘가 계속하여 교육에 참여할 수 있도록 한다.

※ 주의사항

① 교육 단계는 반려묘 입장에서 설정한다.
② 교육 중 반려묘가 자리를 피하거나 도망치면, 잠시 쉬었다가 다시 한다.
③ 기분 전환 후 자세를 다시 잡고 시작한다.
④ 교육은 5~7분 사이로 한다.
⑤ 짧게 여러 번 한다.
⑥ 혐오자극이 되지 않도록 부드러운 목소리로 교육한다.
⑦ 반려묘에게는 즐거운 놀이가 교육이 될 수 있도록 한다.

상담	→	원인분석	→	문제해결	행동수정	→	교육	→	실행	→	피드백	→	보호자교육

상담	이동장만 보면 도망간다.
↓	↓
원인분석	이동장에 대한 부정적 경험이 있다.
↓	↓
문제행동 목표수립 교육방법결정	이동장 사용에 대한 부정적 감정을 긍정적 감정으로 변화 이동장을 평소에도 사용할 수 있도록 한다. 이동장과 연결된 다양한 부정적 감정을 긍정적 감정으로 변화시킨다.
↓	↓
교육	역조건형성(고전적, 조작적)과 둔감화 교육한다.
↓	↓
피드백	이동장 사용에 거부감은 없는가? 잘 사용하는가?
↓	↓
보호자교육	이동장에 대한 긍정적 경험과 보상에 대한 교육을 진행한다. 이동장과 연결된 각 스트레스 요인에 대해서 설명하고 교육한다.

④ 실행

㉠ 반려묘가 이동장에 대한 거부감을 줄여준다.

- 반려묘 스스로 생각하여 이동장이 고통이 아닌 편안한 장소로 인식할 수 있도록 교육한다.
- 나쁜 기억을 좋은 기억으로 덮어주어 이동장 사용 거부를 없애준다.

㉡ 문제행동에 대한 교육을 진행한다.

- 문제행동 목표 수준으로 교육 내용을 단계적으로 세분화하여 진행한다.
- 학습 원리를 고려한 알맞은 교육 방법을 설정한다.

⑤ 피드백

㉠ 문제행동 교육에 대한 목표 기준과 비교 평가한다.

㉡ 문제행동 교육 평가지를 사용하여 평가한다.

⑥ 보호자 교육

㉠ 보호자 교육 지도 원리에 맞춰서 반려묘 지도를 한다.

㉡ 교육 방법 설정 및 실행 내용을 기반으로 보호자에게 지도한다.

2) 자동차에 타면 심하게 과호흡을 해요!

① 상담: 보호자와 상담을 통해서 반려묘 문제행동을 알아본다.

㉠ 동물병원에 가려고 차만 타면 계속 울어요!

㉡ 심하게 과호흡을 해서 걱정돼요!

② 원인분석: 반려묘 문제행동은 한가지 만 나타날 때도 있고 복합적으로 나타날 수도 있다.

㉠ 보호자에게 자동차 사용 용도에 질의한다.

- 자동차 사용 목적이 무엇인가?
- 자동차를 타고 동물병원에만 갔었는가?
- 자동차를 타고 다른 장소에 간 적이 있었는가?

㉡ 보호자에게 자동차 이용 환경에 대해 질의한다.

- 자동차 이동 속도는 어느 정도인가?
- 자동차 안에는 반려묘가 편히 쉴 수 있는 공간이 있는가?
- 자동차 안에는 반려묘가 좋아하는 담요와 장난감이 있는가?
- 이동 중간 쉬었다가 이동하는가?
- 자동차에 다른 동물이 이용했던 적이 있었는가?
- 자동차에 불쾌한 냄새가 나지는 않는가?

- 이동 중 경적 소리(크락션)가 자주 나는가?

㉢ 보호자에게 자동차 이용 후 환경에 대해 질의한다.

- 동물병원에 바로 들어갔는가?
- 동물병원에서 다른 동물들을 만났는가?
- 집에 오면서 다른 곳을 들렀는가?
- 자동차에서 오랜 시간 있었는가?

③ 교육 방법 설정

㉠ 자동차 적응 교육하여 반려묘에게 자동차 사용에 대한 불쾌감을 줄여준다.

- 스트레스 요인 1: 반려묘가 이동장에 들려 나왔다. 공포와 부정적 기억이 있다.
- 스트레스 요인 2: 차 안에서 속도, 소음, 냄새 등에 적응하기 어렵다. 메스꺼움과 불안이 발생한다.
- 스트레스 요인 3: 차 안에 갇혔다. 도주나 도피를 할 수 없다. 차 안에서 안정감을 느낄 수 없다. 공포와 좌절을 느낀다.

㉡ 자동차 적응에 대해 단계별로 교육한다.

표 9-6 자동차 적응 교육을 통한 문제 해결

반려묘가 자동차에 대한 스트레스 유발 요인에 대해 살펴본다.

1. 자동차를 이용해서 동물병원에만 다녔는가?
2. 자동차 안에 반려묘가 편하게 쉴 수 있는 공간과 안정감을 줄 수 있는 물건이 있는가?
3. 다른 스트레스 요인은 없었는가?

반려묘는 자동차 사용에 대해 부정적 경험을 했다.
자동차 = 공포, 좌절, 메스꺼움, 불안

반려묘 입장) '자동차에 들어가면 또 엄청 힘들 거야!'

역조건형성과 둔감화를 통해 부정적 감정을 긍정적 감정으로 바꾸고,
반려묘가 이해 할 수 있는 정도 내에서 교육 단계를 설정한다. (shaping 기법)
반려묘마다 감당할 수 있는 교육 정도가 다르니 단계를 세분화해서 교육한다.

보호자는 자동차에 대한 긍정적 경험을 할 수 있도록 한다.

「5장, 기법을 분류하는 방법」 참고
1. 나는 반려묘가 자동차를 좋아하면 좋겠어.
2. 자동차에 들어가는 행동을 강화한다.
3. 자동차에 들어가면 간식을 준다.

① 이동장 교육이 선행되어야 한다.
  - 자동차 이동에는 이동장 사용이 필수이다.
  - 반려묘에게 친숙한 냄새가 나는 담요나 방석으로 편안한 환경을 만든다.
② 이동장을 가지고 집 문밖으로 나온다.
  - 이때, 집 밖에 나왔다가 바로 집 안으로 들어간다.
  - 반려묘가 이동장 안에서 이동하는 것에 익숙해지도록 한다.
  - 밖으로 나오면서 간식을 주며 이동장 이동에 대해 긍정적 경험을 할 수 있도록 한다.
③ 이동장을 가지고 집 안으로 들어가면 반려묘를 바로 풀어준다.
  - 이동장 이동과 이동장 사용에 대한 거부감을 줄여주기 위해 반려묘에게 사용 선택권을 준다.
  - 반려묘가 이동장에 자연스럽게 접근할 수 있도록 도와준다.
  - 반려묘가 다시 이동장에 들어가면 보상을 준다.
  - 집 문안과 집 문밖 이동장 이동에 대한 시간을 점점 늘려간다.
  - 1초, 2초, 5초, 10초 등 시간을 천천히 늘린다.
④ 반려묘가 이동장 이동에 대한 거부감이 줄어들었다면 자동차를 활용한 교육을 한다.
⑤ 반려묘에게 자동차를 보여준다,
  - 반려묘에게 자동차를 보여주고 간식을 준다.
  - 반려묘에게 자동차에 대한 긍정적 경험을 하게 한다.
  - 반려묘가 자동차까지 이동에 편안해졌으면 자동차 주위를 돈다.

⑥ 자동차 좌석에 이동장을 올려둔다.
- 반려묘가 자동차에 거부감이 줄어들었다면 자동차 실내 환경 적응 교육을 한다.
- 자동차 좌석에 이동장을 올려두면서 반려묘에게 간식을 준다.
- 좌석 착석에 대한 긍정적 경험을 하게 한다.
- 좌석 착석에 하자마자 바로 이동장을 올려 들고 집 안으로 들어간다.
- 좌석 착석에 대해 반려묘가 거부감이 줄어들면 착석 시간을 늘린다.
- 1초, 2초, 5초, 10초 등 시간을 천천히 늘린다.
- 좌석 안착이 될 때까지 진행한다.

⑦ 습관이 될 때까지 한다.

⑧ 좌석 안착 후에 자동차 시동을 건다.
- 자동차 시동을 걸고 바로 반려묘에게 간식을 준다.
- 시동을 바로 끈다.
- 반려묘가 편안해하는 집안 장소로 이동한다.
- 시동 소리와 진동에 대한 적응 둔감화 교육을 한다.
- 1초, 2초, 5초, 10초 등 시간을 천천히 늘린다.
- 자동차 시동 소리에 적응이 될 때까지 진행한다.

⑨ 자동차에 타고 앞으로 살짝 이동한다.
- 자동차 시동 소음에 적응된 후 자동차 이동 속도, 소음과 소리에 대한 둔감화 교육을 한다.
- 자동차를 타고 앞으로 살짝 이동 후 내린다.
- 이동하면서 반려묘에게 간식을 주면서 자동차 이동에 대한 긍정적 경험을 하게 한다.
- 반려묘가 편안해하는 집안 장소로 이동한다.
- 자동차를 타고 뒤로 이동한다.
- 반려묘가 편안해하는 집안 장소로 이동한다.
- 자동차 이동에 익숙해지면 자동차 이동 시간을 늘린다.
- 1초, 2초, 5초, 10초 등 시간을 천천히 늘린다.

⑩ 동물병원이 아닌 다른 곳으로 자주 이동한다.
- '자동차 = 동물병원'이 되지 않도록 이동 장소를 다양하게 늘린다.

⑪ 평소에도 쉬는 공간으로 자동차 안을 사용한다.
- 반려묘가 평소에도 이동장을 잘 사용하면 자동차 안에서 쉴 때도 보상을 한다.
- 자동차 내부를 편안하게 느낄 수 있도록 도와준다.
- 간식 대신 대체 가능한 보상(말로 하는 칭찬, 스킨십 등)으로 간식 줄인 횟수만큼 채워준다.
- 간헐적 간식 보상으로 간식에 내한 가지를 높여서 반려묘가 계속하여 교육에 참여할 수 있도록 한다.

※ 주의사항

① 교육 단계는 반려묘 입장에서 설정한다.
② 교육 중 반려묘가 자리를 피하거나 도망치면, 잠시 쉬었다가 다시 한다.
③ 기분 전환 후 자세를 다시 잡고 시작한다.
④ 교육은 5~7분 사이로 한다.
⑤ 짧게 여러 번 한다.
⑥ 혐오자극이 되지 않도록 부드러운 목소리로 교육한다.
⑦ 반려묘에게는 즐거운 놀이가 교육이 될 수 있도록 한다.

상담	→	원인분석	→	문제해결	행동수정	→	교육	→	실행	→	피드백	→	보호자교육

상담	자동차만 타면 심한 과호흡을 한다.
↓	↓
원인분석	자동차 이동에 대한 부정적 경험이 있다.
↓	↓
문제행동 목표수립 교육방법결정	자동차 이동에 대한 부정적 감정을 긍정적 감정으로 변화 자동차 내부를 평소에도 사용할 수 있도록 한다. 자동차과 연결된 다양한 부정적 감정을 긍정적 감정으로 변화시킨다.
↓	↓
교육	역조건형성(고전적, 조작적)과 둔감화 교육한다.
↓	↓
피드백	자동차 이동에 거부감은 없는가? 잘 쉬는가?
↓	↓
보호자교육	자동차 이동에 대한 긍정적 경험과 보상에 대한 교육을 진행한다. 자동차와 연결된 각 스트레스 요인에 대해서 설명하고 교육한다.

④ 실행

㉠ 반려묘가 자동차에 대한 거부감을 줄여준다.

- 반려묘 스스로 생각하여 자동차가 고통이 아닌 편안한 장소로 인식할 수 있도록 교육한다.
- 나쁜 기억을 좋은 기억으로 덮어주어 흥분할 필요성을 없애준다.

㉡ 문제행동에 대한 교육을 진행한다.

- 문제행동 목표 수준으로 교육 내용을 단계적으로 세분화하여 진행한다.
- 학습 원리를 고려한 알맞은 교육 방법을 설정한다.

⑤ 피드백

㉠ 문제행동 교육에 대한 목표 기준과 비교 평가한다.

㉡ 문제행동 교육 평가지를 사용하여 평가한다.

⑥ 보호자 교육

㉠ 보호자 교육 지도 원리에 맞춰서 반려묘 지도를 한다.

㉡ 교육 방법 설정 및 실행 내용을 기반으로 보호자에게 지도한다.

3. 사회화 문제

1) 집에 방문객만 오면 도망가서 숨어요!

① 상담: 보호자와 상담을 통해서 반려묘 문제행동을 알아본다.

㉠ 집에 방문객이 오면 숨어서 안 나와요.

㉡ 방문객한테 다가와서 편안하게 지냈으면 좋겠어요.

② 원인분석: 반려묘 문제행동은 한 가지만 나타날 때도 있고 복합적으로 나타날 수도 있다.

㉠ 집인 환경에 대해 질의한다.

- 사람이 들어오면 반려묘가 숨어서 편하게 쉴 공간이 있나요?
- 반려묘가 숨어서 방문객을 관찰할 수 있는 공간이 있나요?

㉡ 방문객에 대해 질의한다.

- 방문객이 반려묘에게 너무 가까이 다가가나요?
- 반려묘를 키우는 분이 방문하나요?
- 반려묘를 너무 좋아하는 분이 방문객인가요?

- 방문객과의 대화 소리 크기가 어떤가요?
- 집에 들어오면 방문객은 손을 씻나요?
- 방문객은 반려묘와 친해지기 위해 어떤 행동을 하나요?

③ 교육 방법 설정

㉠ 집에 온 방문객에 대한 불쾌감을 줄여준다.

- 스트레스 요인 1: 방문객에게서 낯선 냄새가 난다. '냄새 = 위협'이 된다.
- 스트레스 요인 2: 반려묘에게 다가가는 방문객의 행동이 스트레스를 유발한다. '방문객 = 공포'가 된다.
- 스트레스 요인 3: 방문객이 반려묘에게 관심이 많다. '관심 = 불안'이 된다.

㉡ 방문객 적응에 대해 단계별로 반려묘에게 교육한다.

㉢ 반려묘에 대한 특성을 방문객에게 안내한다.

표 9-7 방문객 적응 교육을 통한 문제 해결

반려묘가 방문객(사람)에 대한 스트레스 유발 요인에 대해 살펴본다. 1. 반려묘가 방문객(사람)을 차별하는가? 2. 방문객에게서 다른 냄새가 나는가? 3. 방문객이 반려묘를 어떻게 대하는가? 반려묘는 방문객(사람)에 대해 부정적 경험을 했다. **자동차 = 위협, 공포, 불안** **반려묘 입장) '방문객의 관심은 날 힘들게 해!'** **역조건형성과 둔감화를 통해 부정적 감정을 긍정적 감정으로 바꾸고,** **반려묘가 이해할 수 있는 정도 내에서 교육 단계를 설정한다. (shaping 기법)** **반려묘마다 감당할 수 있는 교육 정도가 다르니 단계를 세분화해서 교육한다.** 보호자는 방문객(사람)에 대한 긍정적 경험을 할 수 있도록 한다. 보호자는 방문객에게 반려묘에 대한 교육을 하도록 한다. 「5장, 기법을 분류하는 방법」 참고 1. 나는 반려묘가 방문객을 좋아하면 좋겠어.

2. 방문객에게 가까이 다가가는 행동을 강화한다.
3. 방문객에게 가면 간식을 준다.

① 먼저 방문객에게 반려묘 대하는 방법을 교육한다.
- 집에는 반려묘가 없다고 생각하고 자연스럽게 행동할 수 있도록 한다.
- 반려묘가 귀엽다고 무작정 달려들지 않고 기다릴 수 있도록 한다.
- 집에서 반려묘와 함께 사는 방문객이라면 반려묘에게서 가장 먼 곳에 있도록 한다.
- 반려묘의 관심을 끌거나 눈을 맞추려는 행동을 하지 않고 반려묘가 편안하게 있을 수 있도록 한다.
- 반려묘가 호기심을 가지고 다가올 때까지 기다려준다.
- 큰 소리나 행동은 조심하도록 한다.
- 방문객의 낯선 체취를 없애기 위해 손이니 발을 씻도록 한다.
- 방문객의 신발이나 짐을 반려묘가 있는 공간에서 멀리 떨어지도록 한다.

상담	→	원인분석	→	문제해결	환경관리	→	보호자 교육	→	환경변화

상담	집에 방문객이 오면 고양이가 도망간다.
↓	↓
원인분석	부적절한 환경 관리로 발생했다.
↓	↓
환경관리	반려묘가 생활하는 공간을 방문객이 침범하지 않도록 한다.
↓	↓
사람 교육	방문객에게 반려묘의 특성과 친해지는 방법을 알려준다.
↓	↓
환경변화	문제가 해결된다.

② 반려묘에게 적정한 공간을 제공한다.
- 반려묘가 숨어서 방문객을 볼 수 있는 장소를 제공해 준다.
- 방문객이 반려묘가 있는 장소를 응시하지 않도록 일러준다.
- 캣타워 위에 작은 구멍을 통해서 방문객 행동을 관찰할 수 있도록 한다.
- 터널에 숨어서 살펴볼 수 있도록 한다.

③ 반려묘에게 장난감을 주어 시선을 회피할 수 있도록 한다.
- 방문객에 대한 신경을 분산시켜 천천히 적응할 수 있도록 한다.

- 반려묘가 좋아하는 장난감에 간식을 넣어 관심사를 방문객에서 장난감으로 바꾼다.

④ 어느 정도 반려묘가 안정되면 반려묘의 관심을 유도한다.
- 방문객 근처에 간식을 두어 반려묘가 스스로 방문객 근처로 올 수 있게 한다.
- 이때 방문객과 보호자는 둘 다 인내심을 갖고 기다려준다.
- 반려묘를 억지로 잡거나 놀라게 하지 않는다.
- 반려묘가 도망갈 수 있는 탈출 경로를 마련한다.
- 반려묘가 스스로 올 수 있도록 선택권을 준다.

⑤ 반려묘의 몸짓언어를 관찰한다.
- 반려묘의 기분이 어떤가를 몸짓언어를 통해 알아낸다.
- 꼬리는 어떠한가? 동공 모양은? 입을 벌려 소리를 내는가? 털을 곤두섰는가?

⑥ 반려묘가 방문객 근처 가는 것에 대한 거부감이 줄어들었다면 방문객 무릎이나 손 위에 간식을 놓는다.
- 반려묘 스스로 다가갈 수 있도록 한다.
- 손이나 무릎 위에서 간식을 먹을 때 움직임을 최소화한다.
- 갑작스런 움직임은 반려묘에게 위협적으로 보일 수 있다.

⑦ 방문객 근처 반려묘가 다가갈 수 있는 공간을 정해두고 갈 때마다 간식을 준다.
- 방문객과 반려묘의 거리를 좁히는 교육을 한다.

⑧ 방문객과 반려묘가 코 인사를 하도록 한다.
- 반려묘 스스로가 방문객에게 안정감을 느끼고 편안하게 인사 할 수 있도록 코 인사를 한다.

⑨ 방문객에 대한 안정이 되었다면 접촉 교육을 한다.
- 방문객 손에 반려묘 몸이 닿게 되면 간식을 준다.
- 닿는 부위를 손바닥이나 손가락으로 한정 짓는다.
- 특정 부위에 코가 닿거나 몸이 닿으면 간식을 준다.

⑩ 반려묘가 코 접촉 교육에 익숙해지면, 코 접촉을 하면서 몸 접촉 부위를 늘려간다.
- 반려묘가 좋아할 수 있는 접촉 부위를 파악한다.
- 엉덩이 부분 접촉을 시도한다.
- 반려묘가 코 접촉하면서 간식을 먹는 동안 방문객이 반려묘의 엉덩이 부위를 접촉할 수 있도록 한다.

⑪ 몸 접촉에 대한 긍정적 경험을 도와준다.
- 반려묘에게 접촉할 때마다 간식을 주면서 긍정적 경험을 할 수 있게 한다.
- 몸 접촉 부위를 이마 위로 한다.
- 이마 위쪽은 반려묘 스스로 그루밍 하기 어려운 곳이기에 칫솔 같은 도구 혀 느낌이 날 수 있는 도구를 사용하여 그루밍 한다.

⑫ 몸 접촉에 대해 편안함을 느낄 수 있도록 계속 교육한다.
- 간식 대신 대체 가능한 보상(말로 하는 칭찬, 스킨십 등)으로 간식 줄인 횟수 만큼 채워준다.
- 간헐적 간식 보상으로 간식에 대한 가치를 높여서 반려묘가 계속하여 교육에 참여할 수 있도록 한다.

※ 주의사항

① 교육 단계는 반려묘 입장에서 설정한다.

② 교육 중 반려묘가 자리를 피하거나 도망치면, 잠시 쉬었다가 다시 한다.

③ 기분 전환 후 자세를 다시 잡고 시작한다.
④ 교육은 5~7분 사이로 한다.
⑤ 짧게 여러 번 한다.
⑥ 혐오자극이 되지 않도록 부드러운 목소리로 교육한다.
⑦ 반려묘에게는 즐거운 놀이가 교육이 될 수 있도록 한다.

상담 → 원인분석 → 문제해결 (행동수정) → 교육 → 실행 → 피드백 → 보호자교육

상담	방문객만 오면 반려묘가 도망간다.
↓	↓
원인분석	방문객에 대한 부정적 경험이 있다.
↓	↓
문제행동 목표수립 교육방법결정	방문객에 대한 부정적 감정을 긍정적 감정으로 변화 방문객과 연결된 다양한 부정적 감정을 긍정적 감정으로 변화시킨다. 몸 접촉에 대한 긍정적 경험을 도와준다.
↓	↓
교육	역조건형성(고전적, 조작적)과 둔감화 교육한다.
↓	↓
피드백	몸 접촉에 거부감은 없는가? 잘 쉬는가?
↓	↓
보호자교육	방문객과 몸 접촉에 대한 긍정적 경험과 보상에 대한 교육을 진행한다. 방문객과 연결된 각 스트레스 요인에 대해서 설명하고 교육한다.

④ 실행

㉠ 반려묘가 방문객에 대한 거부감을 줄여준다.

- 반려묘 스스로 생각하여 방문객이 두려움의 존재가 아닌 편안한 존재로 인식할 수 있도록 교육한다.
- 나쁜 기억을 좋은 기억으로 덮어주어 흥분할 필요성을 없애준다.

- 몸 접촉에 대한 긍정적 경험을 할 수 있게 한다.
- 방문객에게 반려묘에 대한 교육을 한다.

㉡ 문제행동에 대한 교육을 진행한다.

- 문제행동 목표 수준으로 교육 내용을 단계적으로 세분화하여 진행한다.
- 학습 원리를 고려한 알맞은 교육 방법을 설정한다.

⑤ **피드백**

㉠ 문제행동 교육에 대한 목표 기준과 비교 평가한다.

㉡ 문제행동 교육 평가지를 사용하여 평가한다.

⑥ **보호자 교육**

㉠ 보호자 교육 지도 원리에 맞춰서 반려묘 지도를 한다.

㉡ 교육 방법 설정 및 실행 내용을 기반으로 보호자에게 지도한다.

Chapter

10

보호자 상담

Chapter

10

보호자 상담

1. 상담 개념

1) 정의

도움을 필요로 하는 사람(동물보호자)이, 전문적으로 훈련을 받은 사람(반려동물행동지도사)과의 대면관계에서, 생활과제의 해결과 사고·행동 및 감정 측면의 인간적 성장을 위해 노력하는 과정이다. 상담심리학이 가장 발달되어 있는 미국의 학자들이 내린 상담의 정의를 보면, Rogers가 내린 정의는 보호자의 '내면적인 심리'의 변화를 강조하였고, Tyler와 Pietrofesa, Leonard & Van Hoose가 내린 정의에서는 상담 대상의 일상생활 과제의 해결을 포함하고 있다.

(1) Rogers(1952)

① 정의: '치료자(반려동물행동지도사)'와의 안전한 관계에서 보호자(고객)가 과거에 부정했던 경험을 다시 통합해 새로운 자기로 변화하는 과정'이라고 하였다.

② 강조한 점: 자아개념의 변화를 전문적 도움의 핵심으로 보았고, 그 변화는 반려

동물행동지도사가 조성하는 '긴장이 없는 안전한 분위기'에서 이루어진다는 점을 강조한 것이다.

(2) Tyler(1969)

① **정의**: 개인적 발달의 영향으로 현명한 선택이 이루어지도록 촉진하는 것이다.

② **강조한 점**: 생활과정에서의 합리적 선택을 통해 개인적 발전을 하도록 도와주는 것을 상담으로 보았다.

(3) Pietrofesa, Leonard & Van Hoose(1978)

① **정의**: 보호자의 자기이해, 의사결정 및 문제해결이 이루어지도록 반려동물행동지도사가 전문적으로 도와주는 과정'이다

② **강조한 점**: '자기이해 → 의사결정 → 문제해결'의 상담과정을 잘 반영하고, 반려동물행동지도사와 보호자의 상호작용을 중요하게 생각한 것으로 해석된다.

2) 상담의 구성요소

동물보호자, 동물행동반려동물행동지도사, 그리고 두 사람과의 대면관계이다. 대부분의 상담이 도움을 청하는 사람과 도와주는 사람 간의 양자관계에서 이루어진다. 그리고 이 관계는 전화상담을 제외하고는 다 얼굴을 마주 대하는 대면관계이다.

(1) 도움을 받는 사람: 반려동물 보호자

(2) 도움을 주는 사람: 반려동물행동지도사

(3) 동물이 필요한 동물: 문제행동 개선, 예방, 교육,

(4) 동물 주고받을 공간: 가정, 센터

3) 상담의 필요성

(1) 다른 종과의 반려생활을 통해 다양한 문제행동 출현
(2) 사회 분위기 및 동물에 대한 가치관의 변화
(3) 반려인과 비반려인과의 대립 및 마찰 문제
(4) 현대 인간 사회에서 동물의 적응 문제
(5) 반려문화수준 향상과 더불어 펫티켓 의식 향상 시급
(6) 장기적인 행동 문제해결 불가능

4) 목표와 전략

(1) 1차적 목표

보호자가 호소하는 반려동물에 대한 불편이나 어려움을 경감시켜 주는 것으로 '증상 완화' 또는 '문제해결적 목표'라고 부른다.

(1) 2차적 목표

보호자가 내면적인 자유를 회복하고 자신이 가지고 있는 수많은 가능성과 잠재력을 발휘할 수 있도록 재구조화하여 반려동물을 스스로 돌볼 수 있고, 문제해결력을 키울 수 있도록 하는 것으로 '성장촉진적 목표'라고 부른다.

(3) 상담의 기본전략

반려동물행동지도사는 보호자의 의존성을 부추겨서는 안 되며 보호자의 자기지도력과 자립능력을 격려하도록 조심하면서 충고해야 한다. 또한 보호자 자신에 대해서 신뢰 하도록 해야 한다. 그러기 위한 상담의 전략은 다음과 같다.

① 보호자에게 일어났던 반려동물과 관련한 자료에 초점을 맞춘다.
② 일반적이고 모호한 내용에서 구체적인 내용으로 집중한다.

③ 사건이나 생활 역사의 나열보다 중요 보호자가 감정적으로 어려운 감정에 초점을 둔다.(반려동물과 관련하여 사건이나 생활 역사에 대해 어려운 부분에 초점을 둔다.)

④ 반려동물행동지도사와 보호자 간의 나와 너의 관계를 구축하여 보호자 변화의 장으로 삼는다.

⑤ 장래와 과거에 관련된 사실들에 대한 의미 없는 조사보다는 상담 장면의 현재와 이곳에서의 보호자 감정과 행동에 주목한다.(반려동물과 관련하여 과거의 경험, 현재의 사실에 대한 조사와 보호자 감정과 행동에 주목한다.)

⑥ 다른 사람과 자기 생활에 대해 기술한 내용의 이해보다는 보호자의 현재하고 있는 적응 행동의 효과성을 검토하도록 한다.

⑦ 바람직한 보호자의 언행, 자기탐색 노력을 강화한다.

⑧ 자기표현, 긴장이완, 정신안정 훈련을 필요에 따라 보호자와의 합의하에 실시할 수 있다.(반려동물에 대한 표현, 긴장 이완, 억양, 태도 등 필요에 따라 보호자와의 합의하에 실시할 수 있다.)

⑨ 상담의 진행 결과와 최초에 상호 합의한 목표를 비교 검토한다.

⑩ 상담 관계와 보호자의 일상생활 장면 간의 차이를 검토하여 현실적인 반려동물 행동 교정 행동전략을 협의한다.

5) 반려동물행동지도사의 신념과 태도

(1) 변화에 대한 확신

- 변화의 조력자가 변화가 일어날까 하는 의구심을 갖고 상담에 임한다면 그것은 반려동물행동지도사의 자기 기만이다.
- 반려동물행동지도사가 상담 활동을 통한 변화에 대한 확신이 없다면 다른 직종으로 전문성을 바꾸어야 한다. 즉, 반려동물행동지도사는 변화에 대한 확고한 믿음을 바탕으로 변화모델을 개발하여 보호자의 성장을 위해 적용할 수 있어야 한다.

(2) 윤리적 책임감

- 특별한 경우를 제외하고 보호자를 위해 비밀유지를 지키는 윤리적 책임을 져야 하며 상담이 진행되는 동안 보호자와 이중관계(예: 성관계, 금전거래 등)를 해서는 안 된다.
- 반려동물행동지도사가 상담회기를 통해 보호자에게 제대로 도움을 주지 못하고 있다면 상담 관계를 종결하거나 다른 반려동물행동지도사에게 기꺼이 의뢰하는 것이 요구된다. 또한 반려동물행동지도사는 보호자에게 자신의 가치를 받아들이도록 강요해서도 안 된다.

(3) 본보기

- 상담 활동을 학습과 재학습을 위한 활동이라고도 한다. 반려동물행동지도사가 보호자에게 표현하는 수많은 말 보다 행동이 그의 변화를 위해 훨씬 강력하다. 그러므로 반려동물행동지도사는 보호자에게 모든 면에서 직·간접적으로 영향을 미치므로 본보기를 보여야 한다.
- 상담회기 중에는 필요한 경우, 반려동물행동지도사는 역할연기를 통해 보호자에게 본보기 역할을 보여줄 수 있어야 한다.

(4) 문제해결을 위한 자질

- 반려동물행동지도사가 갖는 삶에 대한 태도는 자신의 문제해결을 위해 상담에 참여한 보호자의 변화에 중요한 요인으로 작용한다. 반려동물행동지도사는 상담 목표를 달성하기 위해 그것에 필요한 전문적 지식과 경험을 갖추어야 하고, 상담 이론에 대한 이해를 해야 하며 상담을 효율적으로 진행하는 방법과 절차에 관한 이해를 해야 한다.
- 상담은 치료이론이나 기법으로 하는 것이 아니다. 반려동물행동지도사가 상담 이론 및 기법을 훌륭히 갖추었다고 해도 훌륭한 인간적 자질을 갖추지 않으면 보호자가 상담을 받으려고 하지 않을 것이기 때문에 상담을 지속하기 어렵다.

반려동물행동지도사가 되기 위해서는 전문적 자질과 함께 인간적 자질을 동시에 갖추어야 함을 잘 나타내 준다.

(5) 효능감

- 유능한 반려동물행동지도사는 자신이 보호자의 학습에 긍정적인 영향력을 갖고 있다고 판단하여 개인적인 성취감을 느끼며, 동물의 학습에 대한 개인적인 책임감을 느껴서 동물과 보호자에게 도움이 되는 방법으로 상담법을 검토한다.

표 10-1 효능감에 따른 반려동물행동지도사의 태도

구분	효능감이 높은 반려동물행동지도사	효능감이 낮은 반려동물행동지도사
개인적 성취에 대한 지각	동물과 함께하는 일을 긍정적으로 여기며, 긍정적인 영향을 미칠 수 있다고 본다.	자신의 상담직무에 대해 자주 실망하고 좌절한다.
동물의 성취에 대한 기대	동물의 진보를 기대하며, 동물이 자신의 기대를 실현해 줄 것으로 기대한다.	동물의 변화에 대해 실패하는 것을 예상하지 않으며, 상담에 대한 노력을 기울이지 않고 부정적인 행동이 많다.
동물의 학습에 대한 책임감	동물이 변화목표에 도달한 정도를 아는 것은 자신의 책임이며 동물의 실패를 자신의 책임이라 생각하고 좀 더 도움이 될 만한 방향으로 자신의 상담기술을 검토한다.	동물에 대해 상담하는 것에는 자신에게 책임을 두지만, 동물의 실패는 동물의 가정환경이나 능력, 동기, 태도 등의 관점에서 그 이유를 설명한다.
목표달성을 위한 전략	상담을 계획하고 목표를 수립하고 달성하기 위한 전략을 세운다.	특별한 목표를 가지지 않으며, 목표달성에 대한 확신을 가지지 못하고 전략도 세우지 않는다.
정서	가르치는 행위와 학습자에 대하여 존재가치를 인정한다.	동물에 대하여 부정적인 태도를 갖고 실망을 자주 표현한다.
동물 통제관	자신에게 동물의 변화에 대한 영향력이 있음을 확신한다.	동물에 대해 무력감을 경험한다.
민주적 의사결정	변화목표달성을 위해 목표와 전략을 결정하는 데 동물을 포함시킨다.	동물의 변화전략과 목표들을 강제로 부과하고 의사결정을 독단적으로 한다.

6) 상담의 기능

(1) 교육적 기능

- 보호자의(반려동물에 대한) 행동을 바람직한 방향으로 변화시키기 위한 전문적인 조력과정으로 정의 된다는 점에서 교육적 기능을 포함한다고 할 수 있다. 특히 상담을 학습과정, 재교육과정, 사회화 과정으로 보는 입장에서는 상담의 교육적 기능이 더욱 강조된다.

(2) 진단적 · 예방적 기능

- 반려동물의 적응력을 향상시키고 문제행동을 예방하기 위해서는 보호자가 현재 당면하고 있는 반려동물 행동을 정확히 진단하고 그 원인을 제거하기 위한 적절한 상담 기법의 적용이 필요하다. 따라서 상담의 진단적 · 예방적 기능은 상담문제 해결과 사고 예방을 위한 필요 조건이다.
- 보호자의 적응력을 향상시키고 성장가능성을 촉진시키기 위해서는 보호자가 현재 당면하고 있는 부적응 행동의 원인을 정확히 진단하고 그 원인을 제거하기 위한 적절한 상담기법의 적용이 필요하다. 따라서 상담의 진단적 · 예방적 기능은 상담문제 해결과 부적응의 예방을 위한 필요조건이다.

(3) 교정적 기능

- 어떤 보호자는 '반려동물이 내 말을 잘 안 따라줘. 아무것도 할 수 없어.'라는 그릇된 생각을 함으로써 반려동물 교육을 포기하거나 지체되어 있는 경우가 있다. 이때 상담은 '생각 바꾸기', '마음 고쳐먹기'와 같은 하나의 교정적 과정을 나타내게 되는 데 이때의 상담 목표는 인간적 성숙이다.
- 어떤 보호자는 '나는 아무것도 할 수 없다'라는 그릇된 생각을 함으로써 성장이 지체되어 있는 경우가 많다. 이때 상담은 '생각 바꾸기', '마음 고쳐먹기'와 같은 하나의 교정적 과정을 나타내게 되는데 이때의 상담목표는 인간적 성숙이다.

(4) 치료적 기능

- 치료적 기능에 대해서는 이해가 잘되지 않는다.
- 상담의 목표가 '성장을 저해하는 장애물이 있을 때는 언제나 이를 제거하고 극복하여 인적자원의 최적발달을 성취하도록 개인을 도와주는 것'이라고 할 때 치료적 기능은 상담의 기본적 기능에 속한다고 할 수 있다.

2. 상담기술

상담에서 반려동물행동지도사의 역할은 매우 중요하다. 반려동물행동지도사는 상담 분위기, 동물행동의 관찰, 동물과 보호자의 상호작용 파악, 개인감정에 대한 공감 등을 다룰 수 있어야 한다. 상담에서 활용할 수 있는 일반적인 상담기술은 다음과 같다.

1) 상담기법

(1) 관심 기울이기

- 의사소통을 할 때 보호자에게 관심을 나타내며 전하고자 하는 메시지를 경청하는 것이다. 반려동물행동지도사는 자신의 태도나 행동이 보호자에게 어떤 인상을 주는지에 대해서 민감해야 한다.

  예시 반려견의 생일이 10월 10일이였죠.

(2) 경청하기

- 보호자들이 대화하는 내용을 적극적인 자세로 경청하며 감정의 변화, 비언어적

인 행동의 의미까지 파악할 수 있어야 한다. 효과적인 경청은 신뢰감을 형성하고 반려동물행동지도사가 보호자를 수용하고 있다는 것을 전달한다.

① 반영적 경청

- 반려동물행동지도사로 하여금 보호자들의 생각과 감정이 존중되고, 이해되고, 수용되고 있다고 느끼게 한다.
- 반영적 경청은 근본적이며, 진정한 문제를 밝히는 데 도움을 주고, 자신을 분명하게 바라볼 수 있게 하는 거울의 역할로써 문제를 다시 생각해 보도록 하여, 보호자 스스로 자신의 문제 해결자가 되도록 책임을 부여한다.

  예시 제가 어떻게 도와주었으면 좋겠는지 이야기해 주시겠어요?

② 적극적 경청

- 해독의 정확성이 중요, 반려동물행동지도사는 보호자의 메시지가 의미 있다고 느낀바 그 이상도 그 이하도 아닌 그대로를 반영해야 한다.

  예시 그렇군요. 그래서 반려동물이 어떻게 행동했나요?

(3) 공감하기

- 공감적인 반려동물행동지도사는 보호자의 주관적인 세계를 감지할 수 있다.
- 반려동물행동지도사는 직접 전달된 메시지뿐만 아니라, 미묘한 비언어적 메시지도 파악할 수 있어야 한다. 공감기술의 핵심은 타인의 경험을 숨김없이 파악하면서 동시에 타인과의 거리를 유지할 수 있는 능력이다.

  예시 그래서 저는 반려동물 때문에 속상할 것 같다는 기분이 드네요.

(4) 연결 짓기

- 한 보호자의 문제나 진술을 다른 보호자와 연결한다. 이러한 연결은 보호자들이 가진 경험의 공통점을 지적한다.
- 보호자들이 제기하는(반려동물에 대한) 여러 가지 문제와 관련된 정보나 자료들을 서로 연결시키며 보호자 간의 상호작용과 응집력을 촉진한다. 자신이 겪는 문제

를 다른 각도에서 보게 하여 문제의 진정한 원인이나 해결책을 찾는 데 도움을 줄 수 있다.

예시 A선생님 느낀 반려동물에 대한 힘든 마음이 B선생님도 같이 느끼는 것 같아요. A선생님께서 ㉠문제에 대해서 ㉡방법이 도움이 되셨다고 해요. B선생님도 ㉠문제에 대해서 ㉡방법이 도움이 될 것 같아요.

(5) 직면

- 직면은 보호자가 모르고 있거나 인정하기를 거부하는 생각과 느낌에 대해서 주목하도록 하는 것이다.
- 보호자의 행동이 상담을 진행할 때와 다른 내용으로 동물을 교육하거나 상담이 제대로 이루어지지 않을 때, 스스로가 자신에 대해 인식하는 것과 다른 사람이 인식하는 것이 불일치할 때, 말과 정서적 반응에 차이가 있을 때, 즉 말과 행동이 일치하지 않을 때를 지적하는 것이다. 자신을 돌아보고 각성하게 하는 상담기법으로 주의하여 잘 사용해야 한다.

예시 간식을 주지 않는다고 하셨는데, 지금도 간식을 주고 계시네요?

(6) 요약

- 반려동물행동지도사가 보호자가 말하는 것을 주의 깊게 관찰하고 들으며 서로 간 상호작용이 가능하도록 요약하는 것이다.
- 요약을 통해 보호자가 올바른 방향으로 나아갈 수 있도록 도움을 준다. 또한 다른 주제로 넘어가기 전에 앞의 주제에 대한 요약이 이루어지면 주제의 연결이 원활하며 보호자의 이해도를 높일 수 있다.

예시 그러니깐 이곳에 반려동물이 오고 힘들어하고, 어떻게 가르칠지 몰라서, 요즘 너무 힘들다는 말씀이죠?

(7) 모델링

- 반려동물행동지도사가 보호자의 모델이 되어 주는 것이다.
- 보호자는 반려동물행동지도사의 행동을 관찰함으로써 올바른 동물행동(동물행동 습성)을 배우거나 교육 방법의 실제 사례들을 학습할 수 있다.

예시 제가 하는 교육 방법을 보고 한번 따라 해보시겠어요?

(8) 피드백

피드백은 보호자들이 자신을 어떻게 보고 있고, 어떻게 반응하고 있는가에 대해 학습할 수 있는 중요한 기회를 제공한다. 이렇게 하기 위해 반려동물행동지도사는 보호자에게 피드백을 제공하고, 보호자는 서로가 타인의 행동에 대한 자신의 반응을 솔직하게 이야기해야 한다.

예시 선생님! 제가 알려드린 교육 방법을 모두 기억하기엔 조금 어렵지만, 노즈워크 만큼은 정말 잘 따라주고 있어요!

(9) 자기개방(자기노출)

- 자기노출은 반려동물행동지도사가 자신에 대한 정보를 보호자에게 노출하는 것이다. 자기노출은 보호자에게 유사성과 친근감을 전달하며, 자기탐색을 깊이 할 수 있도록 모범을 보여줄 수 있다.
- 반려동물행동지도사 개인의 과거사 노출이나 지금-여기의 개인적 감정이나 생각에 대한 노출이 가능하다. 자기개방 시 주의 사상은 반려동물행동지도사의 경험을 선택적으로 개방하고, 필요한 만큼의 경험을 간결하게 전달한다.
- 자기개방 후에 보호자가 그것을 어떻게 받아들이는지 논의할 기회를 갖고, 반려동물행동지도사의 자기개방에 대해서 보호자가 불편해하면 이에 대해서 탐색한다.

예시 저도 처음 반려견을 키울 때 선생님처럼 힘들어서 후회한 적이 있어요. 그래도 반려견에 대해서 공부하고 노력하니 좋아지더라고요.

(10) 촉진하기

- 집단과정 내 저항에 초점을 두고, 보호자들이 저항의 이유를 알도록 한다. 보호자들의 기대와 감정을 개방적으로 표현하도록 격려하고, 자신과 자신의 감정에 초점을 두도록 가르친다.
- 보호자 상호 간에 대화하도록 하기 위해 심리적으로 안전한 분위기를 만들며, 모험을 격려하고 새로운 행동을 시도하는 구성원을 지지한다.
- 저항에 초점을 두고, 보호자가 저항의 이유를 알도록 한다. 보호자의 기대와 감정을 개방적으로 표현하도록 격려하고, 보호자와 반려동물의 감정에 초점을 두도록 가르친다.
- 보호자와 편안한 대화하도록 하기 위해 심리적으로 안전한 분위기를 만들며, 모험을 격려하고 새로운 행동 시도를 지지한다.

예시 반려견 분리불안을 고치는 게 많이 힘들죠. 여러 가지 방법을 시도 했을 텐데요. 저에게 반려견 분리불안 행동을 보면서 어떤 느낌이었는지 얘기해줄 수 있을까요?
반려견이 교육을 받으면서 어떤 느낌이 들었을지에 대해 이야기 해줄 수 있을까요?

(11) 구조화하기

- 구조는 상담의 효과를 최대한으로 높이기 위해 상담의 성질, 반려동물행동지도사와 보호자의 역할과 책임, 상담의 목표, 시간과 공간적인 제한 등을 설명하고 인식시켜 주는 것이다.
- 구조화는 상담의 초기에만 하는 것이 아니고, 과정이 진행됨에 따라 상담관계에 대한 재구성(재조정)을 할 필요를 느끼면 그때그때 다시 하여야 한다.

예시 먼저 ○○에 대해 생각나는 것을 구체적으로 말씀해 주십시오. 오늘 상담할 수 있는 시간은 약 50분이고, 앞으로 일주일에 몇 회씩, ○요일, ○시에 계속 만나기로 하지요. 혹시 반려동물에 대해 궁금한 점은 무엇일까요?

(12) 질문하기

중요한 사항에 대한 적절한 질문은 반려동물행동지도사가 경청하고 있음을 전달해 줄 뿐만 아니라, 보호자의 자기탐색을 촉진한다. 질문에는 개방형 질문과 폐쇄형질문이 있다.

① **개방형 질문**: 보호자의 대답이 한 두 마디의 말로 한정되지 않도록 하는 형태의 질문으로 보호자에게 더 많은 이야기를 할 수 있는 기회를 제공한다. 보호자의 감정을 명료화하고 보호자가 자기의 느낌에 주의를 기울이도록 한다.
보호자의 생각을 명료화하고 보호자가 반려동물 행동에 대해 어떻게 생각하고 있는지 주의를 기울이도록 한다.

예시 반려견에 대해서 어떻게 생각하세요?

② **폐쇄형 질문**: 초기 단계에서 사실적인 정보를 탐색하기 위해 사용하며 구체적인 상황에 초점을 맞추거나 정확한 정보를 얻는 데 유용하다. 잠재적으로 위협적이거나 위험한 상황에서 보호자에게 무슨 일이 일어났는지 직접적으로 물어보는 데 유용하다.

예시 반려견은 암컷인가요? 수컷인가요?

③ **이중형 질문**: 두 가지 질문을 동시에 하는 경우이다. 이중 질문은 보호자로 하여금 양자택일하게 함으로써 반응의 범위를 극히 제한하고 어떤 경우에는 두 질문 중 어느 쪽에 답변해야 할지 모르게 만든다.

예시 반려견은 짖는 게 싫으세요? 무는 게 싫으세요?

④ **척도형 질문**: 숫자의 마력을 이용하여 보호자에게 자신의 문제, 문제의 우선순위, 성공에 대한 태도, 정서적 친밀도, 자아존중감, 치료에 대한 확신, 변화를 위해 투자할 수 있는 노력, 진행에 관한 평가 등의 수준을 수치로 표현하도록 하는 방법이다.

예시 반려견이 하루에 몇 번 배변실수를 하나요?

(13) 격려와 칭찬

- 반려동물행동지도사는 보호자를 칭찬함으로써 상담과정에 좀 더 적극적으로 참여할 수 있도록 도울 수 있다. 보호자에 대해서 공통적으로 할 수 있는 칭찬 중의 하나는 무엇을 했다는 것 자체이다.
- 여러 가지 어려움을 겪고 있는 보호자가 부적절한 행동을 하지 않도록 하고 올바르게 동물을 돌보도록 해준다.

표 10-2 칭찬기법

효율적인 칭찬	비효율적인 칭찬
1. 칭찬할 경우가 생겼을 때만 칭찬한다.	1. 아무 때나 그냥 상관없이 잘했다고 칭찬한다.
2. 잘한 것만을 분명하게 칭찬한다.	2. 그냥 전체적으로 잘했다고 칭찬한다.
3. 내가 주의 깊게 지켜보았더니 잘하는 것을 보았다고 하면서 칭찬한다.	3. 지나가다가 우연히 보았는데 잘하더라고 하면서 칭찬한다.
4. 어떤 판단 기준을 내세워 그것에 비추어 보니 잘했다고 칭찬한다.	4. 아무런 기준도 없이 그냥 너도 남들처럼 했으니 너도 잘한 것이라고 칭찬한다.
5. 무엇을 잘했는지 그것의 가치와 내용에 대해 구체적인 정보를 제공한다.	5. 아무런 구체적인 설명 없이 그냥 잘했다고 칭찬한다.
6. 동물보호자 자신이 과거에 수행한 것과 현재 수행한 것을 연계하여 칭찬한다.	6. 동물보호자 자신보다는 다른 학습자와 비교해서 얼마나 잘했는지를 보고 현재의 수행을 칭찬한다.
7. 동물보호자 자신이 무엇을 잘했는지를 분명하게 이해하도록 한다.	7. 무엇을 잘했는지보다는 다른 보호자보다 얼마나 잘했는지를 따져 비교한다.
8. 어려운 과제를 해낸 값진 노력을 인정한다.	8. 기울인 노력에 대해서 언급하지 않는다.
9. 성공의 원인을 학습자의 노력으로 귀인하여 칭찬한다.	9. 성공요인을 운, 재수 등 다른 외적 요인에 귀인하여 칭찬한다.
10. 동물보호자가 성공을 거둔 과제에 관련된 행동에 초점을 맞추어 칭찬한다.	10. 반려동물행동지도사의 말에 네가 귀를 기울였기에 성공을 거두었다는 것 등에 초점을 맞추어 칭찬한다.

2) 상담화법

(1) 1 · 2 · 3화법

- 「1 · 2 · 3화법」이란 자기의 말은 1분 이내로 끝내고, 2분 이상 고객의 말을 들어주며 3번 이상 맞장구를 치는 화법이다. 꼭 이 숫자를 지켜야 하는 것은 아니고 상징적인 의미이다.
- 즉, 자신의 말은 고객의 말을 끌어내기 위한 정도로 간단하게 말하고 고객이 충분히 말할 수 있는 시간을 주면서 좀 더 많은 정보를 얻을 수 있도록 맞장구를 3번 이상 하는 것이다.

예시 "정말요?", "저라도 그랬겠네요.", "그래서 어떻게 하셨나요?"

(2) 쿠션 화법

- 쿠션은 외부충격을 흡수하는 역할을 한다. 고객에게 부정적인 말을 꺼내야 할 때 사전에 부드러운 쿠션 언어를 사용함으로써 고개의 감정을 덜 상하게 하고 공손해 보이기 때문에 고객에게 존중받는 느낌을 줄 수 있다.
- 여기서 쿠션어라는 것은 상대방이 느낄 부정적인 감정에 대해서 쿠션을 깔아두는 것과 같은 역할을 하기 위해 사용하게 되는 말이다.

예시 죄송합니다. 반려견이 잃어버렸을 때 찾기 위해서 반려견 등록을 해주세요.

(3) 의뢰형 화법

- 결론을 내는 방법의 대화는 상대에게 반발심이나 거부감이 들기 쉽다. 질문화법은 상대방에게 대화과정에서 요구형이 아닌 의뢰나 질문형식으로 바꿔 말하는 방식으로 훨씬 더 부드러운 대화를 이어갈 수 있다.

예시 보호자님 잠시만 기다려 주시겠어요? 보호자님 이쪽으로 이동해 주시겠습니까?

(4) 긍정 화법

- 서비스에 임하는 사람은 낙관적이고 긍정적인 말로 고객의 마음을 사로잡아야 한다. 따라서 서비스업 종사자는 긍정 화법을 사용하는 것이 좋다.
- 같은 내용을 전달하더라도 부정적인 표현보다는 긍정적인 표현으로 바꾸어 쓰면 고객의 불만을 최소화하고, 편안함과 만족감을 줄 수 있다. 특히 '싫어요, 안돼요, 못해요, 몰라요'의 부정의 말은 서비스 종사자가 절대로 해서는 안 되는 금기어이다.

예시 반려견이 많이 짖어서 시끄럽네요. (×) → 반려견이 많이 낯설어하네요. (○)

(5) Yes/But 화법

- 대화를 할 때는 상대방의 의견이나 주장을 존중하고 인정해주는 것이 중요하다. 특히 상담에서 보호자의 주장이 비록 못마땅하더라도 바로 "안 됩니다!"라고 반박하기보다는 일단 인정을 시킨 후 '그러나'를 사용하여 이야기하며 반론을 제기하는 것이 바람직하다.
- 긍정 후의 부정 화법으로 대화 시 긍정적인 효과를 나타낸다. 주의할 점은 마지못해 하는 것이 아니라 기꺼이 도와드리고자 하는 "Yes"여야 하고, 강한 반박의 "아니오"라고 이야기하는 것이 아닌 다른 방법으로 최선을 다하고자 하는 "No"여야 한다.

예시 "예. 그것도 맞는 방법일 수 있습니다. 그러나 제 생각에는 지금 반려견에게는 지금 방법이 더 나을 듯합니다. 아까 방법은 아닌 것 같습니다."

(6) 나 전달법

- '나'를 주어로 하여 자신의 생각과 감정을 솔직하게 표현하는 방식으로, 아이 메시지(I-message)라고도 한다. 상대방의 기분을 상하지 않게 하면서 자신의 주장을 분명하게 전달할 수 있어 갈등 상황에서 서로를 이해하고 문제를 해결하는 데 도움이 된다.

- 나 전달법을 통해 의사를 전달하면 상대방에게 문제행동의 책임을 묻고 행동을 비난하는 대신 문제해결을 위한 최종 결정권을 주게 된다.
- 나 전달법에 응대 3단계로 먼저 문제를 유발하는 행동을 정리하고, 다음으로 내가 느낀 감정으로 감점을 표현한다. 마지막으로 문제를 유발하는 행동이나 태도의 변화에 대한 제안 및 요청을 하는 방법으로 대화한다.

  예시 보호자님과 반려견이 교감이 잘되어 너무 행복하네요. 반려견이 산책 할 때 지킬 수 있는 몇 가지 규칙을 가르친다면 더 보호자님과 즐겁게 지낼 수 있을 것 같아요.

3. 상담과정

상담은 보호자와 처음 만났을 때(접수면접)부터 만남이 종결되기까지의 여러 번의 면접을 거치는 하나의 과정이다. 상담의 진행과정은 초기 · 중기 · 종결단계로 나눈다. 각 단계에서 행해져야 할 주요 과제들에 대해 알아보면 다음과 같다.

1) 접수면접

- 보호자가 상담을 요청하면 제일 먼저 이루어지는 것이 접수면접이다. 반려동물에 대한 기본정보, 외모 및 행동, 호소문제, 현재 및 최근의 주요 기능상태, 스트레스 원에 대한 정보를 수집하기 위해 작업하는 단 한 번의 만남으로 첫인상이 중요하듯이 상담에서 접수면접은 매우 중요하다.
- 반려동물행동지도사는 접수면접에서 동물의 외모, 행동 · 심리동작 활동, 반려동물관리사에 대한 태도, 정서와 기분, 짖음과 으르렁거림, 지각장애, 일상생활에서의 두드러진 장애 등을 평가한다.

2) 초기단계

(1) 상담의 기틀 잡기

초기단계는 상담의 기틀을 잡는 과정으로 보호자 문제의 이해, 상담목표의 설정, 상담의 진행방식에 대한 합의, 촉진적 상담관계의 형성 등을 어떻게 해 나가는지에 대해 알아야 한다.

① 보호자 문제의 이해(주호소 문제 탐색)

- 상담의 가장 중요한 목표는 보호자가 호소하는 문제를 해결하는 데 있다. 따라서 보호자의 문제가 무엇이고 그것이 어떤 배경에서 발생하였는지를 확인하는 것은 상담의 필수 사항에 해당된다.
- 초기단계에서는 보호자가 도움을 청하는 직접적인 이유를 확인하고, 문제의 발생 배경을 탐색하고, 문제해결 동기에 대해 평가해야 한다.
- 문제의 배경 및 관계요인을 토의한 후, 보호자가 상담과정에 적극적으로 참여하도록 해야 한다. 진행전략은 보호자의 말을 주목하면서 그의 비언어적 행동을 관찰하고 문제 가 무엇인지 파악하도록 하는 것이다. 상담에 대한 보호자의 기대와 느낌을 명료화할 필요가 있다.

② 상담의 목표 및 진행방식의 합의

- 상담이 도달해야 할 지점을 상담의 목표라고 하는데 이것이 분명할수록 상담은 순조롭게 진행될 수 있다. 상담의 최우선적인 목표는 보호자가 호소하는 문제의 해결이다. 상담의 진행방식의 합의에서는 상담기간 및 시간에 대해 합의하고, 바람직한 내담자 행동 및 역할에 대해 안내해야 한다.

③ 상담목표 설정

- 상담목표는 구체적이고 명확해야 하고 현실적으로 보호자가 처한 상황에서 달성이 가능한 것이어야 한다. 또한 문제를 축약해야 하며 보호자가 제시하는 문제들을 일일이 해결하는 것을 상담목표로 정하는 것은 바람직하지 않을

수 있다.

- 문제 축약이란 보호자가 호소하는 여러 가지 문제를 유사한 원인을 가지는 몇 가지 주요문제로 압축하는 것을 말한다.

④ 촉진적 상담관계의 형성

- 반려동물행동지도사와 보호자가 솔직하고 신뢰가 되는 관계를 형성하는 것은 상담의 진전과 성공에 직결되는 대단히 중요한 문제다.
- 상담의 초기단계에서 촉진적인 상담관계를 형성하기 위해서는 끊임없이 보호자를 이해하려는 진지한 자세, 모든 것을 보호자 입장에서 생각해 보려는 보호자 중심적인 태도, 비난하거나 비판하기보다는 수용하고 존중하는 허용적인 자세, 어떤 가식도 없는 진솔하고 투명한 태도, 보호자를 도와주고자 하는 조력적 자세, 변덕스럽지 않은 일관적인 태도와 행동 등이다.

(2) 구조화 상담의 진행방식의 합의

- 효율적인 상담진행을 위해 상담에서 보호자가 준수해야 할 일들과 상담의 기본적 진행방식 등에 대해 보호자에게 안내하거나 설명하는 행위이다.

① 상담기간 및 시간에 대한 협의

상담이 효율적으로 진행되기 위해서는 먼저 반려동물행동지도사와 보호자가 얼마나 오랫동안 그리고 얼마만의 시간 간격으로 만날 것인지, 한 번 만났을 때 시간을 얼마 동안 지속할 것인지 등에 대해서 미리 합의해야 한다.

㉠ 한 회기(50분): 대부분의 상담은 일주일에 한 번씩 진행되며 한번 만날 때마다 50분가량 대화를 나누는 것이 보통이다.

㉡ 상담을 얼마나 오랫동안 할 것인지는 보호자가 호소하는 문제의 성질, 보호자의 심리적 특성, 보호자가 처한 생활환경 등에 따라 달라진다. 따라서 모든 반려동물행동지도사들에 대해 획일적인 상담 기간(예: 10회 또는 20회 등)을 정할 수는 없고 보호자와 반려동물행동지도사의 사정에 따라 달라진다. 그래도 반려동물행동지도사는 전체 상담기간에 대해서 대략적인 기간을 추정

하여 알려주고 그에 관해 미리 동의를 구하는 것이 바람직하며, 기간은 변경 될 수 있음을 알려준다.

② 반려동물행동지도사 역할의 구조화

반려동물행동지도사는 보호자가 자신의 문제를 해결하기 위해 최대한의 노력을 할 수 있도록 유도해야 한다. 예를 들면 반려동물행동지도사는 문제를 해결해주는 사람이 아니다. 다만 보호자가 원하는 것을 스스로 해결할 수 있도록 도와주는 역할을 한다.

또한 보호자를 끌고서 '이렇게 하라. 저렇게 하라'라고 말해주는 사람이 아니다. 혼자 갔을 때 잘못된 길로 갈 수도 있고, 멀리 돌아갈 수 있기에 반려동물행동지도사는 보호자 옆에서 함께 가며 좀 더 나은 길로 갈 수 있도록 안내하는 역할이다.

③ 보호자 역할의 구조화

㉠ 자발적인 참여

보호자가 자신의 심리적 문제, 반려동물의 문제, 행동, 주거환경, 반려동물의 질병 등 상담에 도움이 될 만한 것이라면 아무리 하찮은 것이라도 반려동물행동지도사에게 이야기해야 한다는 것을 잘 이해시킬 필요가 있다.

㉡ 상담과 반려동물행동지도사에 대한 합리적 기대

보호자는 상담과 반려동물행동지도사에 대해 비합리적인 기대를 할 수 있으므로 반려동물행동지도사는 상담초기에 보호자가 상담과 반려동물행동지도사에 대해 어떤 기대를 가지고 있는지를 확인하고, 그러한 기대들 중 바람직한 것은 격려하고, 비합리적인 기대들은 합리적인 기대로 대치할 수 있도록 보호자와 충분한 대화를 나누는 것이 필요하다.

④ 보호자 행동의 제한

이 공간은 보호자가 원하는 무엇이든지 할 수 있지만, 기물파손이나 신체적 공격은 허용되지 않는다는 것을 알려주어야 한다.

3) 중기단계

(1) 문제 해결하기

- 상담의 중기단계는 초기단계가 끝날 무렵부터 상담의 목표가 어느 정도 달성되기까지의 전체과정을 말한다.
- 중기단계의 가장 큰 특징은 초기단계에서 설정한 상담목표를 해결하기 위한 구체적인 상담 작업들이 행해진다는 데 있다. 이런 의미에서 상담의 중기단계는 '문제해결 단계'라고 부른다. 중기단계에서 반려동물행동지도사가 고려해야 할 사항은 다음과 같다.

① 과정적 목표의 설정과 달성

초기단계에서 설정된 상담의 목표를 달성하기 위해서는 목표에 도달하기까지 어떤 중간 통과 지점이 있게 마련인데, 이러한 중간 지점을 상담의 '과정적 목표'라고 한다.

② 저항의 출현과 해결

사람들에게는 저마다 습관적으로 행하는 사고 · 감정 · 행동패턴이 있는데, 이러한 패 턴은 그대로 지속되려는 경향이 있다. 이들을 변화시키려고 할 때 변화에 대한 반대, 즉 저항이 일어나게 된다. 저항은 변화의 걸림돌로 작용하기 때문에 변화를 달성하기 위해서는 저항을 극복하지 않으면 안 된다.

③ 문제 해결의 노력

문제에 관한 보호자의 감정표현이나 행동을 촉진하고, 제시된 문제를 다시 구체적으로 정의한다. 특히 문제의 성질을 명확히 하고 어떤 방법과 절차를 이용할 것인가를 먼저 결정해야 한다. 보호자의 문제의 성질이나 상담에 대한 요구 및 반려동물행동지도사의 이론적 입장에 따라서 달라진다. 문제해결의 노력은 일반적으로 다음과 같은 과정을 거치게 된다.

㉠ 반려동물 문제에 대해 명확히 정의한다.

㉡ 문제해결을 위한 방향과 가능한 방안을 정한다.

㉢ 문제해결방안에 관련된 정보를 수집한다.

㉣ 수집된 자료를 바탕으로 대처행동을 의논한다.

㉤ 반려동물에 대한 검사와 진단자료 등을 참고로 바람직한 행동절차 및 소통의 실제 계획을 수립한다.

㉥ 계획된 것을 실제 생활에서 실천해 본다.

㉦ 실천결과를 평가하고 행동계획을 수정 · 보완한다.

(2) 자각과 합리적 사고의 촉진

- 자각은 보호자 자신과 동물의 생활과정에서의 주요 경험 및 사건들을 이전보다 분명히 통합된 시야에서 재인식하는 것이다. 보호자가 상담의 목표에 도달하기 위해 필요한 자기 이해와 합리적 생각을 갖출 때까지 상담에 적극적으로 참여하도록 한다.
- 보호자들이 자기탐색 및 사고방식의 변화요구에 대한 심리적 부담 때문에 상담을 도중에 그만두려고 하거나 직접 · 간접의 '저항'이 생길 수 있다. 심리적 부담과 저항은 상담의 목표행동에 대한 반려동물행동지도사 · 보호자 간의 개념 차이, 목표행동을 위한 수행기술의 부족, 반려동물행동지도사 · 보호자 두사람 사이의 의사소통문제의 차원에서 탐색, 조정되어야 한다.

(3) 실천행동의 계획

보호자의 새로운 견해나 인식이 실생활에서 실현되도록 보호자의 의사결정이나 행동계획을 도울 필요가 있다. 보호자의 구체적인 행동절차를 협의하고 세부적인 행동계획을 작성하는 것이다.

4) 종결단계

(1) 종결의 실제

- 보호자가 원했던 변화가 일어나게 되면 상담은 종결된다. 즉, 반려동물의 문제행동이 상담에서 해결하고자 했던 문제라면 반려동물의 문제행동이 현저히 완화되었을 때 상담은 종결된다.
- 그렇지만 모든 상담이 성공적으로 종결되는 것은 아니다. 반려동물행동지도사로서 여러 가지 전문적인 노력을 기울여도 초기에 설정했던 목표달성에 실패하는 경우가 있다. 그러한 실패를 반려동물행동지도사 스스로의 힘으로 되돌릴 수 없을 때 부득이하게 상담은 종결될 수 있다.
- 그 외에도 보호자가 상담이 도움이 되지 않는다고 생각하고 상담을 거부하는 때도 있는데 이것을 비성공적 상담종결이라고 한다.

(2) 종결의 시기

동물보호자의 인간적 성장은 어느 한 시점에서 끝나는 것이 아니고 끊임없이 계속되는 과정이다. 따라서 어떠한 반려동물행동지도 사례도 '이제는 필요 없다.'거나 '완전히 해결됐다.'는 의미로는 종결될 수 없다. 종결에는 성공적 상담종결, 비성공적 상담 종결, 상담관계의 한계로 인한 종결이 있다.

① 성공적인 상담종결

문제 증상이 완화되었을 때, 현실 적응력이 증진되었을 때, 성격 기능성이 증진되었을 때, 성공적인 상담종결을 시사하는 보호자의 태도나 생각이 달라졌을 때 상담을 종결할 수 있다.

② 비성공적 상담종결

모든 상담이 성공적으로 종결되는 것은 아니다. 반려동물행동지도사의 전문적인 노력에도 불구하고 초기에 설정했던 목표달성에 실패하는 경우도 있고, 동물보호자가 상담이 도움이 되지 않는다고 생각하고 상담을 거부하는 경우도 있는데 이 경우 비성공적 상담종결에 해당된다.

③ **상담관계의 한계**

동물보호자 및 반려동물행동지도사의 사정, 경제적 여건, 시간적 여건 등으로 상담을 더 이상 지속하지 못하는 것이다.

(3) 종결 계획하기

① 상담 초기부터 치료목표와 함께 어느 정도 상담이 지속될 것인지 동물보호자에게 종결 시점을 미리 이야기해야 한다.

② 초기 상담목표의 달성에 대해 동물보호자가 스스로 지속시켜 나갈 수 있다고 판단될 때에는 상담을 종결해야 한다.

③ 상담을 종결할 때에는 치료과정에서의 경험을 요약, 상담성과를 확인, 치료목표와 과정을 점검해야 한다.

④ 종결 이후 동물보호자가 변화를 어떻게 지속시켜 나갈 것인지 다루어져야 한다.

(4) 종결의 의미

① **심리적 재탄생으로서의 종결**: 상담을 통해 문제를 해결하고 삶에 대한 용기와 자유를 회복하게 되는 것이다.

② **타협 형성으로서의 종결**: 동물보호자나 반려동물행동지도사가 더 이상 상담을 지속하기 어려울 때 종결하는 것이다.

③ **성과 다지기로서의 종결**: 종결은 급격히 이루어지기보다 일정한 과정을 거쳐 서서히 이루어지는 것이 바람직하다. 종결 3~5회기 전에 종결 날짜를 언급하고 준비해야 하고, 회기의 시간 간격을 점진적으로 늘려가는 것이 좋다.

4. 상담윤리

1) 전문가로서의 태도

(1) 전문적 능력

① 자신의 교육, 수련, 경험 등에 의해 준비된 범위에서 전문적인 서비스와 교육을 제시한다. 자신의 능력의 한계를 인정하고 교육이나 훈련, 경험을 통해 자격이 주어진 상담 활동만을 한다.

② 자신이 가진 능력 이상의 것을 주장하거나 암시해서는 안 되며, 타인에 의해 능력이나 자격이 오도되었을 때에는 수정해야 한다.

③ 자신의 활동 분야에 있어서 최신의 과학적이고 전문적인 정보와 지식을 유지하기 위해 지속적인 교육과 연수의 필요성을 인식하고 참여한다.

④ 반려동물행동지도사는 동물보호자의 권리 및 반려동물행동지도사 자신의 상담에 대한 윤리관의 중요성을 충분히 인식하고 있어야 한다. 또한 어떤 경우에라도 동물보호자의 인간으로서의 가치는 존중받고 보호되어야 한다.

(2) 성실성

① 자신의 신념체계, 가치, 제한점 등이 상담에 미칠 영향력을 자각하고, 동물보호자에게 상담의 목표, 기법, 한계점, 위험성, 상담의 이점, 자신의 감정과 제한점, 심리검사와 보고서의 목적과 용도, 상담료, 상담료 지불방법 등을 명확히 알린다.

② 능력의 한계나 개인적 문제로 동물보호자를 적절히 도와줄 수 없을 때에는 상담을 시작해서는 안 되며, 다른 반려동물행동지도사나 정신건강 전문가에게 의뢰하는 등 동물보호자를 도와줄 수 있는 방법을 강구한다.

③ 반려동물행동지도사의 질병, 죽음, 이동, 또는 동물보호자의 이동이나 재정적

한계 등과 같은 요인에 의해 상담이 중단될 경우에 대한 적절한 조치를 취해야 한다.

④ 상담을 종결하는 데 있어서 어떤 이유보다도 우선적으로 동물보호자의 관점과 요구에 대해 논의해야 하며 동물보호자가 다른 전문가를 필요로 할 경우에는 적절한 과정을 거쳐서 의뢰한다.

⑤ 반려동물행동지도사는 동물보호자와 새로운 상담관계를 시작하기 전에 상담의 목적과 목표, 상담에서 사용되는 기법, 상담에서 서로 지켜야 할 규칙들, 그리고 상담관계에 영향을 미칠 수 있는 여러 가지 가능한 제한점들에 대해 동물보호자에게 미리 알려주어야 한다.

⑥ 상담관계를 결정하는데 미치는 요인을 미리 알려야 한다. 반려동물행동지도사는 예비동물보호자에게 상담을 시작하려는 동물보호자의 결정에 영향을 미칠 수 있는 상담관계의 주요 측면들에 대해 미리 알려 주어야 한다.

2) 상담 성과와 관련된 윤리 문제

(1) 동물보호자가 도움을 받지 못할 때

① 동물보호자가 상담관계로부터 별다른 이익을 얻지 못한다는 것이 확실하다면 상담관계를 종결하도록 시도하고, 동물보호자와 상의하에 도움을 줄 수 있는 다른 전문가에게 의뢰하는 등의 조치를 취한다.

② 반려동물행동지도사는 우선 동물보호자에 대한 책임이 있다.

③ 동물보호자가 호소하는 문제들을 해결함으로써 동물보호자의 복리를 증진시켜야 할 의무가 있다.

(2) 동물보호자가 진전이 없는데도 종결을 거부할 때

① 동물보호자가 상담시간에 꼬박꼬박 오기는 하지만 상담에서 이야기할 것이 정말 없거나, 동물행동변화를 위한 동물보호자의 태도 변화를 위해 노력하려는

태도가 안 보이는 내담동물의 동물보호자의 경우에는 변화를 시도할 수 있도록 반려동물행동지도사가 여러 차례 개입하였지만 별다른 반응을 보이지 않는다면 반려동물행동지도사는 상담을 종결하여야 한다.

(3) 더이상 상담을 유지하기 어려운 기관에 있을 때

① 동물보호자가 동의하면 긴밀한 협조관계를 유지해야 한다.

② 동물보호자가 거절하면 동물보호자가 상담을 지속하는 데서 생길 수 있는 문제들, 중단했을 때의 문제들, 처한 현실, 반려동물행동지도사 자신의 한계 등을 충분히 숙고하고 동물보호자와 다루어야 한다.

3) 사회적 책임

(1) 사회와의 관계

① 상담비용을 책정할 때 동물보호자의 재정 상태와 지역성을 고려해야 한다. 책정된 상담료가 동물보호자에게 적절하지 않을 때에는 가능한 비용에 적합한 서비스를 받을 수 있는 방법을 찾아줌으로써 동물보호자를 돕는다.

② 상담전문가가 되기 위해 수련하는 학회 회원에게는 상담료나 교육비 책정에 있어서 특별한 배려를 한다.

(2) 고용기관과의 관계

① 자신이 종사하는 기관의 목적과 방침에 공헌할 수 있는 활동을 할 책임이 있다. 만일 자신의 전문적 활동이 기관의 목적과 모순되고, 직무수행에서 갈등이 해소되지 않을 때에는 기관과의 관계를 종결해야 한다.

② 근무기관의 관리자 및 동료들과의 관계를 통해서 상담업무, 비밀보장, 공적 자료와 개인 자료의 구별, 기록된 정보의 보관과 처분, 업무량, 책임에 대한 상호

간의 동의가 이루어져야 한다. 이러한 동의는 구체적이어야 하며, 관련된 모든 사람이 알고 있어야 한다.

(3) 상담기관 운영자

① 상담기관 운영자는 다음 목록을 작성해 두어야 한다. 기관에 소속된 반려동물행동지도사의 증명서나 자격증은 최고 수준의 것으로 하고, 자격증의 유형, 주소, 연락처, 직무시간, 상담의 유형과 종류, 그와 관련된 다른 정보 등이 정확하게 기록되어야 한다.

② 상담을 홍보하고자 할 때는 일반인들에게 상담의 전문적 활동, 전문지식, 활용할 수 있는 상담기술 등을 정확하게 알려주어야 한다.

(4) 다른 전문직과의 관계

① 자신의 방식과 다른 전문적 상담 접근을 존중해야 한다. 반려동물행동지도사는 함께 일하는 다른 전문적 집단의 전통과 실제를 알고 이해해야 한다.

② 공적인 자리에서 개인 의견을 말할 경우, 반려동물행동지도사는 그것이 자신의 관점에서 나온 것이고, 모든 반려동물행동지도사의 견해를 대변하는 것이 아님을 분명히 해야 한다.

③ 동물보호자가 다른 기관의 서비스를 받고 있음을 알게 되면, 동물보호자의 동의하에 상담 사실을 그 기관의 반려동물행동지도사에게 알리고 긍정적이고 협력적인 치료관계를 맺도록 노력한다.

(5) 자문

① 개인, 집단, 사회단체가 전문적인 조력자의 도움이 필요하여 요청한 자발적인 관계를 말하는데, 반려동물행동지도사는 자문을 요청한 동물보호자나 기관의 문제 혹은 잠재된 문제를 규명하고 해결하는 데 도움을 준다.

② 동물보호자가 스스로 성장해 나가도록 격려하고 고양하는 것이어야 한다. 반려

동물행동지도사는 이러한 역할을 일관성 있게 유지해야 하고, 동물보호자가 스스로의 의사결정자가 되도록 도와주어야 한다.

4) 인간권리와 존엄성에 대한 존중

(1) 동물보호자 복지

① 동물보호자의 잠재력을 개발하여 건강한 삶을 영위하도록 도움을 주며, 어떤 방식으로도 해를 끼치지 않는다. 동물보호자로 하여금 의존적인 상담관계를 형성하지 않도록 노력하여야 한다.

② 반려동물행동지도사는 상담관계에서 오는 친밀성과 책임감을 인식하고, 개인적 욕구충족을 위해서 동물보호자를 희생시켜서는 안 된다.

㉠ 동물보호자에 대한 개인적 욕구와 영향력을 충분히 자각하고 있어야 한다.

㉡ 동물보호자의 신뢰와 의존을 반려동물행동지도사 자신을 위해 이용해선 안 된다.

(2) 동물보호자의 권리

① 동물보호자는 비밀유지를 기대할 권리가 있고 자신의 사례기록에 대한 정보를 가질 권리가 있으며, 상담계획에 참여할 권리, 어떤 서비스에 대해서는 거절할 권리, 거절에 따른 결과에 대해 조언을 받을 권리 등이 있다.

② 동물보호자에게 상담에 참여 여부를 선택할 자유와 어떤 전문가와 상담할 것인가를 결정할 자유를 주어야 한다. 동물보호자의 선택을 제한하는 제한점은 동물보호자에게 모두 설명해야 한다.

③ 반려동물은 자발적인 동의를 할 수 없으므로 동물보호자가 상담의 대리인이다. 이때 동물보호자의 복지를 염두에 두고 반려동물행동지도사는 상담요금과 상담행동에 대한 책임감 있는 행동을 해야 한다.

5) 비밀보장

(1) 사생활과 비밀보호

① 사생활과 비밀유지에 대한 동물보호자의 권리를 최대한 존중해야 할 의무가 있다. 비밀보장이 된다는 조건하에 얻어진 정보로 상담에서 동물보호자의 정보는 일종의 위임된 비밀정보이다.

② 동물보호자의 사생활 침해를 최소화하기 위해서 문서 및 구두상의 보고나 자문 등에서 실제 의사소통된 정보만을 포함시킨다.

③ 동물보호자가 상담에서 자신이 말한 내용에 대한 비밀이 지켜지지 않을지도 모른다는 생각을 가지고 있다면 순조로운 상담의 진행은 불가능해질 것이다.

④ 반려동물행동지도사는 상담 과정에서 동물보호자의 사적인 정보를 비밀로 유지할 것을 약속해야 한다. 동물보호자의 사생활에 대해 불필요한 관심을 가지거나 질문하지 않으며 우연히 알게 된 정보라도 상담소 내 직원이나 다른 동물보호자에게 전달해서는 안 된다.

(2) 기록

① 법, 규제 혹은 제도적 절차에 따라 반려동물행동지도사는 동물보호자에게 전문적인 서비스를 제공하기 위해서 반드시 기록을 보존한다.

② 녹음 및 기록에 관해 동물보호자의 동의를 구한다.

③ 면접기록, 심리검사자료, 편지, 녹음테이프, 기타 문서기록 등 상담과 관련된 기록들이 동물보호자를 위해 보존된다는 것을 인식하며 상담기록의 안전과 비밀보호에 책임진다.

④ 기록과 자료에 대한 비밀보호가 자신의 죽음, 능력상실, 자격박탈 등의 경우에도 보호될 수 있도록 미리 계획을 세운다.

⑤ 상담기관이나 연구단체는 상담기록 및 보관에 관한 규정을 작성해야 하며, 그렇지 않을 경우 상담기록은 반려동물행동지도사가 속해 있는 기관이나 연구단체

의 기록으로 간주한다. 동물보호자가 기록에 대한 열람이나 복사를 요구할 경우, 그 기록이 동물보호자에게 잘못 이해될 가능성이 없고 동물보호자에게 해가 되지 않으면 응하는 것이 원칙이다.

⑥ 상담과 관련된 기록을 보관하고 처리하는 데 있어서 비밀을 보호해야 하며, 이를 타인에게 공개할 때에는 동물보호자의 직접적인 동의가 있을 때에만 가능하다.

(3) 비밀보호의 한계

① 동물보호자의 생명이나 사회의 안전을 위협하는 경우가 발생했을 때, 동물보호자의 동의 없이도 동물보호자에 대한 정보를 관련 전문인이나 사회에 알릴 수 있다. 이런 경우 상담시작 전에 이러한 비밀보호의 한계를 알려준다. '자신이나 타인에 대한 심각한 위해'에 대해 반려동물행동지도사가 적절한 판단을 내리기란 생각보다 간단하지 않다.

② 법적으로 정보공개가 요구될 때에는 비밀보호원칙에서 예외지만, 법원이 동물보호자의 허락 없이 사적인 정보를 밝힐 것을 요구할 경우, 동물보호자와의 관계를 해칠 수 있기 때문에 정보를 요구하지 말 것을 법원에 요청한다.

③ 사적인 정보의 공개를 요구하는 상황에서는 오직 기본적인 정보만을 밝힌다. 더 많은 사항을 밝히기 위해서는 사적인 정보의 공개에 앞서 동물보호자에게 알린다.

④ 상담시작과 과정 중에 동물보호자에게 비밀보호의 한계를 알리고 비밀보호가 불이행되는 상황에 대해 인식시킨다.

(4) 기타 목적을 위한 동물보호자 정보의 이용

① 교육이나 연구 또는 출판을 목적으로 상담관계로부터 얻어진 자료를 사용할 때는 동물보호자의 동의를 구해야 하며, 각 개인의 익명성이 보장되도록 자료변형 및 신상정보의 삭제와 같은 적절한 조치를 취하여 동물보호자의 신상에 피해를

주지 않도록 한다.

② 다른 상담소의 전문가 자문을 구할 경우, 반려동물행동지도사는 사전에 동물보호자의 동의를 구해야 하며, 적절한 조치를 통해 동물보호자의 사생활과 비밀을 보호하도록 노력한다.

참고문헌

권혁필. 안대기. 권순호, 사단법인 한국애견협회 교육부(2024). 반려동물관리사. 동문사.

김옥진(2023). 반려동물학. 형설출판사.

김옥진, 김병수, 박우대, 이형석, 정성곤, 하윤질, 황인수, 최인화(2015). 반려동물행동학. 형설출판사.

김옥진, 김현주, 이시종, 유지현, 홍선화(2017). 반려동물관리학. 동일출판사.

김옥진, 손민우, 오홍근, 박철, 임세라, 김현주(2014). 동물행동상담학. 동일출판사.

김윤정(2015). 당신은 반려견과 대화하고 있나요?. ㈜알에이치코리아.

박효진(2020). 한권으로 끝내는 펫시터&도그워커 매뉴얼. 도서출판 예문.

사단법인 한국애견연맹(2022). 반려동물행동교정.

양철주(2022). 반려동물학개론. 박영사.

장정인(2014). 강아지와 대화하기. 서울: 처음북스.

조준혁(2022). 반려견 행동탐구. 박영스토리.

Alan Edwards(2023). 고양이 백과사전. 그린홈.

Alex(2020). 훈련이 잘못됐습니다, 페이스메이커.

Francesca Riccomini & Claire Arrowsmith(2013). 우리 고양이 이럴 땐 어쩌죠?. ㈜알에이치코리아.

Grisha Stewart(2014). 반려견의 스트레스 레벨을 통한 BAT훈련기법.

Hannah Molly(2022). 우리 개, 왜 이러는 걸까요?. 지식의 날개.

Jo Lewis(2022). 우리 고양이, 오 이러는 걸까요?. 지식의 날개.

Marc Bekoff(2019). 개와 사람의 행복한 동행을 위한 한 뼘 더 깊은 지식. 동녘사이언스.

Pam Johnson-Bennett(2017). 고양이처럼 생각하기. 페티앙북스.

Pam Johnson-Bennett(2017). 내가 못된 고양이라고? 천만에!. 페티앙북스.

Pam Johnson-Bennett(2019). 슬기로운 다묘생활. 페티앙북스.

Patricia B. McConnell(2011). 당산의 몸짓은 개에게 무엇을 말하는가?. 페티앙북스.

Sophia Yin(2015). 개, 어떻게 가르쳐야 하는가. 페티앙북스.

Stanley Coren(2020). 개는 어떻게 말하는가?. 보누스.

Turid Rugaas(2018). 카밍시그널. 혜다.

Vicky Halls(2020). 고양이심리학. 동글디자인.

壱岐田鶴子(2021). 야옹, 괜찮아질 거야!. 돌배나무.

佐藤えり奈(2021). 멍멍, 괜찮아질 거야!. 돌배나무.

〈본문그림출처〉

고양이의 공격행동 -
https://kr.freepik.com/free-photo/portrait-adorable-domestic-cat-biting-her-owner-s-finger_20083104.htm#fromView=image_search&page=1&position=0&uuid=26436ada-daf6-4295-8ae3-afc6f6e26813&query=%EA%B3%A0%EC%96%91%EC%9D%B4++%ED%8E%80%EC%B9%98

길이 조절 가능한 리드줄 - https://ruffwear.com/products/flat-out-adjustable-dog-leash

리트렉터블 리드줄 -
https://marxplay.com/product/%EB%A6%AC%ED%8A%B8%EB%9E%99%ED%84%B0%EB%B8%94-%EA%B0%95%EC%95%84%EC%A7%80-%EB%A6%AC%EB%93%9C%EC%A4%84-%EC%9E%90%EB%8F%99%EC%A4%84-%EC%A4%91%EC%86%8C%ED%98%95%EA%B2%AC%EC%9A%A9-3m-5m/490/category/192/display/1/

매트 - https://item.gmarket.co.kr/Item?goodscode=2372023500&buyboxtype=ad

버클형 플랫 목줄 -
https://www.gongyoungshop.kr/goods/selectGoodsDetail.do?prdId=11771038&NaPm=ct%3Dlz6trcsw%7Cci%3D91aa763894beada325616e875cd097f819da748e%7Ctr%3Dimg%7Csn%3D485644%7Chk%3Dbebdaf7acee5745b4424b5de1324ac4d34f63570

벨트형 목줄 -
https://search.shopping.naver.com/catalog/46468034345?cat_id=&frm=NVSCIMG&query=%EB%B2%A8%ED%8A%B8%ED%98%95+%EB%AA%A9%EC%A4%84&NaPm=ct%3Dlz6tsqyg%7Cci%3D39e1490f3b1d6715cb1f5f12f5ee6e9c0dc88f56%7Ctr%3Dimg%7Csn%3D95694%7Chk%3D09d5a0101d0ce53a2b0fa27eb726e1b9d2f16b1d

슬립목줄 -
https://smartstore.naver.com/hozi/products/6080057717?NaPm=ct%3Dlz6v60vk%7Cci%3D0ccdd3df98c7a43449fc84c78104cc1a71131ac2%7Ctr%3Dsls%7Csn%3D404137%7Chk%3Dba46543e84523fc8a78dd3f238db88aa41bb3f6a

클리커 - https://ko.wikipedia.org/wiki/%ED%81%B4%EB%A6%AC%EC%BB%A4#

터그 -
https://smartstore.naver.com/nmrmdc/products/5986194755?NaPm=ct%3Dlz7y0rtc%7Cci%3Df6a30efb8e7d68cb4ce99d998d899ba511d9c165%7Ctr%3Dslsl%7Csn%3D798741%7Chk%3Dde2f354301de2ef289fa6f8cf78dc472cd7c3d31

표준 리드줄 -
https://smartstore.naver.com/brandmaster/products/7371322180?NaPm=ct%3Dlz7ve91c%7C

ci%3D67964f8b80b6d94922646f693b723e27d4beae08%7Ctr%3Dsls%7Csn%3D790813%7Chk%3Db5b640487f8f9e72b00a7d53d6c94c1fe612ddf5

프롱목줄 - https://www.coupang.com/vp/products/7360029603?itemId=18960263150&vendorItemId=86086204068&src=1042503&spec=10304982&addtag=400&ctag=7360029603&lptag=10304982I18960263150&itime=20240729193132&pageType=PRODUCT&pageValue=7360029603&wPcid=16939163172358817154722&wRef=www.google.com&wTime=20240729193132&redirect=landing&gclid=&mcid=10798008301a4038b49796317617f9be&campaignid=&adgroupid=

홀터 독 칼라 - https://post.naver.com/viewer/postView.nhn?volumeNo=11252540&memberNo=40087179

저자소개

■ 강원국

원광대학교 일반대학원 농학과 농학박사
現 원광대학교 반려동물산업과 교수
現 한국동물매개심리치료학회 상임이사
現 (사)한국동물보건사대학교육협회 회원

■ 김옥진

서울대학교 대학원 수의학과 수의학박사
前 미국 농무부(USDA) 동물질병연구소 해외과학자
前 대한수의학회 부회장, 동물보건사 위원장
現 한국동물매개심리치료학회 회장
現 원광대학교 동물보건학과 교수

■ 민태선

서울대학교 대학원 동물자원과학과 농학박사
University of California at Davis, Animal Science 박사 후 연구원
現 제주대학교 생명공학부 동물생명공학전공 교수
現 제주국제동물연구센터 센터장

■ 정 욱

원광대학교 일반대학원 동물매개심리치료학과 석사
現 더펫하우스협동조합 대표
現 원광대학교 강사
現 우송정보대학교 강사

■ 이성진

원광대학교 일반대학원 동물매개심리치료학과 석사
원광대학교 일반대학원 반려동물산업학과 박사 과정
現 다솜애견전문학원 대표
現 영산대학교 융합전공학부 반려동물복지전공 책임교수
現 부산시 기장군 동물복지위원회 위원장

■ 남수정

원광대학교 일반대학원 동물매개심리치료학과 석사
원광대학교 일반대학원 반려동물 산업학과 박사 과정
現 반려동물위탁업체 오마이멍멍 대표
現 반려동물문화연구소 대표

반려동물행동학

초판 1쇄 인쇄 / 2025년 8월 20일
초판 1쇄 발행 / 2025년 8월 25일

공저자 / 강원국 · 김옥진 · 민태선 · 정 욱 · 이성진 · 남수정
발행인 / 이 중 수
발행처 / **동 문 사**

서울특별시 서대문구 홍제원 1길 12
(홍제동 137-8)
Tel : 02)736-3718(대), 736-3710, 3720
Fax : 02)736-3719
등록번호 : 1974.04.27. 제9-17호
가격 : 28,000원

ISBN : 979-11-6328-684-4 (93520)
E-mail : dong736@naver.com
www.dongmunsa.com